有學

本書爲浙江省哲學社會科學規劃課題『傳記文學視域下的唐代碑誌文研究』（課題編號：16NDJC265YB）最終成果

石上人生

傳記文學視域下的唐代墓誌銘研究

孟國棟 著

浙江古籍出版社

前　言

二十世紀是考古發現極爲繁盛的時代，以此爲基礎從事中國古代文史的研究已成爲推動學術前進的重要門徑。不少研究方向甚至某些學科都可借助考古發現的新資料得到快速發展，傳記文學也是如此。

雖然中國的傳記文學萌芽較早，《詩經》《論語》《左傳》《晏子春秋》《楚辭》《史記》等均曾被當作傳記文學的始祖，中國古代也產生了很多優秀的傳記文學作品，但傳記文學却是一個後起的概念。經過梁遇春、胡適、朱東潤等人的大力提倡，在二十世紀三十年代才得到較廣泛使用，此後專門研究傳記文學的論著也陸續興起。

然而受到材料和觀念兩方面的局限，很多載體都未被納入傳記文學研究的視野。朱東潤先生認爲受到誌石空間的限制，墓誌銘不易有較大的篇幅，傳主的生平也無法進行詳細叙寫，再加上受"諛墓"觀念影響，主張將墓碑和墓誌銘排除在傳記文學的研究範疇之外。但由最近四十年新出土唐代墓誌銘的情況來看，不僅兩三千字的長篇墓誌銘在在多有，文中所用的表現手法對於凸顯人物性格和塑造人物形象也有較大幫助。更爲重要的是，朱先生提出的傳記文學的兩大要素——求真和人物形象塑造，在新出土唐代墓誌銘中均有突出的表現。

就求真方面而言，多數墓誌銘作者均强調紀事的真實性，力求忠實地記録傳主的生平事跡，形成了求真的創作觀念。驗諸傳世文獻，新出土墓誌銘中所載傳主的姓名、世系、職官等往往能與之吻合，也從側面印證了墓誌銘紀事的可靠性，并能據此糾正傳世典籍中的訛誤。仇鹿鳴曾用"事實而情虚"來概括墓誌銘的敘事特點，但墓誌銘中流露出來的感情也不見得盡虚，特别是文中極力敘寫的傳主和家屬間的親密關係，以及家屬爲治療傳主疾病所舉辦的一系列醫事活動，其中藴含的深厚感情，讀之頗能打動人心，似乎也不能簡單地用"情虚"二字來概括。就人物形象塑造方面而言，從初唐時期開始，一些重要文士已經對當時的傳狀詳於傳主的仕宦經歷，而略於人物個性描寫的現實漸趨不滿，陳子昂、張説等人更是主張傳記應該寫出傳主的獨特面貌，并通過切身實踐引起了墓誌銘在創作形式和表現手法方面的新變，使得描寫手法更加多元。特别是對話的運用，使人物形象的塑造和人物情感的表達變得更加自由和顯豁，墓誌銘的文學性和可讀性也大爲增强。此外，唐代墓誌銘中還用了較大篇幅集中敘寫唐人生命歷程的最後時光。疾病和喪葬作爲傳主一生中不可或缺的環節，在傳世文獻中往往得不到詳細的反映。但新出土墓誌銘却較爲注重對傳主患病、去世以及身後事宜的記載。通過這些記載洞察唐人疾病醫療的詳情以及傳主臨終前所做的最後囑託便顯得尤爲重要。家屬爲患者求醫問藥的艱辛和爲使亡者歸祔祖塋而傾其所有的努力，對於考察古代社會的人情冷暖和生死、喪葬觀念都有重要的意義。

正是基於這樣的認識，在全面批閲了新出土的唐代墓誌銘之後，筆者對墓誌銘的傳記文學屬性重新進行了評估，認爲墓誌銘符合傳記文學的基本特徵，應當納入傳記文學研究的範疇。因此，本書對前人措意較少但又關乎唐代傳記文學發展和演變的新材料——新出土唐代墓誌銘——進行了多方位的闡釋。全書由上編、下編和附録三部分組成：上編集中對唐代墓誌銘的傳記文學價值進行全面的闡釋。

下編則選取了幾方較爲重要的墓誌銘進行專門研究,上編論述的部分問題在下編得到進一步深化,使人們對唐代墓誌銘的傳記文學價值有更加清晰的認識。最後以示例的形式附録新出土墓誌銘與唐人傳記的訂補資料,供相關研究者參考。

目 録

上 編 綜合研究

第一章 墓誌銘的傳記文學屬性論略 …… 3

一、何謂傳記與傳記文學 …… 3

二、墓誌銘的傳記文學屬性 …… 8

三、墓誌銘與其他傳記形式的差異 …… 22

第二章 求真觀念與唐代墓誌銘記載的可靠性 …… 25

一、新出墓誌銘與唐文創作的求真觀念 …… 26

二、新出墓誌銘與唐人世系的準確性檢證 …… 28

三、新出墓誌銘與唐人姓名字號的準確性檢證 …… 34

四、新出墓誌銘與唐人仕宦經歷的準確性檢證 …… 40

五、結 語 …… 45

第三章 創作範式的轉變與人物形象的凸顯 …… 47

一、創作觀念的轉變 …… 47

二、文章内部結構的變化與叙事功能的拓展 …… 52

三、人物言語的記録與傳主形象的凸顯 …… 55

四、描寫方式的多元與傳主形象的塑造 …… 59

五、結 語 …… 62

第四章　人際關係的敘寫與唐代墓誌銘的情感表達 …………… 64
一、唐代墓誌銘中的人際關係書寫 ………………………… 64
二、唐人對墓誌銘作者的選擇理念 ………………………… 68
三、親屬所撰墓誌銘的情感表達 …………………………… 75
四、賓朋所撰墓誌銘的情感表達 …………………………… 81
五、自撰墓誌銘中的情感表達 ……………………………… 84
第五章　疾病醫療與唐人生命歷程的轉軌 ………………… 87
一、新出唐代墓誌銘中的疾病醫療書寫 …………………… 88
二、疾病醫療對傳主生命歷程的影響 ……………………… 92
三、醫療過程凸顯出的人性關懷 …………………………… 95
四、結　語 ……………………………………………………… 99
第六章　喪葬觀念與唐人最後的囑託 ……………………… 100
一、遺令薄葬 ………………………………………………… 101
二、拒絕合葬 ………………………………………………… 105
三、歸祔祖塋 ………………………………………………… 108
四、指定墓誌銘作者 ………………………………………… 110
五、訓誡子孫 ………………………………………………… 112
六、結　語 …………………………………………………… 114

下　編　個案研究

第一章　王勃隱逸生活研究
——以新出土《王洛客墓誌銘》爲依據的考察 ……………… 119
一、問題的提出 ……………………………………………… 119
二、隱逸的時間 ……………………………………………… 120
三、隱逸的地點 ……………………………………………… 123
四、隱逸期間的文學創作 …………………………………… 126

第二章　李白晚年交遊及行蹤新考
　——以新出土《何昌浩墓誌銘》爲中心 …………………… 133
　一、李白交遊新考 …………………………………… 134
　二、李白贈何昌浩詩撰作時地質疑 ………………… 136
　三、李白尋陽出獄後的行蹤及二詩撰作時地釋疑 ……… 138
第三章　長安新出于汝錫夫婦墓誌銘的傳記文學價值 ………… 142
　一、録　文 …………………………………………… 143
　二、家世與婚姻 ……………………………………… 145
　三、科考與仕途 ……………………………………… 149
　四、文學觀念與文學家傳 …………………………… 152
　五、身後事宜的安排 ………………………………… 155
第四章　《皇甫鉟墓誌銘》與中古皇甫氏譜系的重構 ………… 158
　一、録　文 …………………………………………… 159
　二、傳主生平的别樣叙寫 …………………………… 162
　三、皇甫鉟家族譜系的構建 ………………………… 165
　四、皇甫鉟家族的文學成就 ………………………… 169
　五、餘　論 …………………………………………… 172

附録　新出墓誌銘與唐人傳記資料新證 …………………… 175
　一、新出墓誌銘與唐人姓名的訂補 ………………… 175
　二、新出墓誌銘與唐人生平仕歷的訂正 …………… 180
　三、新出墓誌銘與唐人職官遷轉的重構 …………… 187

參考文獻 ……………………………………………… 190
後　記 ………………………………………………… 207

上編　綜合研究

第一章　墓誌銘的傳記文學屬性論略

墓誌銘是古人文集中數量較多的一體，也是新出石刻文獻中最爲大宗的一類。最初作爲飾終禮典而産生的墓誌銘，到底有没有傳記文學價值，是否可以作爲傳記文學的載體？假如有的話，其傳記文學屬性又是如何體現的？它們在中國的傳記文學發展史上究竟佔據怎樣的地位？這是傳記文學和墓誌銘的研究者首先要解決的問題。

一、何謂傳記與傳記文學

研究傳記文學，首先要釐清以下幾個基本概念：傳、傳記與傳記文學。

許慎《説文解字》云："傳，遽也。"段玉裁注："傳者，如今之驛馬，驛必有舍，故曰傳舍。又，文書亦謂之傳，《司關》注云：'傳如今移過所文書'是也。引申傳遽之義，則凡展轉引伸之稱皆曰傳。"①"傳"的本義是指傳車驛馬，古代驛站專用的車輛，用來快速傳遞信息。引申之，記載人物事跡以傳於世的文體也可稱爲傳。先秦時期的《世本》一書中已有"傳"這種體裁，據傳成書於戰國時期的《穆天子傳》，也是以"傳"命名的著作，但很顯然這個時期的"傳"并没有表示人物生平之意。

---

① 許慎著，段玉裁注：《説文解字注》，上海：上海古籍出版社，1988年版，第377頁。

“傳記”連言産生的時間很早,至遲在西漢時期即已出現,有兩種含義:一爲對經典的訓釋。如王鳳在《上疏乞骸骨》中說:“《五經》傳記,師所誦說,咸以日蝕之咎,在於大臣非其人。”①王莽的《下詔立五均官》也說:“夫《周禮》有賒貸,《樂語》有五均,傳記各有斡焉。”②均屬此類。二爲泛指各種文字記載。如《史記·三代世表》中說:“張夫子問褚先生曰:‘《詩》言契、后稷皆無父而生。今案諸傳記咸言有父,父皆黄帝子也,得無與《詩》謬乎?’”③後世的史書多沿用之,如《漢書·東方朔傳》:“因留第中,教書計相馬御射,頗讀傳記。”④《宋書·裴松之傳》云:“上使注陳壽《三國志》,松之鳩集傳記,增廣異聞。”⑤均屬此類。此時的傳記仍然没有表示人物生平的意思。“傳記”之所以能够用以表示人物生平,當是由後一種含義引申而來。《隋書·經籍志》設有“雜傳”之目,並列有《會稽後賢傳記》一書,但因該書已失傳,其性質尚不得而知,書名中“傳記”一詞可以指人物傳記,似亦可用來泛指與會稽諸賢有關的各種文字記載。不過從隋唐時期開始,“傳記”的涵義日漸明晰,最終獨立爲史學的一個重要分支。

“傳記文學”這一概念的提出,至今尚不足百年,它本身是一個外來名詞,英文作“Biography”。民國十年(1921)第十四版《英華合解辭彙》中譯作“言行録、傳紀、行述列傳”。民國二十年(1931)出版的《辭源續編》也没有採用傳記文學的説法。足以證明,二十世紀二十年代,“傳記文學”這一概念尚不流行。那麼這個概念是如何産生的呢?此前很多學者都將“傳記文學”一詞的發明權歸之於胡適,如杜

① 嚴可均輯:《全上古三代秦漢三國六朝文·全漢文》卷四十三,北京:中華書局,1958年版,第363頁。

② 嚴可均輯:《全上古三代秦漢三國六朝文·全漢文》卷五十九,第449頁。

③ 司馬遷:《史記》卷十三,北京:中華書局,1982年版,第504頁。

④ 班固:《漢書》卷六十五,北京:中華書局,1962年版,第2853頁。

⑤ 沈約:《宋書》卷六十四,北京:中華書局,1974年版,第1701頁。

呈祥[①]在《傳記與傳記文學》一文中説:“民國三年,胡適還在康奈爾大學讀書的時候就注意到傳記文學的問題,《藏暉室劄記》卷七第一條就是‘傳記文學’。”將“傳記文學”發明的時間上推至民國三年(1914)。當代學者陳蘭村也説:“胡適是我國最早使用‘傳記文學’概念的人。”又説:“‘傳記文學’的名稱最早使用還是本世紀初的事情。胡適的《藏暉室劄記》卷七第一條就是‘傳記文學’,寫的時間是 1914 年 9 月 23 日。此前的中國典籍中尚未出現過‘傳記文學’的名稱。”[②]實際情况并非如此。其中有一個問題需要澄清——胡適的《藏暉室劄記》雖是他本人的日記,但原先是没有分條題目的,所有的小標題都是在交給亞東圖書館出版前,由章希吕負責擬定的,這是 1934 年 1 月 5 日至 7 月 7 日之間的事。胡適在《藏暉室劄記・自序》中對此有所説明:“整理這一大批劄記的工作,我的朋友章希吕用力最多最勤(劄記的分條題目,差不多全是希吕擬的),我要特别致謝。”[③]因此,僅憑此劄記的創作時間來認定“傳記文學”這一名稱首次出現在 1914 年并不合適。《藏暉室劄記》正式出版時,也就是 1934 年,傳記文學的名稱已經使用得較爲廣泛了,加之胡適本人在此之前也使用過“傳記文學”的概念,所以章希吕在擬定條目的時候,將劄記第一條命名爲“傳記文學”,也就不足爲奇。

就現有的資料來看,胡適第一次正式使用“傳記文學”是在《書舶庸譚・序》一文中。[④]《書舶庸譚》是董康在日本的訪書日記,日本所藏的很多珍貴古籍也賴此書而廣爲國内學界所知。董康在《自序》中説,此書的主要内容有三:一是訪求古書,二是搜訪小説,三是因爲此

---

① 杜呈祥,字雲五,山東樂陵人。1936 年畢業於北京大學歷史系。曾任安徽大學副教授、中國國民黨黨史編纂委員,赴臺後任教於臺北師範大學。

② 陳蘭村主編:《中國傳記文學發展史》,北京:語文出版社,2012 年版,第 491 頁。

③ 胡適:《藏暉室劄記》,上海:上海亞東圖書館, 1939 年版, 第 7 頁。

④ 詳參卞兆明:《胡適最早使用“傳記文學”名稱的時間定位》,《蘇州大學學報》(哲學社會科學版),2002 年第 4 期,第 140 頁。

書是日記體著作,故而董康不停地在書中抒發自己的性情。胡適在序中説:"關於第三點,我也有點感想。日記屬於傳記文學,最重在能描寫作者的性情人格,故日記愈詳細瑣屑,愈有史料價值。"[①]胡序末署的時間是"十九・六・廿八夜",即胡適使用"傳記文學"這一概念的時間是 1930 年 6 月。不過早在 1929 年 5 月 10 日,《新月》雜誌就已刊發過一篇題爲《新傳記文學談》的文章,内容是評論當時的傳記狀况,署名爲"春",時間比胡文要早一年多。經學者考證,這個"春"就是梁遇春。[②] 所以就目前的材料看,"傳記文學"這一概念當是由梁遇春最先提出的,將"發明權"歸於胡適,與實際情况不符。

梁遇春的《新傳記文學談》,其歸旨是爲中國傳記的寫作提出建設性意見。文章審視了西方傳記的新發展,肯定西方傳記能够使"任何偉大的人在我們眼中也就變做和藹可親的朋友了,不像一般傳記裏所寫的那樣别有他們的世界,拒人於千里之外"的優點,結尾時比對中國"近來"的傳記文學作品,"作者對於所描寫的人物總没有作什麽深刻的心理研究,所以念完後我們不能够有個明瞭的概念",進而"希望國人丢開筆記式的記載,多讀些當代的傳記,多做些研究性格的工夫"。[③] 遺憾的是,梁遇春享年不永,1932 年即因病去世,年僅 26 歲,所以我們看不到他在傳記文學方面的更多論述。雖然"傳記文學"這一概念并不是由胡適率先提出的,但毫無疑問,他却是最早關注到中國傳記文學中所存在問題的現代學者。上文述及,民國三年,胡適還在康奈爾大學讀書的時候就注意到傳記文學問題,《藏暉室劄記》卷七第一條就是在談東西方傳記文體的不同。胡適雖然没有明確指出傳記與傳記文學的區别,但他在論述"東方短傳之短處"時説:

---

① 胡適:《書舶庸譚・序》,北京:中華書局,2013 年版,第 6 頁。

② 詳參袁媛:《淺談"傳記文學"概念的緣起》,《大慶師範學院學報》,2012 年第 4 期,第 97~100 頁。梁遇春是我國著名翻譯家、散文家,師從葉公超等名師,其散文風格獨樹一幟。

③ 梁遇春:《梁遇春文集》,北京:綫裝書局,2009 年版,第 301~302 頁。

> 傳記大抵静而不動。何謂"静而不動"？但寫其人爲誰某，而不寫其人之何以得成誰某是也。

很明顯，與梁遇春觀點相同，胡適在比較了中西傳記之後，指出中國傳記文學的缺點在於中國的傳記缺乏文學性，從中看不到傳主生平事跡的動態變化，只能稱作傳記，而不能稱爲傳記文學。

經過梁遇春、胡適等人的大力提倡，傳記文學已成爲文學研究和文學創作的一個重要分支。然而迄今爲止，學界對傳記文學的定義尚未形成統一説法。蔡儀主編的《文學概論》提出："傳記文學是形象地描寫自己或他人的比較完整的或某一階段的生活歷程。它只是在實際情况的基礎上作適當的藝術加工，既有藝術性，又有歷史資料的價值。傳記文學是以人物爲中心對象的，特別著重刻劃人物的性格和形成性格的環境。"①似乎對周邊環境和藝術加工關注過多，而對傳主本人生命歷程的真相關注不足。相比之下，朱東潤先生的意見更爲平允："傳記文學是史，同時也是文學；因爲是史，所以必須注意到史料的運用；因爲是文學，所以也必須注意人物形象的塑造。"②他從史料的真實性和人物形象的塑造兩方面對傳記文學的概念進行了限定，易於讓人把握傳記文學的核心要求。

至於傳記與傳記文學之間的關係，學界的看法也多有不同，有的學者認爲兩者是同一概念的不同表達形式，傳記等同於傳記文學。③有的學者則認爲兩者存在從屬關係，傳記文學只是傳記的一個門類，

---

① 蔡儀主編：《文學概論》，北京：人民文學出版社，1979年版，第198頁。

② 朱東潤：《陸游傳・自序》，上海：上海古籍出版社，1979年版，第1頁。

③ 朱文華即反復强調"傳記，通常又被稱之爲傳記文學"，"傳記與傳記文學兩詞表述的是同一概念"，"傳記、傳記文學這兩個詞的涵義是相同的"。見朱文華：《傳記通論》，上海：復旦大學出版社，1993年版，第3、6、14頁。

傳記與傳記文學是包含與被包含的關係[①]。筆者以爲傳記不同於傳記文學。傳記從屬於史學,需要如實記載傳主一生的行事,作者只要能够忠實記録傳主的事跡,如實再現傳主的生平即可,不需要有過多的文學修飾,其性質略近於年譜或年譜長編。傳記文學則因爲加入了文學的修飾成分,是作者在傳主一生行事基礎上的再創作,目的在於真實地再現傳主的生平事跡,既要有傳記的真實性,又要有文學的修飾性,故而文學創作的各種修辭手法均可適當運用,只要控制在一定的範圍内,不讓文學修飾影響、破壞事實的真相即可。若虚構成分太多,則變成小説、戲説之類,不再屬於傳記文學的範疇了。故而錢鍾書先生説:"史家追叙真人實事,每須遥體人情,懸想事勢,設身局中,潛心腔内,忖之度之,以揣以摩,庶幾入情合理。蓋與小説、院本之臆造人物、虚構境地,不盡同而可相通。"[②]楊振寧曾有感於國内某部華羅庚的傳記虚構、想象成分太多,以至於嚴重背離事實真相而大聲疾呼:"傳記就是傳記,不要叫傳記文學。"他認爲既然加上"文學",就有可能摻入想象成分,而與西方傳記的嚴謹性有所背離。西方傳記的寫作是嚴格以客觀事實爲依據的,如果作者在文中有所發揮,則必須要交代清楚,正如司馬遷在《史記》中所發表的議論,都會以"太史公曰"的形式交代那是司馬遷而不是傳主本人的意見。

二、墓誌銘的傳記文學屬性

朱東潤先生曾經從文章的長短和對傳主的評價兩個方面指出碑銘與傳叙文學之間存在著明顯的差異:一是碑誌例須刻石,而石材尺

---

① 陳蘭村認爲:"'傳記'名稱是一個屬概念,其本身能够包括文學和史學兩個範疇的作品……'傳記文學'則是其中的一種。'傳記'與'傳記文學'是屬與種的關係,'傳記文學'是隸屬於'傳記'中的概念。"見陳蘭村主編:《中國傳記文學發展史》,第 3 頁。

② 錢鍾書:《管錐編》,北京:生活・讀書・新知三聯書店,2001 年版,第 317~318 頁。

寸的有限性決定了碑誌不易有很大的篇幅，沒有較大的篇幅則不能進行詳細的叙述，這是碑銘文不能成爲傳叙文學的原因之一。二是傳叙是善惡備載的，而碑銘設置的初衷"只是刻石頌德，所以自此以後，便成爲有褒無貶，只見歌頌，不見譴責的文章"。朱先生認爲後者正是墓誌銘所以不能成爲傳叙文學的主要原因，還進而認爲"諛墓正是碑誌之文所以成立的理由"[①]。其實不然，朱先生主要以傳世文獻中遺存的唐前碑文作爲立論的依據，從近一個世紀以來考古發現的實際情況看，傳世文獻中保存的碑文只是很少的一部分，不能完全反映墓誌銘的全貌。最近四十年，墓誌銘的大量出土和公佈，使得我們不得不重新考量它的傳記文學屬性。

(一)墓誌銘的傳記屬性

首先，就歷史淵源來看，墓誌銘本身即是在上古叙事文學的影響下產生的，與傳記非常接近。墓誌銘起源於東漢時期，作爲一種成熟的文體，至遲在西晉時期也已成立。[②] 墓碑起源的時間則更早，東漢時期已經有成熟的墓碑文出現。而傳記的雛形早在上古時期即已出現。崔瑞德認爲："在官修的正史或以正史爲模式的著作中，傳記被列入'傳'或'列傳'欄目内。此詞——即整個傳記寫作——的使用發凡於司馬遷的《史記》。在此之前這方面是一片空白。可是我們多少也有些理由相信，司馬遷也不是首先發現此詞的人。到公元一世紀當大量信實的碑銘這種獨立的傳記體裁和其殘篇尚有流傳至今的'别傳'出現的時候，這種形式已經定型。在漢代，不大可能設想，著書於秘閣所成的《史記》會在中國廣泛流行，甚至也不會流行於學者階級中間。這個廣大的學者階級的寫作源泉不是《史記》，而是另有

① 朱東潤：《八代傳叙文學述論》，上海：復旦大學出版社，2006 年版，第 57 頁。

② 參拙文：《墓誌的起源與墓誌文體的成立》，《浙江大學學報》（人文社會科學版），2013 年第 5 期。

淵源,即可能與氏族崇祀之文有關。但是不管這種寫作的形式如何,它不僅已澌滅無餘,甚至在《漢書》的'藝文志'中也無一著録。我懷疑在今天的知識範圍内能解決這個疑團,但可以肯定地説,某些這種形式的傳記應該是司馬遷'列傳'形式的來源,也是早期碑銘和個别傳記的來源。"[①]也就是説,墓碑文文體的成熟,在時間上雖然略晚於《史記》,但《史記》成書以後,傳播媒介的限制和《史記》自身的特性決定了它不可能産生廣泛的影響,從而推動墓碑文的成立。可見墓碑文受《史記》"列傳"部分的影響是極爲有限的,兩者都應該是在借鑒其他傳記形式的基礎上出現的。

其他傳記形式,當指先秦典籍中帶有傳記性質的文字,哪怕是片段式的,如《詩經》《左傳》《戰國策》等書中的部分篇章。《詩經》《左傳》《晏子春秋》《戰國策》,乃至《楚辭》都曾被認作是傳記文學的"始祖"。秦代刻石記事的風氣大盛,對於墓碑和墓誌銘的生成也是一種極大的推動。近一個世紀以來,不僅發現了衆多西漢中晚期的記事刻石,西漢時期的墳墓中也經常出現墳壇刻字和一些鎮墓文,可見刻石記事的傳統也被人們運用到了身後事宜的安排上。此外,考古發現的公元一世紀前後的刑徒墳場,都有簡單的題刻交代刑徒的姓名和去世時間。[②] 這些都對墓誌銘和墓碑文的形成起到了較大的促進作用。作爲一種具有悼念和哀挽性質的文體,墓誌銘的首要議題自然是"撰録其行,以文於石"[③],"纂其盛事,勒諸堅石,訴昊天之心,狀

---

① [英]崔瑞德,張書生譯,王毓銓校:《中國的傳記寫作》,《史學史研究》,1985年第3期,第72～73頁。

② 如刻於永元四年(92)的墓磚云:"永元四年九月十四日無任陳留高安髠鉗朱敬墓誌。"見黄士斌:《漢魏洛陽城刑徒墳場調查記》,《考古通訊》,1958年第6期,第42～43頁。

③ 張漢璋:《唐故泉州仙遊縣長官張府君(進)及鉅鹿魏氏夫人祔葬墓誌》。周紹良主編:《唐代墓誌彙編》,上海:上海古籍出版社,1992年版,第2362頁。

不朽之跡”[①]。因而它們也就在無形之中具有了傳記性質，正如川合康三先生曾指出的那樣：“墓誌銘，以及與之類似的文章，是用來悼念死者，追述其生平足跡、事業功績的……這類文體，規定了它們必須以死者爲對象，但從回顧死者生平的角度看，其與傳記也有相通之處。”[②]

其次，新出土的墓誌銘有很多長篇，兩千字以上的長文也不在少數，如《楊執一墓誌》《皇甫鉟墓誌》《屈突詮墓誌》等等；《薛元超墓誌》《張士貴墓誌》《大唐越國故太妃燕氏墓碑》《李寬墓碑》《李鳳墓誌》《何文哲墓誌》等更是多達三千字；新出土的宋代墓誌銘更有長達六七千字者，如《富弼墓誌》等。就文章長度而言，已不亞於六朝的別傳。況且很多墓誌銘對具體事件的記載也很細緻，并具有較高的可信度。如新出土《□□□持節太師柱國大將軍大都督大司馬十二州諸軍事同州刺史涼國景公賀蘭祥墓誌》在叙述其平定吐谷渾叛亂一事時云：

> 吐谷渾乘涼州不備，入寇，害涼州刺史洞城公是云寶，遂爲邊患。武成元年，公受命率大將軍侯吕陵□、大將軍宇文盛、大將軍越勤寬、大將軍宇文廣、大將軍厙狄昌、大將軍獨孤渾貞等討焉。路出左南，取其洪和、洮陽二大鎮，户將十萬，是渾之沃壤，穀畜所資，留兵據守而還。渾人併□□逃，不敢彎弓報復，因舉國告降，請除前惡，乞尋舊好，使驛相屬，朝廷然後許焉。西境大寧，寔公之力。[③]

---

① 張南翼：《唐故淄州兵馬使(靳朝俊)墓誌銘》。周紹良、趙超主編：《唐代墓誌彙編續集》，上海：上海古籍出版社，2001年版，第790頁。

② [日]川合康三著，蔡毅譯：《中國的自傳文學》，北京：中央編譯出版社，1999年版，第117～118頁。

③ 羅新、葉煒：《新出魏晋南北朝墓誌疏證》(修訂本)，北京：中華書局，2016年版，第237頁。

這段文字將戰争的起因、時間、地點、參戰將領、進攻路線和戰事結局等作了詳細介紹,意在通過對具體情境和相關人事的記録來增强文章叙事的可信度。

再次,朱東潤先生之所以認爲《晏子春秋》只是傳叙文學的"一個狠寒傖的祖宗",其根源就在於《晏子春秋》中"看不到整個的體系,看不到傳主生卒年月,看不到他底世系,看不到他底心理發展"。[①] 而這些恰恰是墓誌銘的優長之處,碑(誌)文,本重在叙事,與史傳較爲類似,劉勰曾云:"夫屬碑之體,資乎史才,其序則傳,其文則銘。"[②]序即是指誌文或碑文本身。因爲要完整記録傳主的生命歷程,墓誌銘在記載傳主的生平時,有一個從出生到去世再到入葬的完整體系。傳主的生卒年月[③]和世系也是墓誌銘必備的題中之義。墓誌銘文體成立以後,記事功能逐漸加强,傳主的姓名、籍貫、仕歷等信息越來越詳盡。南北朝時期的墓誌銘還加强了對傳主世系的記載,尤詳於對祖輩、父輩情况的介紹,如新出土《宋故員外散騎侍郎明府君(曇憘)墓誌銘》載:

> 祖儼,州别駕,東海太守。夫人清河崔氏,父逞,度支尚書。父歆之,州别駕,撫軍武陵王行參軍、槍梧太守。夫人平原劉氏,父奉伯,北海太守。後夫人平原杜氏,父融。伯恬之,齊郡太守。夫人清河崔氏,父丕,州治中。後夫人勃海封氏,父憹。第三叔善蓋,州秀才、奉朝請。夫人清河崔氏,父模,員外郎。第四叔烋之,員外郎、東安東莞二郡太守。夫人清河崔氏,父諲,右將軍、冀州刺史。[④]

---

① 朱東潤:《八代傳叙文學述論》,第 39 頁。

② 劉勰著,詹鍈義證:《文心雕龍義證》卷三,上海:上海古籍出版社,1989 年版,第457 頁。

③ 按:雖然傳主的生年多爲墓誌銘缺載,但其卒年和壽年則是絶大多數墓誌銘的必備内容,故其生年可由此推知。

④ 毛遠明編著:《漢魏六朝碑刻校注》第 3 册,北京:綫裝書局,2008 年版,第 124 頁。

這段文字除了記載明曇憘祖、父的仕宦情形以外，更加注重對其家族世系資料的梳理，甚至還介紹了其叔父的情況。尤其值得注意的是，這篇文章還透露出另外一個重要信息：墓誌銘不僅注重對男性成員的介紹，對女性成員的籍貫和族出也有較詳細交代。如該墓誌銘不僅對明曇憘祖母、母親以及叔母情況加以記載，還對其兩任夫人的籍貫及其父輩的仕宦情況作了説明："夫人平原劉氏，父乘民，冠軍將軍、冀州刺史。後夫人略陽垣氏，父闡，樂安太守。"由此進一步考察，可以發現墓誌銘中記載女性的信息，《明曇憘墓誌銘》并非個案，而是東晋、南朝墓誌銘中逐漸增多且普遍存在的情形。刻於東晋太和三年(368)的《王企之墓誌》亦云："所生母夏氏，妻曹氏。息女字媚榮，適廬江何粹，字祖慶。"[①]這種内容的擴充不僅反映出兩晋南朝時期女性地位的提高[②]，也體現出了墓誌銘記事功能的拓展。至於此時的墓誌銘中，對所涉及相關人物的籍貫和仕宦情况都有較詳細的記載，當是魏晋至南朝前期整個社會注重門第觀念的反映。

墓誌銘之所以開始注重對傳主世系和職官、婚媾、子孫情況的記載，與南北朝時期戰亂頻仍、政權更迭頻繁，很多家族在戰爭中流離失所，甚至湮没無聞有直接關聯。《北齊書・魏收傳》記載，左僕射楊愔曾針對《魏書》體例上的變化，與魏收之間有一段對話：

> "此謂不刊之書，傳之萬古。但恨論及諸家枝葉親姻，過爲繁碎，與舊史體例不同耳。"收曰："往因中原喪亂，人士譜牒，遺逸略盡，是以具書其支流。望公觀過知仁，以免尤責。"[③]

魏收的答詞雖然是就史書的編纂體例而言的，這種變化同樣在其所撰的墓誌銘中得到了反映，如新出土《齊故崔府君(寬)墓誌之

---

① 毛遠明編著：《漢魏六朝碑刻校注》第3册，第12頁。

② 范曄在《後漢書》中專設"列女傳"而爲女性列傳，與墓誌銘中突出女性信息、注重女性社會地位的情況適相一致。

③ 李百藥：《北齊書》卷三七，北京：中華書局，1972年版，第489頁。

銘》也詳細記載了傳主的世系及仕歷[①]，與其編纂史書的初衷適相一致。并且這種思想也是當時士人的共識，在整個南北朝時期的史書編纂和墓誌銘創作中均有體現。趙翼認爲："其以子孫附祖父傳之例，沈約《宋書》已開其端……若一人立傳，而其子孫、兄弟、宗族，不論有官無官，有事無事，一概附入，竟似代人作家譜，則自魏收始。收謂中原喪亂，譜牒遺逸，是以具書支派，然當時楊愔、陸操等已謂其過於繁碎，乃《南》《北史》仿之，而更有甚者。《魏書》一傳數十人，尚只是元魏一朝之人，《南》《北史》則并其子孫之仕於列朝者，俱附此一人之後。遂使一傳之中，南朝則有仕於宋者，又有仕於齊、梁及陳者，北朝則有仕於魏者，又有仕於齊、周、隋者。"[②]南北朝時期史書編纂體例的變化雖然受到後世史學家如趙翼、王鳴盛[③]等人的批評，但這種理念反映在墓誌銘創作上，却使得墓誌銘的記事功能和傳記屬性大爲增强。唐代墓誌銘的創作依然延續了這一傳統，故而同樣保持了南北朝以來的傳記屬性。

此外，現存宋代以前的墓誌銘中還有相當一部分出於作者自撰。因文章出於傳主本人之手，更加凸顯了它們的紀實功能。這些文章對作者生平信息的記録極爲細緻，尤詳於其世系和職官遷轉，且與史傳記載頗爲一致。據史籍記載，有的作者會對身後的生活進行設想和規劃，如《新唐書・姚勗傳》記載："（勗）自作壽藏於萬安山南原崇塋之旁，署兆曰'寂居穴'，墳曰'復真堂'，中剟土爲床曰'化臺'，而刻

---

① 崔寬墓誌中不僅對他本人的仕歷有詳細交代："起家太師府行參軍，又加襄威將軍，開府記室……仍除宣威將軍，豫州騎兵參軍，非君好也。尋行潁川郡事。"還記載了他三個弟弟的任職情況："第二弟士義，出佐鍾離。第三弟士遊，沉栖下邑。幼弟士順，奉對京輦。"大同北朝藝術研究院編著：《北朝藝術研究院藏品圖録・墓誌》，北京：文物出版社，2016年版，第139頁。

② 趙翼著，王樹民校證：《廿二史劄記校證》卷一〇，北京：中華書局，1984年版，第203頁。

③ 王鳴盛認爲："一家之人必聚於一篇，以一人提頭，而昆弟子姓後裔咸穿連之，使國史變作家譜，最爲謬妄。"王鳴盛：《十七史商榷》卷六八，上海：上海古籍出版社，2013年版，第914頁。

石告後世。"[①]其自撰墓誌銘於 2008 年 11 月在洛陽市伊川縣萬安山南原出土，與《新唐書》的記載正可相互印證。姚勗在文中不僅對其宗族、外族和子嗣都有詳細交待，而且還以"寂居穴"爲參照，對其先祖墳塋的具體位置都一一作了記録。如姚崇墓"去寂居東南六百廿一步"，姚彝墓"在寂居南八十二步"[②]等。最後還用了三分之一左右的篇幅羅列了其一生歷任的三十餘官職。

崔慎由自撰墓誌銘[③]更是有過之而無不及，他在文中不惜筆墨，用了近一半的篇幅對其所任大小官職都作了記録。杜牧也在自撰墓誌銘中對其職官遷轉進行了詳細記載。因過分擔心生平事跡湮滅，作者在文中對所任官職進行大肆排比。這種幾近"流水賬"式的記載，雖然使得文章略嫌質實，但對後人研究其人其事，却有著重要意義。

傳主的心理發展，雖然在墓誌銘中依然有所欠缺，但自初唐開始，墓誌銘創作中對話體的引入和細節描寫的增多，在凸顯人物性格和塑造人物形象方面也具有較高的價值，可以從某種程度上彌補這一缺憾。可見，墓誌銘雖然不等同於傳記，但其中包含的傳記文學成分還是非常豐富的，我們也應該將其中的絶大多數納入傳記文學的研究視野。

(二)墓誌銘的文學屬性

墓誌銘本身即是文學作品中的重要分支，除了用典型的程式化模式創作的文章以外，大都具有一定的文學性，出自大文豪之手者更是如此。墓誌銘的銘辭多用韻語概括傳主的立身行事，表達對亡者

---

① 歐陽修、宋祁：《新唐書》卷一二四，第 4389 頁。

② 張應橋：《唐名相姚崇五世孫姚勗自撰墓誌簡釋》，《河南科技大學學報》(社會科學版)，2010 年第 5 期，第 11 頁。

③ 周紹良、趙超主編：《唐代墓誌彙編續集》，第 1074～1075 頁。

的哀悼之意,亦極盡文學之能事,漢代至初唐的墓誌銘多用駢四儷六的形式寫成,既具有墓誌銘所要求的隸事功能,又符合駢儷的文體樣式。絶大多數墓誌銘末尾還附有用韻文寫成的銘辭,更是彰顯了它們的文學色彩。南北朝時期的一些墓誌銘,除了傳主的姓名、仕歷或喪葬年月等難以用韻文概括的文字外,其他内容均用四言韻語寫成,誌文與銘文有機地糅合成了一體,如新出土《大魏故持節龍驤將軍定州刺史趙郡趙謐墓誌銘》云:

> 遠源洪休,與嬴分流。族興夏商,錫氏隆周。曰維漢魏,名哲繼進。行義則恭,履仁必信。篤生君侯,體苞玉潤。文以表華,質以居鎮。含素育志,非道弗崇。聲貞琁響,迹馥蘭風。貴閑養樸,去競違豐。形屈百里,情寄丘中。報善芒昧,仁壽多褰。辭光白日,掩駕松山。深燈滅彩,壟草將繁。德儀永往,清塵空傳。魏景明二年歲次辛巳十月壬戌朔廿四日乙酉造。[①]

除了誌題和寫刻年月以外,通篇均爲四言韻語,兩句一换韻,完全可以看成是一首四言詩。類似的墓誌銘還有很多,如北魏的《元榮宗墓誌》[②]《元定墓誌銘》[③]《慕容纂墓誌銘》[④]等。這些形式獨特的墓誌銘,不僅囊括了誌主的世系、仕歷、喪葬情形等信息,也藴含著作者的褒揚之意與哀悼之情,雖然於傳記的記事性略有損傷,但文學性的增强則是顯而易見的。

更有甚者,柳宗元等人所撰的個别墓誌銘還將誌文與銘文合爲一體,而以詩歌的形式出之,將誌主的姓名、世系,甚至喪葬年月等較難用韻語概括的基本信息均融入詩歌之中,較有代表性的例子有《唐代墓誌彙編》所收《王氏殤女(容)墓銘》以及柳宗元所撰《趙秀才羣墓

---

① 羅新、葉煒:《新出魏晋南北朝墓誌疏證》(修訂本),第54頁。
② 羅新、葉煒:《新出魏晋南北朝墓誌疏證》(修訂本),第52頁。
③ 毛遠明編著:《漢魏六朝碑刻校注》第3册,第337頁。
④ 陶鈞:《北魏〈慕容纂墓誌銘〉考釋》,《東方藝術》,2006年第8期,第122~123頁。

誌》。《王容墓銘》既無標題，文末也没有介紹或説明性文字，她的生平資料以及卒葬年月甚至文章的作者均涵括進了七言韻語之中：

王氏殤女其名容，名由儀範三德充，誦詩閲史慕古風。卑盈樂善正養蒙，是宜百祥期無窮，奈何美疹剿其躬？芳年奄謝午咸通，季夏二十三遘凶，翌月十八即幽宫。壽逾既笄三而終，晋陽之胄冠諸宗，厥考長仁命不融。外族清河武城東，中外輝焯爲世雄，今已矣夫石窌封。仲父刻銘藏户中，以紓臨穴㛹哀恫，古往今來萬化同。高高誰爲問圓穹，姑安是兮龜筮從，竢吉良兮從乃公。①

陳尚君先生徑直將其當作詩歌收入《全唐詩補編》中，并云："此方墓誌無序，銘文通篇爲七言韻文，與詩無異。在唐誌中頗罕見，故録出之。作者爲死者王容之仲父，'午咸通'即咸通三年壬午歲。"②據拓片顯示，該墓誌銘僅僅在墓誌蓋上題有"唐故太原王氏女墓銘"九字，誌石上則全爲七言韻文，毫無枝蔓性的文字。柳宗元所撰《趙秀才羣墓誌》亦用七言詩體寫成，傳主的生平信息在詩中也有所反映："嬰臼死信孤乃立，王侯世家天水邑，羣字容成系是襲。祖某父某仕相及，嗟然秀才胡伋伋？體貌之恭藝始習。娶於赤水禮猶執，南浮合浦遽遠集，元和庚寅神永戢。問年二紀益以十，僕夫返柩當啓蟄，瀟湘之交瘞原隰。稚妻號叫幼女泣，和者悽欷行路悒，追初憫夭銘兹什。"③皇甫映自撰的墓誌銘更是直接題爲《唐樂知君自靖人君室石詩》④，亦將其當作詩歌看待。這些雖然是唐代墓誌銘中的特例，用這種形式寫成的墓誌銘文字也較爲簡短，并不能詳盡地記録傳主的生

① 周紹良主編：《唐代墓誌彙編》，第 2391 頁，原文訛奪之處已據國圖藏拓本校改。

② 陳尚君輯校：《全唐詩補編・全唐詩續拾》卷三一，北京：中華書局，1992 年版，第 1152 頁。

③ 柳宗元：《柳宗元集・外集》卷上，北京：中華書局，1979 年版，第 1348～1349 頁。

④ 趙振華主編：《洛陽出土墓誌研究文集》，北京：朝華出版社，2002 年版，第 388 頁。

平事跡，在紀實性上亦有一定的缺陷。但不可否認，在號稱“詩的王國”的唐代，人們曾經對墓誌銘的寫作形式和文學屬性進行過認真的思考，并爲之付出了一番積極的努力。

除了傳主的基本信息，即墓誌銘所必備的“十三事”以外，文章中通常還有一部分内容是逸出“十三事”的。這些文字包含了較多的細節描寫，大多文辭優美，用典繁複，多記録傳主的立身行事之準則、仕宦生涯之插曲，人物形象也因此更加飽滿和立體。有的墓誌銘甚至不惜筆墨，大肆渲染周邊的環境、刻畫傳主的心理狀態，如魏徵所撰《李密墓誌銘》描寫李密降唐以後又叛逃的情形：

> 公雖威未振，主自爲謀。蓋當世舊部先附，多出其右；故吏後來，或居其上。懷漁陽之憤憤，耻從吴耿後列；同淮陰之怏怏，羞與絳灌爲伍。負其智勇，頗不自安。俄属元帥秦王，經營瀍洛，亦親承祕策，率卒先行。既出鷄鳴之關，方次休牛之塞，詔命施號，更盡嘉謀。公想雲夢之僞遊，慮青衣之詐反，心辭魏闕之下，志在江湖之上。慕范蠡之高蹈，追赤松之遠遊。熊耳峰危，羊腸徑險。降吴不可，歸蜀無路。短兵既接，脩途已窮。陰陵失道，詎展拔山之力；騅馬不逝，徒切虞兮之歌。臨陣喪元，時年三十有七。[1]

據《隋書·李密傳》記載，李密被王世充擊敗，與衆人商議下一步行動計劃時云：“密復曰：‘諸君幸不相棄，當共歸關中。密身雖愧無功，諸君必保富貴。’其府掾柳燮對曰：‘昔盆子歸漢，尚食均輸，明公與長安宗族有疇昔之遇，雖不陪起義，然而阻東都，斷隋歸路，使唐國不戰而據京師，此亦公之功也。’”[2]李密部將常何也極力勸其降唐，敦煌寫本《常何墓碑》（P. 2640）中也有記載：“尋而天曆有歸，聖圖斯

---

① 李昉等編：《文苑英華》卷九四八，北京：中華書局，1966年版，第4989頁。

② 魏徵、令狐德棻：《隋書》卷七〇，北京：中華書局，1973年版，第1632～1633頁。

启……公(常何)智叶陳張,策踰荀賈。料安危之勢,審興亡之跡,抗言於密:請歸朝化。密欽公秘算,素絶常倫,一聽指南之籌,便從入西之議。"[①]李密等人率先發難、起兵反隋,使得隋王朝顧此失彼,無暇西顧,客觀上對李淵父子迅速佔領關中、攻取長安提供了很大幫助。因此李密兵敗以後,他本人及部將首先想到的便是歸降李唐。但到了長安以後,却發現原先的部下,如徐世勣等人均位居顯要,較勝於己,亦即《墓誌銘》所云"蓋當世舊部先附,多出其右;故吏後來,或居其上"。故而對李唐政權萌生不滿,以東下收羅舊部爲由叛逃。

魏徵的這段文字,一方面是對傳主心理狀態的描摹,雖屬揣測,但其所叙應該是較爲符合事實真相和李密當時心境的。另一方面則是極力渲染周邊環境,如雞鳴關、休牛塞、熊耳山之凶險,營造一種凄凉的氛圍,以凸顯李密因叛遭誅的悲慘境遇。《墓誌銘》對李密被殺一事進行了實寫,如誌文中所言"短兵既接,倏途已窮""臨陣喪元",銘文中所説的"熊耳迷路,新安殞身"等。這與《北史》中直接點明李密反叛被殺的做法和《隋書》中對李密持"志性輕狡,終至顛覆",乃"陳、項之季孟"的批判態度適相一致。

南北朝以來的墓誌銘,對傳主及其親友的語言記録日漸增多,也使得文章更有文學性,人物形象也更加豐滿。如《魏故車騎大將軍平舒文定邢公(巒)繼夫人大覺寺比丘元尼(純陁)墓誌銘》記載元純陁曾先嫁穆氏,可惜好景不長,穆氏隨即去世,元純陁遵照其兄的意見再嫁邢巒:"良人既逝,半體云傾。慨絶三從,將循一醮。思姜水之節,起黄鵠之歌。兄太傅、文宣王[②],違義奪情,確焉不許。文定公高門盛德,才兼將相,運屬文皇,契同魚水。名冠遂古,勳烈當時。婉然

① 鄧文寬:《敦煌寫本〈常何墓碑〉校詮》。中國敦煌吐魯番學會等主編:《敦煌吐魯番研究》第十一卷,上海:上海古籍出版社,2009年版,第371頁。

② 文宣王,指任城王元澄(467～519),《魏書》《北史》均有傳。

作配,來嬪君子。”然而遺憾的是,邢巒亦因暴疾而亡[①],元純陁遂決意遁入空門,并感慨自己的身世之悲:

> 及車騎謝世,思成夫德,夜不洵涕,朝哭銜悲。乃歎曰:“吾一生契闊,再離辛苦。既慚靡他之操,又愧不轉之心。爽德事人,不興他族。樂從苦生,果由因起。”便捨身俗累,託體法門。棄置愛津,栖遲止水。[②]

由其遁入空門前的感歎,特别是“既慚靡他之操,又愧不轉之心”,可以看出穆氏亡後傳主本無改嫁之意,却因其兄元澄“違義奪情,確焉不許”,而不得不違背自己的本意。然而邢巒又不幸去世,因此元純陁決定“捨身俗累,託體法門”。一方面是出於對自己改嫁的愧疚,另一方面,此時其兄尚健在,元純陁可能因爲懼怕其故技重施,才萌生栖心釋氏之意。元純陁愧悔、憂懼的心理和元澄强勢令其改嫁的形象都通過她的語言和作者的描述展露無遺。

通過具體事件揭示傳主面對人生大事的態度,凸顯人物性格,也是墓誌銘文學内涵的重要表現。如《魏故使持節侍中驃騎大將軍儀同三司尚書令冀州刺史江陽王元公(乂)之墓誌銘》叙元乂被賜死的具體經過:

> 孝昌二年三月廿日,詔遣宿衛禁兵二千人夜圍公第。公神色自若,都無懼容。乃啓太師,開門延使者,與第五弟給事中山賓同時遇害。春秋卌有一。公臨終歎曰:“夫忠貞守死,臣之節也。伊尹不免,我獨何爲?但恨不得辭老父,訣稚子耳。”仰藥而薨。[③]

---

① 據《魏書·邢巒傳》記載,邢巒“延昌三年,暴疾卒,年五十一”。見魏收:《魏書》卷六五,北京:中華書局,2017年版,第1574頁。延昌三年爲公元514年,元純陁則一直到永安二年(529)方才去世,在佛門生活了十六年。

② 毛遠明編著:《漢魏六朝碑刻校注》第6册,第276頁。

③ 毛遠明編著:《漢魏六朝碑刻校注》第6册,第20頁。

因前文已有貶官直至免職的經歷作鋪墊[1]，面對死亡，元乂似乎早已做好了充分的心理準備，故而"神色自若，都無懼容"。然從其臨終前的慨歎可以看出，因須立即飲藥酒而死，來不及與親人做最後的告别，成了他臨終前的遺憾。墓誌銘對這一事件的記載和他的言行，使我們看到了元乂性格的多重側面，他從容不懼而又忠貞孝慈的形象也被生動地刻畫了出來。

此外，部分作者自撰的墓誌銘也更加重視文學性的表述，如王績、皇甫映、盧載等。此類文章大多不按墓誌銘的常規寫法備記其人生經歷。如王績自作墓誌銘[2]，對世系、族出、子嗣等情況一律未作説明，對其一生經歷的記載也很概括，并帶有自嘲和戲謔口吻。皇甫映自撰之《唐樂知君自靖人君室石詩》更是獨特，不僅誌題與衆不同，文中也充滿了幽默詼諧，作者連自己的姓氏都未交待，僅云："樂知，自謚也；自靖人，自予也。名映，字韜之。"[3]以致有的學者誤以其自謚爲姓，將誌主姓名定爲"樂映"。[4] 由皇甫映的自述可見他對死生的態度較爲超脱，這或許與其對道教和佛教的信仰有關。盧載自撰墓誌銘[5]也很有特色，作者徑直將與友人書中的内容照搬過來作爲誌文的主體，無一語涉及門閥世系及身後事宜，更凸顯了他的傲兀與豁達。

就内容而言，這類文章在寫法上與一般的墓誌銘相差甚遠。兩者的行文方式也有很大不同，文章的主旨在於突出自己生平中值得誇耀之事或與衆不同的性情。陳尚君先生認爲盧載墓誌銘即體現了

---

① 《元乂墓誌銘》記載："而流言傳沓，萋斐成章。公乃垂淚謁帝，遜還私宅。俄而有詔解公侍中、領左右。尋又除名爲民。"

② 王績：《王無功文集》，上海：上海古籍出版社，1987年版，第184～185頁。

③ 李獻奇：《唐皇甫映石室詩考辨》。趙振華主編：《洛陽出土墓誌研究文集》，第387～394頁。

④ 趙君平、趙文成編：《河洛墓刻拾零》，北京：北京圖書館出版社，2007年版，第611頁。

⑤ 吴鋼主編：《全唐文補遺・千唐誌齋新藏專輯》，西安：三秦出版社，2006年版，第376～377頁。

這位傲兀文人的自負與追求:"(盧載)引與友人書,以爲'身不登神仙,道不濟天下,過此以往,則皆略同,便當處山',可見其自負之高。墓誌中引到他自認爲得意的文章,有'《建中德音述》一篇,是興起德宗皇帝終美之意;《文定》一首,是伸陳伯玉微婉被謗之由',另有爲魏博節帥起草的文書,可以見到他道濟天下的努力。"①因此,這些文章都有一定的趣味性,文筆靈活多變,可讀性較强,"因而表現的情感更真實,實用的色彩減弱,抒情的成分增濃,也就更具有文學性"。②

三、墓誌銘與其他傳記形式的差異

雖然從性質上來講,墓誌銘與史傳、行狀有類似之處,但它們的區别也較爲明顯:"碑前之序雖與傳狀相近,而實爲二體,不可混同。蓋碑序所叙生平,以形容爲主,不宜據事直書。自兩漢以迄唐五代,其用典對仗,遞有變化,而作法一致,型式相同……未有據事直書,瑣屑畢陳,而與史傳、家傳相混者。試觀蔡中郎之《郭有道碑》,豈能與《後漢書·郭泰傳》易位耶?彦和'其序則傳'一語,蓋謂序應包括事實,不宜全空,亦即陸機《文賦》所謂'碑披文以相質'之意,非謂直同史傳也。六朝碑序本無與史傳相同之作法,觀下文所云:'標序盛德……必見峻偉之烈。'則彦和固亦深知形容之旨,絶不致泯没碑序與史傳之界域也。"③

由於關注視角的不同,傳記文學與一般史學,哪怕是史書中的列傳都有很大的差異:"一般史學底主要對象是事,而傳叙文學底主要對象是人。同樣地叙述故實,同樣地加以理解,但是因爲對象從事到

① 陳尚君:《唐代石刻文獻的重要收穫》,西安碑林博物館編:《碑林集刊》第十二輯,西安:陝西人民美術出版社,2007年版,第330頁。

② 胡可先:《出土文獻與唐代詩學研究》,北京:中華書局,2012年版,第205頁。

③ 劉師培:《左庵文論》。引自劉勰著,詹鍈義證:《文心雕龍義證》卷三,第457頁。

人的移轉,便肯定了傳叙文學和一般史學底區别。”[①]因此,《左傳》《史記》的全部乃至一般的史傳都是史而不是傳記文學。况且,自《史》《漢》以來,史書中的列傳被賦予了更多的社會教化功能,范曄首次在正史中設立的《列女傳》以及後世史書中名目繁多的《忠臣傳》《奸臣傳》《酷吏傳》等,無不具有儒家的政治説教目的。因此,能够進入正史的列傳往往要經過史官的撿擇,《册府元龜·採撰三》記載:

> 唐路隋爲翰林侍講學士,與中書舍人韋處厚同撰《憲宗實録》。内永貞元年九月書河陽三城節度使元韶卒,不載其事迹。隋等立議曰:“凡功臣不足以垂後,而善惡不足以爲誡者,雖富貴人,第書其卒而已。陶青、劉舍、許昌、薛澤、莊青翟、趙周皆爲漢相,爵列通侯,而良史以爲齷齪廉謹,備員而已,無能發明功名者,皆不立傳。伯夷、莊周、墨翟、魯連、王符、徐稚、郭泰皆終身匹夫,或讓國立節,或養德著書,或出奇排難,或守道避禍,而傳與周、邵、管、晏同列。故富貴者有所屈,貧賤者有所伸。孔子曰:‘齊景公有馬千駟,死之日,人無得而稱焉;伯夷、叔齊餓於首陽之下,人到於今稱之。’然則志士之欲以光耀於後者,何待於爵位哉?富貴之人,排肩而立,卒不能自垂於後者,德不修而輕義重利故也。自古及今,可勝數乎?”[②]

因此能够進入史傳而流傳千古的僅僅是極少數特定人群。其他傳記樣式,如專傳、類傳等也都有固定的適用對象。然而“世界畢竟是人底世界,一般人底世界而不是幾個英雄底戰場。每個人的情感有喜怒哀樂;每個人底身世有悲歡離合;在静的時候,他有神態儀容;在動的時候,他有言語舉止。任何人都有自己的世界,自己的一生。這一生的記載,在優良的傳叙文學家底手裏,都可能成爲優良的著

---

① 朱東潤:《八代傳叙文學述論》,第 1 頁。

② 王欽若等編:《册府元龜》卷五五七,北京:中華書局,1960 年版,第 6689 頁。

作。所以在下州小邑,窮鄉僻壤中,田夫野老、癡兒怨女底生活,都是傳叙文學底題目"。[①] 就中國古代的文體形式來看,唯有墓誌銘,特别是唐代的墓誌銘才真正具備這樣的功能。雖然朝廷對墓誌的埋設有種種限制,但從實際情況來看,唐代上至達官貴人,下至平民百姓,甚至稚子幼女,死後皆可埋設墓誌。較之史傳、僧傳等,唐代墓誌銘顯然具有更廣泛的代表性,社會各階層生前的"世界"都會在墓誌銘中有所反映,這也是我們認爲其可以成爲傳記文學載體的重要原因。

① 朱東潤:《八代傳叙文學述論》,第 2～3 頁。

第二章　求真觀念與唐代墓誌銘記載的可靠性

提到墓誌銘，很多人的第一反應恐怕就是"諛墓"，進而懷疑其記載的真實性。朱東潤先生認爲："傳叙文學底價值，全靠牠的真實。無論是個人事跡的叙述，或是人類通性的描繪，假如失去了真實性，便成爲没有價值的作品。真是傳叙文學底生命。"[①]同時他又認爲"諛墓正是碑誌之文所以成立的理由"[②]，而將墓誌銘排除在傳記文學的範疇之外。這實際上是一種先入爲主的觀念。首先，并非所有的墓誌銘中都存在"諛墓"現象，唐代很多墓誌銘的作者都在文中强調其所撰文章的真實性，形成了一種求真紀實的創作理念。其次，"諛墓"現象與墓誌銘記載的真實性是兩個層面的問題，"諛墓"主要針對作者對傳主的評價以及作者刻意將傳主的不光彩事件隱而不書[③]；墓誌銘記載的真實性則是就文中記載的人和事而言的。即使某些文章運用了"諛墓"手法，其中所記載的人和事依然有可能是真實可靠的。況且，唐代墓誌銘的作者群體相當廣泛，一些下層文士，甚至佛徒、道士乃至女子均曾措意於此。這些人的文學素養一般不高，故其所撰之文往往文飾較少，略顯質實。從傳記文學求真的角度看，誇飾性的

---

① 朱東潤：《八代傳叙文學述論》，第5頁。

② 朱東潤：《八代傳叙文學述論》，第57頁。

③ "諛墓"現象産生的背景極其複雜，涉及古人對儒家温柔敦厚傳統的理解和傳承，爲避免枝蔓，此處暫不展開討論。

言辭越少,也就越能真實地記録傳主的立身行事。

一、新出墓誌銘與唐文創作的求真觀念

朱東潤先生指出"真"是傳記文學的生命,并對黄榦在爲朱熹作行狀時所表現出的求真、求善的態度大爲讚賞:"總之作史傳不易,作傳敘亦復甚難。後代文人常常徇家屬之請,作行狀,作墓誌銘、神道碑,甚或根據死者家屬之言,爲之作傳。其實這是信今傳後的作家,所當審慎考慮的事。黄榦《朱子行狀》成後十餘年中,就正於四方之朋友,'一言之善則必從,一字之非則必改'。這實在是一種正確的態度。"①新出石刻文獻中也常見墓誌銘應該追求真實的記載,可以看成是傳記文學"求真"理念的早期形態。

宋玗所撰《故忠武軍節度兵馬使□□郎試左金吾衛兵曹參軍上柱國朱公(萱)墓誌》開篇即云:"若平生之好,爲歿後之傷,玗濫學儒門,功慕仁里,將綴其事實,因而以叙之。"誌文末又云:"固命余以厚贈,多慙□者之所作,不文不飾,無以加之,置諸埏隧而已矣。"②宋玗之所以一再强調"綴其事實""不文不飾",無非是要向世人傳達其所撰《朱萱墓誌銘》忠實記録了傳主一生的事跡。實際上,相當一部分唐代墓誌銘的作者都在追求,至少是"自我標榜"墓誌銘記載的真實性,重在突出其實録精神。許多作者都會在誌文和銘文的連接處,用一段具有過渡性質的文字指出其所撰之文未經文飾,原原本本記録了傳主的事跡,如:

> 《唐故中散大夫滎陽郡長史崔府君故夫人文水縣君太原王氏(京)墓誌》:"詞不假人,貴傳實録,忍哀紀事,豈曰言文。"③

---

① 朱東潤:《八代傳叙文學述論》,第6～7頁。

② 周紹良、趙超主編:《唐代墓誌彙編續集》,第1025頁。

③ 周紹良主編:《唐代墓誌彙編》,第1682頁。

《唐故軍器使内寺伯賜紫金魚袋贈内常侍袁公夫人太原郡夫人王氏墓誌銘》:"德門之盛,世莫能儔,而復泣血銜哀,俾述遺範,言必實録,託而用文,誌而銘曰……"①

《唐故朝議郎行内侍省内寺伯上柱國劉府君(奉芝)墓誌銘》:"昂學舊史氏,書法不隱,舉善無遺,庶旌恭友之風,以成褒貶之義。"②

《唐故汴州雍丘縣尉清河崔府君(樅)墓誌銘》:"以干嘗學春秋,書命誌事,銜涕刻石,直而不文。"③

《唐故東都留守檢校尚書左僕射贈司空崔公(弘禮)墓誌》:"謂愚嘗學舊史,託以紀前烈,述遺風。爰稽行實,編以成誌。"④

還有的作者會率先交代與傳主的親疏遠近,進而凸顯文章的實録色彩。親屬間相互撰文者,如苗弇在爲其母劉氏所撰的墓誌銘中説:"其哀弇等,孤失怙恃,孺慕銜恤,擗踴泣血,號絶數四。相視言曰:無諳孰可託敘事,遠親戚委其銘紀?乃輟哭興涕,扶力自述。無文飾詞,實載其事。"⑤新出土《唐常州無錫裴長官(謡)隴西李夫人墓誌銘》誌文開頭即云:"裴君自有文學,請予爲誌。銜哀大哭,直書不文。"⑥文章爲傳主之父李景莊所撰,不僅詳於對傳主行事的記録,其中流露出的父女情深也頗爲動人,足以讓人相信其記載的真實性。賓朋之間相互撰文者,如陽浚所撰《唐故朝散大夫太子左贊善大夫隴西李府君(昢)墓誌銘》:"余與公早契忘言,共敦久□,喪兹良友,何痛如之。言之不文,庶爲實録。"⑦新出土沈佐黄所撰《唐故朝請郎行婺

① 周紹良主編:《唐代墓誌彙編》,第 2378 頁。
② 周紹良主編:《唐代墓誌彙編》,第 1747 頁。
③ 周紹良主編:《唐代墓誌彙編》,第 2105 頁。
④ 周紹良主編:《唐代墓誌彙編》,第 2124 頁。
⑤ 吴鋼主編:《全唐文補遺》第一輯,西安:三秦出版社,1994 年版,第 422 頁。
⑥ 吴鋼主編:《全唐文補遺》第八輯,西安:三秦出版社,2005 年版,第 221 頁。
⑦ 吴鋼主編:《全唐文補遺》第一輯,第 191 頁。

州金華縣主簿武功蘇君（藏玉）墓誌銘》也説："公凡操履，余得詳明。序不文華，作平生之實録；銘垂章句，存蓋代之芳猷。"[①]陽浚、沈佐黄均與傳主交往日久，諳熟其生平，因此才受家屬委托爲其撰寫墓誌銘。

以上所舉并非個案，而是唐代墓誌銘中普遍存在的情形，可見，很多作者已將文章記載的真實與否置於非常重要的位置，主要體現在傳主姓名字號、宗族世系以及生平事跡的真實等等。唐代親屬之間撰寫墓誌銘現象的增多，恐怕也是在這種實録風氣的影響下出現的。即使是一些文采稍遜的作者也力求真實地將傳主生平中的重要事件一一羅列，近於年譜的簡編本。千年以後，隨著新出墓誌銘的陸續發表，作者們爲保存傳主生平事跡之真相而做出的努力最終爲後人知曉，這可從以下幾個方面得到印證。

二、新出墓誌銘與唐人世系的準確性檢證

對於傳記而言，明確傳主的基本身份是其首要議題。而姓名、世系、仕歷遷轉等等，都是關涉傳主身份的重要内容，只有準確記載這些信息，才能使傳記的内容做到信今傳後。换言之，只有弄清傳主的基本身份，才能對其進行正確的定位和評價。因此，很多墓誌銘都會在顯要位置交代傳主的世系，甚至得姓緣由，以凸顯作者對傳主世系的重視和文章記載的真實性。

上文曾及，詳於傳主世系的記載，正是墓誌銘的優長之處。這一記載往往與傳主姓氏的得姓緣由聯繫在一起，且多具有較高可信度。以墓誌銘中常見的楊姓爲例，新出土《楊漢公墓誌銘》對楊姓的得姓緣由以及楊漢公的世系有詳細記載：

---

① 吴鋼主編：《全唐文補遺·千唐誌齋新藏專輯》，第386頁。

楊氏之先，與周同姓，自文王昌之子唐叔虞，虞生燮父，燮父生六。當昭王時，以六月六日生，故以六名之。生而有文在其手，左曰楊，右曰侯。昭王曰：其祖有之，天所命也。遂封六爲楊侯，國於河洛之間，字之曰君牙，爲穆王司徒。書曰：穆王命君牙爲周大司徒，此得姓之源也。君牙十六世孫伯喬，就封于楊，楊氏始大。自伯喬四十一世而震生焉，爲漢太尉，所謂四代五公者。[1]

楊姓的起源，《新唐書·宰相世系表》所記較爲簡略："楊氏出自姬姓，周宣王子尚父封爲楊侯。一云晋武公子伯僑生文，文生突，羊舌大夫也。又云晋之公族食邑於羊舌。"[2]鄧名世《古今姓氏書辯證》叙述較詳："周宣王少子尚父封爲楊侯，其地平陽楊氏縣，即漢之河東楊縣也。幽王犬戎之難，楊侯失國。及平王東遷，實依晋、鄭。以楊賜晋武公，晋於是並有楊國。司馬侯對平公，所謂霍、楊、韓、魏皆姬姓是也。晋武公生伯僑，伯僑生文……忠，安平頃侯，生譚，屬國、安平侯，二子：寶、並。寶字稚淵，二子：震、衡。震子秉，秉子賜，賜子彪，四世太尉。"[3]至於楊漢公所屬的越公房的世系，墓誌銘記爲：

震十三世生鈞，後魏司空、臨貞郡公。生儉，後魏黄門侍郎、夏陽公。儉姪孫素，隋室之元勳，封越國公。故臨貞之子孫，皆以越公爲房號。夏陽次子曰文异，即公之七代祖也。派蔓千祀，招賢相望，宜乎光耀於當時矣。曾祖隱朝，皇同州郃陽縣令，夫人京兆杜氏。祖燕客，皇汝州臨汝縣令，贈工部尚書。皆以貞適養志，自肥其家，故位不稱德。夫人南陽張氏，即大儒碩德司業張公參之妹也。烈考諱寧，皇國子祭酒，贈太尉，始用經學入仕，

① 周紹良、趙超主編：《唐代墓誌彙編續集》，第1037頁。

② 歐陽修、宋祁：《新唐書》卷七一下，北京：中華書局，1975年版，第2346頁。

③ 鄧名世：《古今姓氏書辯證》，南昌：江西人民出版社，2006年版，第183頁。

嘗遊陽諫議城之門,執弟子禮,潔白端介,爲諸儒所稱。其舅司業公尤所嗟賞。夫人長孫氏,長安令繽之女也。閨範莊整,爲士林之表。公出於長孫夫人,即太尉府君第三子也。[1]

受載體和體例的限制,墓誌銘與史書的表述雖略有不同,但墓誌銘中所記,如楊素爲楊儉侄孫,楊文昇爲傳主七代祖,楊燕客爲傳主祖父,傳主爲楊寧第三子等等,均與《新唐書·宰相世系表》《古今姓氏書辯證》等史籍的記載相吻合。而《古今姓氏書辯證》中對楊漢公職官的記載也與墓誌銘所言"遷宣武軍節度使,檢校户部尚書……未周歲,報政政成,而受代遷天平節度使"適相一致。[2]

除了楊姓以外,唐代墓誌銘中經常出現的其他姓氏,如郭姓[3]、史

---

① 周紹良、趙超主編:《唐代墓誌彙編續集》,第1037頁。

② 《古今姓氏書辯證》中的相關記載爲:"越公房,本出中山相結次子繼。繼生暉,洛州刺史,謚簡。暉生河間太守恩。恩生越恭公鈞,號越公房。鈞生暄,字宣和,西魏度支尚書。生敷,字文顯,後周汾州刺史、臨貞壯武公。敷生素,字處道,隋尚書令、司徒,楚景武公……越恭公次子儉,字景則,西魏侍中、夏陽静侯,生文昇、文休、文异。文异,字文殊,隋刑部尚書、吴州總管,樂昌侯,生安仁。安仁生德立。德立孫隱朝,郃陽令,生臨汝令燕客。燕客生審及寧。寧,國子祭酒,四子:汝士、虞卿、漢公、魯士,分爲四院……漢公字用乂,天平軍節度使、檢校户部尚書,贈太保。"見鄧名世:《古今姓氏書辯證》,第185～186頁。

③ 新出土《故泉州長史太原郭君(品)墓誌銘》云:"其先周王季之穆封於虢城,郭聲相近,因以爲氏。"(吴鋼主編:《全唐文補遺·千唐誌齋新藏專輯》,第114頁。)與《古今姓氏書辯證》和《新唐書·宰相世系表》所記郭姓的起源均一致。如《古今姓氏書辯證》云:"郭出自姬姓,周武王封文王弟虢叔於西虢,封虢仲於東虢。西虢地在虞鄭之間。平王東遷,奪虢叔之地與鄭武公。楚莊王起陸渾之師伐周,責王滅虢,於是平王求虢叔裔孫序封於陽曲,號曰'郭公'。'虢'謂之'郭',聲之轉也,因以爲氏。"《新唐書·宰相世系表》所記郭姓的起源:"郭氏出自姬姓。周武王封文王弟虢叔於西虢,封虢仲於東虢。西虢地在虞、鄭之間,平王東遷,奪虢叔之地與鄭武公,楚莊王起陸渾之師伐周,責王滅虢,於是平王求虢叔裔孫序,封於陽曲,號曰郭公。'虢'謂之'郭',聲之轉也,因以爲氏。"見歐陽修、宋祁:《新唐書》卷七四上,第3114頁。

姓[①]、張姓[②]等等，也均可與史籍中的記載相印證。即使是一些不常見的姓氏，唐代墓誌銘中對其得姓緣由的記載也具有較高的可信度。如鉗耳氏，新出土《唐故遊騎將軍左威衛洛汭府果毅馮翊郡鉗耳公墓誌銘》載："其先出自有周，厥初生人，時惟姜嫄，誕彼后稷，至於古公，以及王季。王季之子曰泰伯、曰文王、曰仁虔。泰伯讓位，肇有於吴；文王受圖，是興於鎬。虔仁賜土於馮翊，其後以王父字爲氏。時人語訛，以虔仁爲鉗耳矣。"[③]關於鉗耳氏的由來，正史缺載，鄧名世《古今姓氏書辯證》記爲："箝耳，箝亦作鉗，西羌複姓也。狀云周王季後，爲虔仁氏，音訛爲箝耳。"[④]與墓誌銘中的記載大致相同。兩者相較，還可以發現墓誌銘中的記載更爲詳盡，爲研究鉗耳姓的起源和世系提供了更多資料。

---

① 《大唐故徵君史府君(光)墓誌銘》："昔春秋時衛有史魚屍諫，人到于今稱之，此則史氏茂德，其流遠矣。□良夫與晋、魯敗齊師於㿻，銘鍾策勳，垂芳千古，則孫氏盛烈而□□生賢，此之謂不朽矣。於戲！史氏、孫氏皆生於衛。故延州萊季子稱□老□，而二族合歡，鳳皇于飛，挺生賢子也。"(周紹良、趙超主編：《唐代墓誌彙編續集》，第 807 頁。)《古今姓氏書辯證》記爲："史，周太史佚之後，以官爲氏。鰌字子魚，其族朝，生文子狗，皆仕衛爲大夫。"見鄧名世：《古今姓氏書辯證》，第 312 頁。

② 《新唐書・宰相世系表》記張姓起源爲："張氏出自姬姓。黄帝子少昊青陽氏第五子揮爲弓正，始制弓矢，子孫賜姓張氏。周宣王時有卿士張仲，其後裔事晋爲大夫。"(歐陽修、宋祁：《新唐書》卷七二下，第 2675 頁。)《古今姓氏書辯證》與之類似。新出土《張周抗及妻何氏祔葬墓誌銘》云："公諱周抗，字智遠，南陽人也。其先黄帝之子，生而有文見其手曰弓長，帝異之，并字錫爲張氏，謚名曰羅，長乃戰□□□□於國封南陽白水侯，其氏興焉。"(周紹良主編：《唐代墓誌彙編》，第 2501 頁。)光啓四年(888)一方名爲"張氏血脈譜"的石刻則記載的更爲詳盡："張星屬金，金者商也。金精變現，化爲人，後乃生一子，兩手不開。皇帝歎曰：若是吾子，手爲吾開。兩手得展，遂見左手中有弓，右手中有長。後以兩□并之，乃成張字，即號□張星，便封爲大將軍。領百萬之衆，遍地血流，後乃封爲河内郡王。自古天賜張氏之姓，皆爲手把二字及因張星而興焉。而五子分爲五祖，此是張姓之宗，家狀别具分析。"(周紹良主編：《唐代墓誌彙編》，第 2519 頁。)經過比較可以看出，新出石刻中的材料雖然摻入了較多的傳説成分，但基本還是符合歷史事實的。

③ 吴鋼主編：《全唐文補遺・千唐誌齋新藏專輯》，第 188 頁。

④ 鄧名世：《古今姓氏書辯證》，第 297 頁。

唐代墓誌銘對於傳主世系記載的準確性,爲研究唐人世系提供了更多依據,傳世典籍中一些懸而未决的問題,也可由此得到解决。如韓愈友人李虚中的世系歷來有争議,其焦點在於北魏的李冲與李虚中的關係。韓愈所撰《殿中侍御史李君墓誌銘》①記李冲爲李虚中的十一世祖。而祝充《音注韓文公文集》引《元和姓纂》云:"李冲生休纂,六代孫偘,文州刺史,堂孫虚中。"②并據此定虚中爲李冲之八代孫。晁公武《郡齋讀書志》亦云:"《姓纂》云:'冲之八代孫。'……韓愈言冲爲虚中十一世祖,誤也。"③劉真倫、岳珍《韓愈文集彙校箋注》亦據此將李冲定爲虚中之八世祖。"八"與"十一"字形差異較大,混淆的可能性較小,故其結論仍有可商之處。《北史》云:"(李冲)子延寔……延寔弟休纂,小字鐘羌,頗有父風……子昂襲。昂,魏末爲廣平郡太守,齊天保中,卒於光禄卿。昂子道隆,有才識,明剖斷。仕齊,位并省尚書左丞。隋開皇中,爲尚書比部侍郎。"④新出土《大唐故李君(嗣本)墓誌之銘》云:"府君諱嗣本,隴西成紀人也。粤若稽古,乃聖乃神,乃武乃文,顓頊有焉;臣哉鄰哉,鄰哉臣哉,庭堅有焉。智周萬物,道濟天下,伯陽有焉;克明克類,克長克君,凉武有焉。在北齊時,則有若我曾祖光禄少卿昂;在隋初時,則有若我王父工部侍郎道丘;在隋季時,則有若我烈考殷州司馬宗默。"⑤其子李延禎的墓誌銘亦云:"君諱延禎,隴西成紀人,隋工部侍郎道丘之曾孫,殷州司馬宗默之孫,唐寧州録事參軍嗣本之第四子也。"⑥《李延禎墓誌銘》還記

---

① 韓愈:《昌黎先生文集》卷二八,上海:上海古籍出版社,1994年版,第666～668頁。

② 按:祝充所引文字不見於今本《姓纂》,轉引自韓愈著,劉真倫、岳珍校注:《韓愈文集彙校箋注》卷一八,北京:中華書局,2010年版,第2023頁。

③ 晁公武撰,孫猛校證:《郡齋讀書志校證》卷一四,上海:上海古籍出版社,1990年版,第620頁。

④ 李延壽:《北史》卷一〇〇,北京:中華書局,1974年版,第3333～3336頁。

⑤ 拓片見陳長安主編:《隋唐五代墓誌匯編·洛陽卷》第八册,第136頁;録文見周紹良、趙超主編:《唐代墓誌彙編續集》,第439頁。

⑥ 周紹良、趙超主編:《唐代墓誌彙編續集》,第438頁。

載其第二兄名延祖、第三兄名延祥。延禎卒於垂拱元年(685),享年二十七,以此推之,其當生於顯慶四年(659),延祖、延祥之生年則要早於此。另由以上記載可知,李昂尚有一子名道丘,道丘生宗默,宗默生嗣本,嗣本又生延祖、延祥、延禎等。自李冲算起,至此已歷七世。

《李虚中墓誌銘》雖未交待其世系之詳情,但權德輿所撰《唐故使持節郴州諸軍事權知郴州刺史賜緋魚袋李君(伯康)墓誌銘》云:"君諱伯康,字士豐,隴西成紀人。自凉武昭王玄孫文穆公冲,爲元魏僕射司空……文穆公二子,長曰廷寔,次曰休纂。論道追命,皆至司徒,蟬聯茂盛,冠於百族。君即叔氏司徒之後也。曾祖仲進,皇宣州司馬。祖僑,皇河南府澠池縣令。父愔,皇朝議大夫、宗正丞,贈濮州刺史。"①另據權德輿所撰《唐故長安主簿李君(少安)墓誌銘》記載:"君諱少安,字公和,隴西成紀人。自元魏僕射文穆公冲而下,爲西州冠族。或位不充者,必以令德聞。曾祖仲進,皇宣州司馬。祖僑,河南府澠池縣令。父愔,朝議大夫、宗正丞,贈濮州刺史。"②《李虚中墓誌銘》亦云虚中:"葬河南洛陽縣,距其祖澠池令府君僑墓十里。"③虚中之父名惲,與伯康父名愔相近,由此可證定惲、愔二人乃親兄弟,李虚中和李伯康當爲堂兄弟,故伯康曾祖李仲進亦爲虚中曾祖。《李虚中墓誌銘》載虚中卒於元和八年(813),享壽五十二,其當生於寶應元年(762)。按照中國古代平均 20 年一世的常理推斷,其曾祖李仲進當生於公元 700 年前後,此時距李延祖、李延祥二人的生年尚有 50 多年的時間,也就是説李仲進乃是李延祖、李延祥的孫輩,而不是子侄輩,更不可能與他們同輩。如此算來,李冲恰爲虚中之十一世祖,韓

---

① 權德輿:《權德輿詩文集》卷二六,上海:上海古籍出版社,2008 年版,第 400 頁。

② 權德輿:《權德輿詩文集》卷二六,第 403 頁。

③ 韓愈撰,馬其昶校注:《韓昌黎文集校注》卷七,上海:上海古籍出版社,1987 年版,第 440 頁。

愈《李虚中墓誌銘》所記不誤,而《元和姓纂》《郡齋讀書志》等書中的記載失實。墓誌銘對唐人世系記載的準確性亦可由此略窺一斑。[①]

三、新出墓誌銘與唐人姓名字號的準確性檢證

姓名字號,是確定傳主身份的重要標誌,也是墓誌銘著重記載的內容之一,多數文章對此也較爲重視。不僅會在顯著位置交待傳主的姓名字號,更有甚者,還會詳細介紹傳主取名的經過,使得這些墓誌銘的傳記屬性大爲增强。

如新出土温琯所撰《大唐故明州刺史御史中丞韋公(填)夫人太原温氏(瑗)之墓誌》,文章開頭即交待其得名的緣由:"夫人以長姑及諸姑各立婦名及字,遂拱請於先司空立其名。得名曰瑗,連姊妹兄弟之玉也。立字曰文羊,身被文彩,正直觸邪。像美玉有文彩,如神羊獨立之義,而稱其德也。"[②]再如李胤之爲其女所撰的墓誌銘云:"汝名第娘,即余之元女……余大和八年登春官第,其冬生汝,故以第字之。"[③]可知傳主之所以取名第娘,還含有紀念其父中第的意義。郭正一所撰《大唐故臨川郡長公主(李孟姜)墓誌銘》則對傳主字號的由來有清楚地交待:"貞觀初,聖皇避署甘泉,公主隨傅京邑,載懷温凊,有切晨昏,乃自□表起居,兼手繕寫。聖皇覽之,欣然以示元舅長孫無忌曰:朕女年小,未多習學,詞跡如此,足以□人。朕聞王羲之女字孟姜,頗工書藝,慕之爲字,庶可齊蹤。因字曰孟姜,大加恩賞。仍令宫官善書者侍書,兼遣女師侍讀。"[④]由上述二例可以看出長輩們對取名的重視,而傳主得名的經過皆有相關人證,甚至通過人物對話詳細記

---

① 學界利用新出墓誌銘研究唐人世系問題的成果已多,不贅舉。

② 吴鋼主編:《全唐文補遺》第八輯,第 172 頁。

③ 周紹良、趙超主編:《唐代墓誌彙編續集》,第 1013 頁。

④ 吴鋼主編:《全唐文補遺》第一輯,第 66 頁。

録取名的緣由，更加突出了事件的真實性以及當事人對取名的鄭重其事。

墓誌銘中對唐人姓名字號的記載也往往能與傳世典籍相印證，由新出土劉禕之、李益、韋渠牟、盧士玫等人的墓誌銘來看，他們的姓名字號均與兩《唐書》、《全唐文》等相關文獻中的記載一致。一些著名人士，如姚崇長子姚彝，著名詩人韋應物、姚合等人的字號，也是通過新出墓誌銘才漸爲世人所知。不僅如此，唐人名字中一些衆説紛紜的問題，諸如名字混淆[①]、典籍傳誤等等，也可以藉由新出墓誌銘得以解決。歐陽修跋《唐顔勤禮神道碑》云："《唐書》云温大雅字彦宏，弟彦博字大臨，弟大有字彦將。兄弟義當一體，而名大者字彦，名彦者字大，不應如此。蓋唐世諸賢名字可疑者多，封德彝云名倫，房玄齡云名喬，高士廉云名儉，顔師古云名籀，而皆云以字行。倫、喬、儉、籀，在唐無所諱，不知何避字而行？"[②]歐陽修所處的時代去唐未遠，唐人名諱、字號已有如此多的疑問，千餘年後，唐代文人名字方面的問題更多。由於墓誌銘，特別是新近出土者，屬於當時人記當時事，且作者多本著實録精神，故其所記具有較高的可信度。二十世紀以來，出土文獻的大量刊佈，爲我們考訂唐人名字中的一些懸疑提供了可靠資料。

1. 劉穆之

初唐文人劉穆之，其生平信息各種史籍均缺載，《全唐文》收其文

---

① 顔師古云："或問曰：'今人或稱字而不稱名，其故何也？'答曰：'名以正體，字以表德。《禮》云："子生三月，父始孩而名之"，"男子二十冠而字"，故知先名而後字也。又云："父前子名，君前臣名"，"子於父母是自名"，據此益知常所稱者是名非舉字也。孔子大聖，言必稱名……考諸典故，稱名爲是。'"（顔師古撰，劉曉東平議：《匡謬正俗平議》卷六，濟南：山東大學出版社，1999年版，第211～212頁。）由此看來，古人之所以將名與字並舉，是由於兩者本來是有不同功用的。但歷時既久，且不少人因爲諸種原因而以字行，名、字顛倒之事亦在所不免。

② 歐陽修著，鄧寶劍、王怡琳注釋：《集古録跋尾》，北京：人民美術出版社，2010年版，第170頁。

兩篇，小傳云："穆之，神龍時，中書舍人内供奉。"[①]其餘事跡均未詳。

《金石萃編》所收《大唐洛州滎陽縣頭陁逸僧識法師上頌聖主中興得賢令盧公清德之文》題下署："前中書舍人内供奉劉穆之纂。"文末云"神龍三年歲次丁未五月戊戌朔八日己巳建"[②]。畢沅在《中州金石記》中稱讚其文"甚緐麗可頌"，并云："劉穆之，見《寶刻類編》，有長安三年《劉惲造七寶阿彌陀像記》，是其書撰，云在京兆。"[③]《元和姓纂》卷五【諸郡劉氏】第392條："祠部郎中劉穆之，部（按：乃'邢'之訛）州沙河人。"[④]而新出土《唐故石州刺史劉君（穆）墓誌銘》云："君諱穆，字穆之，河間鄚人也。"[⑤]墓誌對其科第和仕宦情况也有詳盡的記載："開耀二年，以鄉貢進士擢第……倏遷左御史臺監察御史，尋除殿中侍御史……仍判倉部員外郎，俄授地官員外郎，尋除鳳閣舍人……尋徵拜祠部郎中加朝散大夫……除石州刺史……以大唐先天元年十二月廿二日卒於汾州介休縣官舍，春秋六十有二。"[⑥]由其墓誌銘可以證知，穆之乃是其字而非其名。各種資料均將其名記作劉穆之，故其本名"穆"反而不爲後人所知，今可據墓誌予以訂正。

2. 韋楚老

韋楚老，中唐時期文學家，與兄楚材、楚望俱善文。韋楚老於穆宗長慶四年（824）進士及第，曾任中書舍人、左拾遺、國子祭酒等。《唐才子傳》中説他"工詩，氣既淳雄，語亦豪健。眾作古樂府居多"。[⑦]而從《舊唐書》《册府元龜》等書中的記載來看，楚老亦嘗屬文。然其

---

① 董誥等編：《全唐文》卷二七〇，上海：上海古籍出版社，1990年版，第1213頁。

② 國家圖書館善本金石組編：《隋唐五代石刻文獻全編》第三册，第176～178頁。

③ 畢沅：《中州金石記》卷二，《叢書集成初編》本，北京：中華書局，1985年版，第41頁。

④ 林寶撰，岑仲勉校記：《元和姓纂（附四校記）》卷五，北京：中華書局，1994年版，第696頁。

⑤ 周紹良主編：《唐代墓誌彙編》，第1147頁。

⑥ 周紹良主編：《唐代墓誌彙編》，第1148頁。

⑦ 傅璇琮主編：《唐才子傳校箋》第三册，北京：中華書局，1990年版，第160頁。

作品散佚較多，傳世者僅有詩歌兩首和斷句二。韋楚老與杜牧同年，二人多有過從。杜牧不僅曾在詩文中提及韋楚老，他們之間也曾有過詩歌往還，杜牧集中尚有《洛中監察病假滿，送韋楚老拾遺歸朝》一詩留存。

然而，對於韋楚老的名字問題，歷來有兩種不同説法：或以楚老爲名，壽朋爲字；或以壽朋爲名，楚老爲字。如馮集梧在《洛中監察病假滿，送韋楚老拾遺歸朝》詩題下注云："蓋壽朋其名而楚老字也。"[①]《唐才子傳校箋》沿其説，認爲："韋楚老名壽朋，以字行，與朱慶餘名可久相類。"[②]吴在慶先生在《洛中監察病假滿，送韋楚老拾遺歸朝》注釋中云："韋楚老，字壽朋。"[③]而在《上宰相求湖州第二啓》注釋中却又説："韋楚老：名壽朋，字楚老，杜牧友人。"[④]學界對韋楚老名字認知情形之混亂可見一斑。新出土杜師義撰《唐故前鄉貢進士韋君（楚相）墓誌文》爲我們判定其名字情况提供了準確依據。該墓誌文中云："唐京兆韋氏，名楚相，字得臣……公仲弟楚望、季弟楚老皆文識精敏，當□於君門必矣。"[⑤]由此可知楚老乃楚相之弟，故由楚相的名、字情况判斷，楚老當爲名，而壽朋乃其字也，馮集梧所注失實。

3. 温大雅兄弟

初唐文人温大雅，與其弟彦博、大有均以文學知名，史臣贊之曰："諸温儒雅清顯，爲一時之稱。"[⑥]大雅曾於武德年間陸續修成《大丞相唐王官屬記》《今上王業記》《大唐創業起居注》等，成爲後人研究唐初歷史的珍貴材料。此外，温大雅還有《爲高祖報李密書》等文章傳世。《舊

---

① 杜牧著，馮集梧注：《樊川詩集注》卷三，上海：上海古籍出版社，1978年版，第189頁。
② 傅璇琮主編：《唐才子傳校箋》第三册，第157頁。
③ 杜牧撰，吴在慶校注：《杜牧集繫年校注》，北京：中華書局，2008年版，第330頁。
④ 杜牧撰，吴在慶校注：《杜牧集繫年校注》，第1014頁。
⑤ 趙君平、趙文成：《秦晋豫新出墓誌搜佚》，北京：國家圖書館出版社，2012年版，第912頁。
⑥ 劉昫等：《舊唐書》卷六一，第2372頁。

唐書·温大雅傳》云："温大雅字彦弘，太原祁人也。"《全唐文》小傳亦云："大雅，字彦宏。""宏"字乃避乾隆諱而改，可見兩書所記並無二致。

問題在於，各種史籍對他們兄弟三人名字的記載却不一致，《舊唐書》云："大雅弟彦博……大雅弟大有，字彦將。"[①]故而引起了歐陽修的懷疑，他認爲："兄弟義當一體，而名大者字彦，名彦者字大，不應如此。"又説："余於中書見顔氏裔孫有獻其家世所藏告身三卷，以求官者，其一思魯除儀同制……思魯制云'内史令臣瑀宣'者，蕭瑀也。'侍郎臣封德彝、奉舍人臣彦將行'。不應内史令書名，而侍郎、舍人書字，又必不稱臣而書字，則德彝、彦將皆當爲名。"[②]認爲彦將爲名，大有爲字。

至於温大雅以字行的原因，趙明誠於《唐温彦博碑》條下云："蓋當時風俗相尚如此，初無義理也。然師古既立論以稱名爲是，而乃以字行，殆不可曉也。"[③]周密認爲温大雅名字乃避諱所致："唐高宗太子弘，爲武后所酖，追尊爲孝敬帝，廟曰義宗，弘文館改爲昭文，弘農縣爲恒農，韋弘機但爲機。李含光本姓弘，易爲李，曲阿弘氏易爲洪，温彦弘遂以大雅字行。"[④]新出土《大唐故特進尚書右僕射上柱國虞恭公温公（彦博）墓誌》的出土，爲解決他們兄弟姓名中的争論提供了可靠證據。《温彦博墓誌》云："公諱彦博，字大臨，太原祁人也。"[⑤]由此可證定温氏三兄弟名依次爲：彦弘、彦博、彦將，而字則分别爲大雅、大臨、大有。

4. 第五琦

第五琦是中唐時期著名的政治家、經濟家和文學家，兩《唐書》有

---

① 劉昫等：《舊唐書》卷六一，第2359～2362頁。

② 歐陽修著，鄧寶劍、王怡琳注釋：《集古録跋尾》，第170～171頁。

③ 趙明誠撰，金文明校證：《金石録校證》卷二三，桂林：廣西師範大學出版社，2005年版，第399頁。

④ 周密：《齊東野語》卷四，北京：中華書局，1983年版，第57頁。

⑤ 周紹良主編：《唐代墓誌彙編》，第41頁。

傳。獨孤及曾極力稱讚他的文學才能，《容齋三筆》卷八云："獨孤有《與第五相公書》云：'垂示《送丘郎中》兩詩，詞清興深，常情所不及。"陰天聞斷雁，夜浦送歸人。"醲麗閑遠之外，文句窈窕淒惻，比頃來所示者，才又加等。'……又云：'昨見《送梁侍御》六韻，清麗妍雅，妙絶今時，掩映風騷，吟諷不足。'"[①]陸心源《唐文拾遺》録其文兩篇，小傳中記載他的字爲"禹珪"。《新唐書·第五琦傳》亦云："第五琦字禹珪，京兆長安人。"[②]新出土《第五琦墓誌銘》云："有唐相國贈太子少保扶風郡公，諱琦，字禹圭，京兆人也。"[③]故知傳世文獻中對他表字的記載不確，當依墓誌銘作"禹圭"爲是。

5. 薛奇童

薛奇童爲初唐名臣薛收曾孫、薛元超孫、薛俊子。其名字歷來有歧説：《新唐書·宰相世系表》"薛氏西祖房"載："奇童，字靈孺，慈州刺史。"[④]而《國秀集》目録云："大理司直薛奇章詩三首。"《全唐詩》小傳則云："薛奇童，一作章。大理司直。詩七首。"[⑤]

新出土《唐故德陽郡什邡縣令韋府君(長卿)墓誌銘》題署："詹事府司直薛奇童撰。"[⑥]文字爲作者自題，當屬可靠。另檢《新唐書·宰相世系表》，薛俊諸子依次爲：上童、獻童、貞童、奇童、季童，故可斷定

---

① 洪邁：《容齋隨筆》，上海：上海古籍出版社，1978年版，第513頁。

② 歐陽修、宋祁：《新唐書》卷一四九，第4801頁。

③ 李舉綱、王亮亮：《西安新見〈唐第五琦墓誌〉考疏》，《書法叢刊》，2010年第5期，第18頁。

④ 歐陽修、宋祁：《新唐書》卷七三下，第3025頁。

⑤ 曹寅等編：《全唐詩》卷二〇二，北京：中華書局，1960年版，第2109頁。

⑥ 西安市長安博物館編：《長安新出墓誌》，北京：文物出版社，2011年版，第171頁。傳主韋長卿妻薛氏："河東汾陰人也……曾祖諱寶積，皇朝揚州大都督府長史。祖諱待詔，故朝請大夫、代州都督府司馬。考諱偘，故朝議大夫、太子司議郎。"《舊唐書·薛收傳》亦云薛收爲蒲州汾陰人。檢《新唐書·宰相世系表》，薛奇童與薛偘份屬同輩，二人的八世祖分别爲薛瑚和薛昂，均爲薛謹之子。就輩份而言，韋長卿當爲薛奇童從侄婿，故其墓誌的出土對於考察薛元超的世系也有一定的參考價值。

所謂"薛奇章"者,當爲"薛奇童"之訛。

四、新出墓誌銘與唐人仕宦經歷的準確性檢證

科舉制度的推行,無疑使得士人進入仕途變得更爲便捷,許多人從年輕時即釋褐受職,走向仕途,直至晚年方才脱簪官府,頤攝天年,更有不少中道卒於任者。可以説唐代士人的人生歷程有一多半是在官場上度過的,仕歷的遷轉乃是其一生中的重要事件,也是研究唐人傳記的重要素材,而這恰恰也是唐代墓誌銘著重描述的對象。

某些新出土的唐代墓誌銘對於傳主及其族人事跡的記載恰恰可與史籍相印證,更加强了其紀事的可靠性。如新出土《大唐故使持節郢州諸軍事郢州刺史盧君(承基)墓誌》載:"曾祖道亮,樹德日新,體仁藏用。居蔡之邑,昔聞一兆;黄父之會,空餘九言。"《隋書·盧思道傳》云:"父道亮,隱居不仕。"[①]與《盧承基墓誌》的記載正合。《墓誌》又云:"父赤松,皇朝太子率更令、上柱國、范陽郡開國公。"《隋書·盧思道傳》亦云:"子赤松,大業中,官至河東長史。"[②]《墓誌》在介紹盧承基的仕宦情形時云:"尋轉禮部員外郎、守主客郎中。"[③]《册府元龜》卷五五四曾提及房玄齡選拔盧承基預修《晋書》之事,亦記其官職爲"守主客郎中"。再如張九齡所撰《張説墓誌銘》云:"初天后稱制,舉郡國賢良,公時大知名,拔乎其萃者也。"[④]《新唐書·張説傳》云:"永昌中,武后策賢良方正,詔吏部尚書李景諶糊名較覆,説所對第一。"[⑤]"三登左右丞相,三作中書令。"據《新唐書·宰相世系表》:開元元年,乙亥説檢校中書令;開元九年,九月癸亥,天兵軍節度使張説守兵部尚書、

---

① 魏徵、令狐德棻:《隋書》卷五七,第1397頁。

② 魏徵、令狐德棻:《隋書》卷五七,第1403頁。

③ 吴鋼主編:《全唐文補遺·千唐誌齋新藏專輯》,第18頁。

④ 李獻奇:《唐張説墓誌考釋》,《文物》,2000年第10期,第91頁。

⑤ 歐陽修、宋祁:《新唐書》卷一二五,第4404頁。

同中書門下三品；開元十年，二月癸亥，説兼中書令；開元十四年，十一月壬辰，説爲尚書右相，兼中書令；開元十四年，四月庚午，説罷爲尚書右丞相。另據《新唐書·張説傳》："（開元）十七年，復爲右丞相，遷左丞相。"與墓誌銘的記載正相契合。它如"守正而見逐者一""遇坎而左遷者二""所平除者，唯幽并秉節錢而已"等等，傳世史籍中均有明確記載。

初唐時期的一些墓誌銘，對於傳主的事跡往往有詳細記載，不僅分年紀事，大事還會繫於本年之下，可以看成是年譜的簡編本。例如新出土《大唐故寧遠將軍上輕車都尉南賓公侯莫陳府君（毅）誌銘》在介紹其仕歷的遷轉時云：

> 以開皇十有一年，任隨文皇帝千牛左右。近侍宸扆，朝難其選。隨晋王以帝之愛子，當朝莫二，奏請以公爲其左右，降敕許焉。廿年，煬帝之爲皇太子，又以公爲右千牛左右，仍檢校右内率府司馬。既總軍司之任，又膺御侮之職。大業元年，以第三兄惠仕於楊諒，緣坐，停家。七年，直殿内省。八年，從往遼東，任右衛行軍長史。九年，任左驍衛義揚府鷹揚郎將。十一年，任行軍總管，領鷹揚、鷹擊等九十七人，兵號十萬，與李粲相知，防遏北境。十二年，共屈突通打胡賊，勳居第一。遷正議大夫、左驍衛武牙郎將。義寧元年，從討薛舉。二年，從討王充，任右元帥左一總管司馬。武德元年，以破王充之勳，遷上開府。謀參人幕，勇冠三軍。二年，遷任尚乘奉御。三年，改任尚衣奉御。五年，遷汴州都督府司馬。九年，加授南賓縣開國男。貞觀元年，以都督慶去任。二年，授寧遠將軍、行奉車都尉。十年，授齊王帳内府典軍。[①]

據墓誌銘記載，侯莫陳毅卒於永徽元年（650），享年七十四，逆推

① 吴鋼主編：《全唐文補遺·千唐誌齋新藏專輯》，第7～8頁。

可知開皇十一年(591),侯莫陳毅年僅十五歲時即進入仕途。墓誌銘中的這段文字清楚地展示了此後四十六年間侯莫陳毅官職的變遷情況。

再如《大唐故中書令贈光禄大夫秦州都督薛公(元超)墓誌銘》:"六歲,襲汾陰男……八歲,善屬文,時房玄齡、虞世南試公詠竹,援豪立就,卒章云:别有鄰人笛,偏傷懷舊情。玄齡等即公之父黨,深所感歎……九歲,以幕府子弟,太宗召見與語。十一,弘文館讀書……十六,補神堯皇帝挽郎。十九,尚和静縣主……廿一,除太子通事舍人,仍爲學士,修《晋史》……廿二,遷太子舍人。永徽纂歷,加朝散大夫,遷給事中,時年廿六。尋遷中書舍人、弘文館學士兼修國史。仍與上官儀同入閣供奉,從容朝制,肅穆圖書……卌二,丁太夫人憂,哭輒歐血。有敕慰喻。起爲黄門侍郎。累表後拜……卌四,出爲饒州刺史……卌,帝夢公,追授右成務。卌一,復爲東臺侍郎。獻封禪書、平東夷策。以事復出爲簡州刺史。歲餘,上官儀伏法,以公嘗詞翰往復,放於越之邛都……五十三,上元赦還,詣洛陽,帝召見,拜正諫大夫……五十四,拜守中書侍郎,尋同中書門下三品。此後得知國政者五年,詔敕日占數百……五十九,加正議大夫、守中書令,餘如故。駕幸洛陽,詔公兼户部尚書,留侍太子居守。清警後丹鳳門外,傾都拜辭,特詔公驂乘……公數上書諫太子,手敕褒諭,賜絹百匹。時方有事中嶽,詔公草封禪碑。歲餘,忽風疾不言,中使相望於道,賜絹百匹。太子會醫藥就第,賜絹百匹。帝崩,公如喪考妣,輿疾赴神都。尋加汾陰男,食邑三百户。痼恙久,公意若曰辭位。縣主抗表,至於再三,優詔加金紫光禄大夫致仕……以光宅元年十二月二日薨於洛陽之豐財里,春秋六十有二。"[1]這些經歷多數爲史傳所缺載,對於我

---

① 周紹良、趙超主編:《唐代墓誌彙編續集》,第278～280頁。按:《薛元超墓誌銘》將近三千字,不僅詳細交代了薛元超的仕宦情形,每年下面還穿插了大量的人物言行和細節描寫,增强了文章的紀實性和感染力。

們了解薛元超一生的行事具有很好的認知意義。

實際上,傳主所任官職的高低及任職經過,都是關涉其身份的重要問題,也是傳記應該著重書寫的内容。但是由於時代的懸隔和文獻的缺失,很多與唐人身份相關的信息都已湮没無存,我們今天所能見到的不過是冰山一角。隨著新材料的陸續出土和刊布,越來越多的唐人生平資料又重新進入我們的視野,他們的生平事跡也逐漸變得清晰起來。新出墓誌銘中的相關記載,還可以訂正傳世史籍對唐人仕歷及任職時間的訛誤。

如李峴天寶年間的仕歷及歷官經過,兩《唐書》的記載頗不一致。《舊唐書》云:"特遷萬年令、河南少尹、魏郡太守;入爲金吾將軍,遷將作監,改京兆府尹,所在皆著聲績。天寶十三載,連雨六十餘日,宰臣楊國忠惡其不附己,以雨災歸咎京兆尹,乃出爲長沙郡太守。"[①]《新唐書·李峴傳》也僅説:"天寶時,累遷京兆尹……出峴爲零陵太守……尋徙長沙。"[②]并未提及李峴曾任左金吾將軍和魏郡太守事。而《獨孤峻墓誌銘》乃李峴親撰,墓誌中云:"天寶十二載,僕自左金吾將軍除魏郡守,到郡逾月,南華遘斯沉疾……其載十月十九日薨於魏郡之官舍。"而該誌誌題下署:"將作監賜紫金魚袋李峴撰。"可知李峴任左金吾將軍、遷將作監事均在任魏郡太守以前,應將任魏郡太守事繫於改任京兆府尹之前。這也正與《李峴墓誌銘》中所説的"遷河南少尹、左金吾將軍、將作監,出守魏郡"相吻合,《舊唐書》對峴歷官經過的記載有誤。唯《李峴墓誌銘》對其歷官經過僅匆匆帶過,未明言具體時間。據《獨孤峻墓誌銘》可知獨孤峻卒於天寶十二載(753)十月,葬於次年五月。可見李峴任左金吾將軍、將作監、魏郡太守皆在天寶十二、十三載之間。

再如第五琦被貶忠州以後所任的官職,傳世史籍也有異説:一説

① 劉昫等:《舊唐書》卷六〇,第3343頁。

② 歐陽修、宋祁:《新唐書》卷一三一,第4504頁。

其擔任忠州長史,如《舊唐書·肅宗本紀》云:"(乾元二年十一月)庚午,户部侍郎、同平章事第五琦貶忠州長史。"①《資治通鑒》、兩《唐書》本傳亦稱爲"長史"。一説任忠州刺史,如《新唐書·肅宗本紀》載:"(乾元二年)十一月庚午,貶第五琦爲忠州刺史。"②事又見《新唐書·宰相世系表》《册府元龜》卷四八三。《唐京兆抱玉傳》也説:"宰臣第五琦與玉相善……琦乾元二年十月貶忠州刺史。寶應初入爲太子賓客,至京尹,玉皆預言榮貴轗轗相半,皆如其言。"③《唐刺史考全編》亦據此認爲第五琦曾於乾元二年(759)被貶忠州刺史。④ 新出土《第五琦墓誌銘》云:"幸臣李輔國忌公之大勳,譖公以飛語,貶忠州長史。"⑤由此可證,第五琦所任者僅爲忠州長史。

中唐文人劉栖楚任桂管觀察使的時間也可以通過其墓誌銘得到訂正。劉栖楚是活躍於憲宗、穆宗時期的文人,兩《唐書》有傳。他與賈島等人均有酬唱之作,賈島尚有《寄劉栖楚》詩傳世。《新唐書·藝文志》記載劉栖楚有文集二十卷,今不傳。陸心源《唐文拾遺》輯得其佚文一篇,小傳云:"栖楚,其出寒鄙,爲州鎮小史,王承宗奇之,薦於李逢吉……歷右拾遺、諫議大夫,授刑部侍郎。數月,改京兆尹……韋處厚惡之,出爲桂管觀察使,卒。"⑥與兩《唐書》所記略同。《舊唐書·劉栖楚傳》記載了其出任桂管觀察使及去世時間:"後恃權寵,常以詞氣凌宰相韋處厚,遂出爲桂州觀察使,逾年,卒於任,時大和元年九月。"⑦可見其將劉栖楚任桂州觀察使的時間繫於寶曆二年(826)九月以前。然這一記載與新出土《唐故桂管都防禦觀察等使桂州刺史

---

① 劉昫等:《舊唐書》卷一〇,第 257 頁。
② 歐陽修、宋祁:《新唐書》卷六,第 162 頁。
③ 贊寧:《宋高僧傳》卷一九,北京:中華書局,1987 年版,第 482 頁。
④ 郁賢皓:《唐刺史考全編》,合肥:安徽大學出版社,2000 年版,第 2743 頁。
⑤ 李舉綱、王亮亮:《西安新見〈唐第五琦墓誌〉考疏》,第 18 頁。
⑥ 陸心源編:《唐文拾遺》卷二七,上海:上海古籍出版社,1990 年版,第 136 頁。
⑦ 劉昫等:《舊唐書》卷一五四,第 4107 頁。

兼御史大夫賜紫金魚袋贈左散騎常侍劉公(栖楚)墓誌》中的説法并不相符。《劉栖楚墓誌》云:"維大和丁未歲正月,桂管都防禦觀察等使桂州刺史兼御史大夫河間劉公栖楚字善保,始受命之桂林,八月廿五日公薨,時年五十二。"①此文乃李逢吉所撰,正是由於他的賞識和提拔,才使劉栖楚改變了州鎮小吏的命運,故其所記當可信。墓誌中所言大和丁未歲即大和元年(827),可見劉栖楚出任桂州觀察使乃在大和元年正月,而非《舊唐書》所謂的寶曆二年。劉栖楚大和元年八月去世,故其任桂州觀察使僅半年有餘。《舊唐書》認爲其任職時間在一年以上,并記其去世時間爲大和元年九月,均不確。

五、結　語

明王行的《墓銘舉例》曾仔細歸納墓誌銘所要記載的十三事:"凡墓誌銘書法有例,其大要十有三事焉。曰諱,曰字,曰姓氏,曰鄉邑,曰族出,曰行治,曰履歷,曰卒日,曰壽年,曰妻,曰子,曰葬日,曰葬地……其他雖序次或有先後,要不越此十餘事而已。此正例也。"②可見,從本質上講墓誌銘乃是一種紀實性文體。然而誌石的空間有限,决定了墓誌銘不易有較長的篇幅。要想用有限的文字記叙如此衆多的内容,其叙事方式必定也略嫌梗概化,僅僅能記録傳主一生中的重要事件及其發生時間,細節描寫相對欠缺,不少事件的具體經過也未能展開論述。

墓誌銘中的叙述雖然簡略,却因爲突破了其他傳記文學樣式中作者"全知全能"的叙事模式,没有無端臆造出某些細節,從而更加突出了它的寫實性。加之在唐代墓誌銘的作者看來,他們創作的文章

---

① 周紹良主編:《唐代墓誌彙編》,第 2105 頁。

② 王行:《墓銘舉例》卷一,影印《文淵閣四庫全書》,第 1482 册,上海:上海古籍出版社,1987 年版,第 381 頁。

多“直書其事”,不加修飾,因而具有較高的可信度,對傳主的身份信息和基本事跡的記載也較爲真實可靠,是可以當作傳記文學載體的。趙明誠曾在《金石録序》中説:“若夫歲月、地理、官爵、世次,以金石考之,其柢梧十常三四。蓋史牒出於後人之手,不能無失,而刻詞當時所立,可信不疑。”[①]可見,唐代墓誌銘所記載的傳主姓名、世系、仕歷遷轉等基本信息應該較爲準確,這些信息也爲解決傳主生平中一些衆説紛紜的問題提供了切實可靠的資料。

① 趙明誠撰,金文明校證:《金石録校證》,第1～2頁。

第三章　創作範式的轉變與人物形象的凸顯

東漢以來的墓誌銘，絶大多數採用作者單一叙述的寫作模式，傳主的生平事跡均是通過作者的轉述傳遞出來的。加之受當時主流文風影響，文章多用駢體寫成，傳主的事跡或顯或隱，傳主的形象更是撲朔迷離，其傳記文學色彩難以盡數顯現。初唐時期，許多作者已經在努力擺脱這種寫作方式的束縛，嗣後，一些著名文學家的大力倡導與切身實踐，爲墓誌銘創作注入了一股清流，越來越多的墓誌銘在寫作手法方面有了新的變化，這對於人物形象的塑造是一種很大的促進。主要表現爲以下幾種：一、散體叙事增多，誌文漸長，銘文縮短，有助於人物形象的描繪。二、開始注重對傳主及相關人物言語的記録，叙事模式由單一叙述變得更加多元，對話的運用也有助於刻畫人物形象。三、細節描寫和事件經過所佔的比重加大，墓誌銘的傳記文學意味顯得更加濃厚。

一、創作觀念的轉變

初唐時期的墓誌銘，多承六朝之餘緒，採用駢儷的體式寫成，文中所記傳主事跡并不顯豁。稍後，雖然有些作者試圖打破這種局面，開始較多使用散體，并大量排比事實，詳列傳主的行跡，却顯得單薄而難於凸顯人物個性，漸漸引起一批有識之士的不滿。陳子昂、吴少微、富嘉謨、張説、蘇頲等人一直在努力改變當時的文風。如吴少微、富嘉謨曾明確主張要拋棄六朝"纖靡淫麗"的陋習,開創"崇雅黜浮"的新文風。這種反對徐、庾風氣,變革文體寫法的主張在他們所撰的墓誌銘中也明顯地體現了出來。吴、富二人合作撰寫的《崔暟墓誌》中雖然還有一些駢儷的句子,但總體上已經散化,從某種意義上甚至可以説影響了唐代墓誌銘創作的新變。後世的史書對此都給予了高度評價。《舊唐書·富嘉謨傳》云:"先是,文士撰碑頌,皆以徐、庾爲宗,氣調漸劣;嘉謨與少微屬詞,皆以經典爲本,時人欽慕之,文體一變,稱爲富吴體。"[①]《新唐書》中也説:"天下文章尚徐、庾,浮俚不競,獨嘉謨、少微本經術,雅厚雄邁,人争慕之,號'吴富體'。"[②]

生活時代略晚於吴、富的蘇頲和張説,在前人的基礎上將文體變革繼續向前推進。宋代以來的學者多稱讚其對唐文發展的貢獻,認爲他們的革新爲後來的古文運動導夫先路。如魏了翁在《唐文爲一王法論》中説:"史臣以唐文爲一王法,而歸之韓愈之倡。是法也,惟韓愈足以當之……有唐之興,絺章繪句,尚存江左之失。未宗燕、許……未得王、楊……天下之習,沉涵浸漬之久,則其弊非一朝之可革……况唐之文敝漸靡晋、宋之餘習……雖太宗、高宗主之,而斯文之弊且不能盡革。使文章之變,非燕、許諸人爲之先,則一韓愈豈能以一髮挽千鈞哉!"[③]就墓誌銘的創作而言,蘇、張二人延續了前人變革的傳統,他們創作的墓誌銘多用散句,四六對仗的句式有所減少,駢散結合的用法漸多,三言句式也得到了一定的使用。如蘇頲在《衡守直墓誌銘》中説:"(守直)八歲,讀老、莊,閱墳素……十六,遊太學,討群書。十八,旋本郡,應賓舉。允矣人望,揚於王庭。曾謂移官,克

---

① 劉昫等:《舊唐書》卷一九〇中,第 5013 頁。

② 歐陽修、宋祁:《新唐書》卷二〇二,第 5752 頁。

③ 魏了翁:《鶴山集》卷一〇一,影印《文淵閣四庫全書》,第 1173 册,第 463～464 頁。

施從政。”[①]張説《送田郎中從魏大夫北征篇序》中也有“總部曲，統五羌，署將士，校侯王，班律事，功列而後動”[②]之類的句子。這些三言句式與其他句式融合在一起，造成一種駢中帶散、駢散結合的句法，使得整篇文章靈動而富有變化，一反以前的文章動輒就是駢四儷六的程式化格局。除此以外，他們創作的很多墓誌銘都不同程度地存在著一些散體句式，如張説的《唐故夏州都督太原王公神道碑》《周故通道館學士張府君墓誌銘》，蘇頲的《武嗣宗墓誌銘》《崔日新墓誌銘》等。張説的《贈太尉裴公神道碑》幾乎全是用散體寫成的。蘇、張對銘文的寫作手法也進行了改造，最突出的表現就是騷體句式得到了廣泛使用。蘇頲《唐故司農寺主簿崔君(日新)墓誌銘》的銘文通篇均用騷體寫成：“邙阜隱嶙兮陂陀，南青城兮北洪河。出國門兮即山阿，往哀送兮去苦多。揚聲華兮蘭有風，悲夭短兮薤有歌。余嗟崔君兮奈何！”[③]比起以前的四言句式，騷體更能表現作者低徊哀婉的傷悼之情。再如《武嗣宗墓誌銘》《衡守直墓誌銘》《爾朱杲夫人韋氏墓誌銘》以及張説的《張氏女墓誌銘》等均不同程度地使用了騷體句式。銘文中騷體因素增多，句式也打破了以往四言銘文一統天下的格局。整體來看，蘇、張所撰的墓誌銘中語言散文化的特點已經比較明顯，使得墓誌銘記事功能的拓展和人物形象的塑造成爲了可能。

此外，張説還對當下的傳狀詳於記載傳主的仕宦情形，略於人物個性的描寫頗不以爲然。他在《與營州都督弟書》中説：“骨肉世疎，居止地闊，宗族名迹，不能備知。讀厭次府君狀，已具歷官，未書性習。夫五常之性，出於五行；禀氣所鍾，必有偏厚。則仁義禮智信，爲品不同；六藝九流，習科各異。若以稷、离之事，贊於巢、由；孫、吴之术，銘於游、夏；必將人神於悒，未以爲允。今之撰録，蓋欲推美實行，

① 吴鋼主編：《全唐文補遺·千唐誌齋新藏專輯》，第135頁。
② 董誥等編：《全唐文》卷二二五，第1003頁。
③ 吴鋼主編：《全唐文補遺》第五輯，西安：三秦出版社，1998年版，第25頁。

崇識素心，先德怡神於知我，後生想望於見意。説爲他人稱述，尚不敢苟，况於族尊行哉！”[①]他認爲由於習性、職業等方面的差異，每個人都有自己的獨特面貌，應當在他們的傳記中加以敘寫，不應該爲作頌美之詞均將之比作上古的賢哲。

創作觀念的變化，使得蘇頲、張説等人創作的墓誌銘更多採用散體句式，不僅對傳主事跡的介紹更爲清晰明瞭，而且極爲注重細節描寫和對人物言行的記載，更加有助於傳主個性的凸顯和人物形象的塑造。加之張説“前後三秉大政，掌文學之任凡三十年。爲文俊麗，用思精密，朝廷大手筆，皆特承中旨撰述，天下詞人，咸諷誦之。尤長於碑文、墓誌，當代無能及者”。[②]“燕、許並登拔於武后之朝，與當時珠英學士周旋。張説嘗稱李嶠、崔融、薛稷、宋之問之文，皆如良金美玉，無施不可。而其所自爲文，特爲典質，韓、柳之徒，頗譏評文士，猶時稱燕、許，故其氣勢深厚，卓爾不羣，唐駢文之盛軌也。”[③]韓、柳等人之所以“時稱燕、許”，正如魏了翁所言，與他們對文章的變革有關。由於蘇頲、張説在政界和文壇的雙重地位，以他們爲中心，形成了集團性的力量，開元文壇也是在蘇、張的倡導下形成的。他們的文學創作和理論主張也成爲世人競相取法的對象，受到他們汲引的張九齡、賀知章、王翰等人都繼承了其變革精神，從而使得唐文的創作手法爲之一變，唐代墓誌銘的創作也出現了新的氣象。

嗣後，隨著古文運動的勃興，初盛唐時期開始出現的去駢用散風氣更是發展到了新階段。中唐時期形成了一股用先秦兩漢質樸自然、散行單句爲特點的散文反對六朝以來盛行的講究對偶、聲律、辭藻雕琢的駢文的潮流。唐德宗貞元年間，經韓愈的大力提倡，古文產生了廣泛的影響。許多人都向韓愈請教，“韓門弟子”一時甚眾，成就

---

① 張説著，熊飛校注：《張説集校注》，北京：中華書局，2013 年版，第 1429 頁。

② 劉昫等：《舊唐書》卷九七，第 3057 頁。

③ 謝無量：《駢文指南》，上海：中華書局，1918 年版，第 60～61 頁。

最突出的當屬李翺和皇甫湜。憲宗元和年間,韓愈的主張又得到柳宗元的大力支持,古文的地位更加凸顯。從貞元到元和的二三十年間,古文逐漸壓倒駢文,成爲流行一時的新風尚。韓愈等人試圖通過對文風和語言形式的改革,用剛健質樸、清新流暢的散文取代綺麗柔靡、華而無實的駢文,以達到"文以載道"、反對佛老之目的。這一理念在他們創作的墓誌銘中也得到了集中體現。

與詩歌中的"以文爲詩"相一致,韓愈把多種創作手法和寫作技巧灌輸到了墓誌銘中,遣詞用語和行文技巧均達到了很高的境界,豐富了表現手法,擴大了具體内涵。韓愈創作的墓誌銘除了以散代駢外,還突破了以前的常規寫法,真正做到了"不師今,不師古,唯師是爾""能自樹立,不因循"和"文章語言,與事相稱",因此備受後人的好評。陳衍在《石遺室論文》中説:"其文之工者,第一傳狀碑誌,第二贈序,第三雜記,第四序跋,第五乃書説論辯。"[①]又説:"昌黎最工碑版文字。"[②]錢穆則認爲韓愈的碑誌文雖然骨格仍是"龍門之史筆",但他刻意將"散文法融鑄入金石文而獨創一體",故能做到"設例取勢,因人爲變。創格造局,錘句煉響,極行文之能事。可謂前無古人,後無來者"。[③]他們均認爲碑誌文是韓愈散文中寫得最好的一類。師法韓愈的杜牧甚至有總結性的言論出現,他在《答莊充書》中説到:

> 凡爲文以意爲主,氣爲輔,以辭彩章句爲之兵衛,未有主強盛而輔不飄逸者,兵衛不華赫而莊整者。四者高下圓折,步驟隨主所指,如鳥隨鳳,魚隨龍,師衆隨湯、武,騰天潛泉,橫裂天下,無不如意。苟意不先立,止以文彩辭句,繞前捧後,是言愈多而

① 陳衍:《石遺室論文》卷四。見陳衍撰,陳步編:《陳石遺集》,福州:福建人民出版社,2001年版,第1602頁。

② 陳衍:《石遺室論文》卷四。見陳衍撰,陳步編:《陳石遺集》,第1607頁。

③ 錢穆:《雜論唐代古文運動》。錢穆:《中國學術思想史論叢》(四),北京:生活·讀書·新知三聯書店,2009年版,第49頁。

理愈亂，如入闤闠，紛紛然莫知其誰，暮散而已。是以意全勝者，辭愈樸而文愈高；意不勝者，辭愈華而文愈鄙。是意能遣詞，辭不能成意，大抵爲文之旨如此。[1]

韓愈首倡的“因人而變”在杜牧創作的墓誌銘中同樣得到了體現。“‘以意爲主’是杜牧作文的宗旨，那麽，在寫作墓誌時，根據墓主本身的特點，他對怎樣寫墓主的一生，要表現墓主一生的什麽東西都有一個通盤的考慮，然後在此基礎上選擇寫作的方式”。[2] 這樣的寫作方式自然會使不同的文章呈現出各自的面貌，傳主的形象也各有特點。不僅如此，杜牧還反對僅以“文彩辭句”進行文章創作，因爲那只會帶來“如入闤闠，紛紛然莫知其誰”的後果，造成炫人耳目之感，類似於六朝時期的墓誌銘。他主張運用古樸、平實的語言進行書寫。正是韓愈、杜牧等古文大家在運用散體進行創作的同時，更加注重文辭的質樸、反對華靡的文風，才爲中唐以後墓誌銘的創作帶來了新的活力，墓誌銘在叙事和塑造人物形象方面的功能也大爲强化。

二、文章内部結構的變化與叙事功能的拓展

創作觀念的改變，使得唐代墓誌銘的語言更加靈活多變，人物塑造的生動性和形象性也成爲可能。但誌石空間的有限性與傳記記載的詳備性之間本就存在著天然衝突，作爲傳記文學的重要載體，如何在有限的空間内，用盡可能多的文字叙述傳主的生平事跡、描繪傳主的人物形象，成爲墓誌銘創作過程中不得不面對的一個問題。

隨著文體變革的深入展開，唐代墓誌銘的内部結構也發生了較大變化，主要表現爲誌文逐漸增長、銘文漸趨縮短。這一變化也有助

---

① 杜牧：《樊川文集》卷十三，上海：上海古籍出版社，1978年版，第194～195頁。
② 線仲珊：《唐代墓誌的文體變革》，中國社會科學院2003年碩士學位論文，第30頁。

於叙述的進一步展開，從而更好地凸顯傳主的個性和塑造人物形象。文體成立初期的墓誌銘，文字多較爲簡短，且由於駢儷風氣盛行，銘文多爲四言長銘，誌文字數相對較少，誌文與銘文的長度頗爲接近，兩者的比重與後世的情況有很大不同。按字數來算，大部分墓誌銘的誌文和銘文比重在 3∶1 到 2∶1 之間。唐朝建立之初，墓誌銘中的駢詞儷句依然較多，誌文和銘文的比重也與南北朝時期相類，仍呈勢均力敵之態，個别誌文較短的墓誌銘，銘文的字數甚至超過了誌文。① 可見在駢儷風氣盛行之時，大多數作者依然重視銘辭的寫作。總體來看，從南北朝到唐高宗時期，銘文在整篇墓誌銘中所佔的比重都是相當大的，遠遠超過盛唐以後的各個時段。從武后統治時起，誌文、銘文的比重逐漸開始發生變化。由於陳子昂、蘇頲、張説等人的革新，墓誌銘的寫作出現了許多新情况：文章整體上有趨長的態勢，誌文字數有所增加，銘文的字數逐漸減少②，誌文的不斷增長和銘文的漸趨縮短，使得兩者的比重有了新的變化，雖然還有部分墓誌銘的誌、銘比重仍保持在 3∶1 左右，但爲數已經不多，大多數墓誌銘的誌、銘比重都在 5∶1 左右，還有的已達到或者超過 10∶1，比例最大的甚至達到了 15∶1。

古文運動蓬勃展開以後，誌文、銘文的這種變化也得以延續，古文健將韓愈、柳宗元都反對華而不實的駢儷文風，提倡清新流暢的散體語句。這些主張也在墓誌銘創作中有所體現。初盛唐之際較爲流

① 如《大唐尚書都事故息顔子（襄子）之銘》和《唐故蓬州安固縣令孫君（建）墓誌之銘》等等。分别見周紹良主编：《唐代墓誌彙編》，第 314 頁；周紹良、趙超主编：《唐代墓誌彙编續集》，第 190 頁。《顔襄子之銘》誌文僅有短短 64 字，而銘文却多達 144 字，是誌文的兩倍還多。

② 許多墓誌銘銘文字數都在 30 字左右，開元年間甚至出現了只有十數字的銘文，如《故萊州長史王府君妻墓誌銘》："天長地久，浮生休死，送死事生，古今何幾！"見周紹良主编：《唐代墓誌彙编》，第 1211 頁。再如《大唐故人劉君（遼）墓誌銘》《幽栖寺尼正覺浮圖之銘》的銘文也都只有十餘字。如此簡短的銘文，在此之前是極爲罕見的。

行的騷體銘文在韓、柳筆下依舊存在,如柳宗元的《太府李卿外婦馬淑誌》,銘文即通篇運用了騷體。散體句式也開始出現在銘文之中,錢穆即認爲,韓愈也以散文之氣體筆法來寫作墓誌銘的銘文。韓愈所撰的墓誌銘中,有不少銘辭通篇都是用散體寫成的,如《柳子厚墓誌銘》銘文云:"是惟子厚之室,既固既安,以利其嗣人。"[①]其他如《崔評事墓銘》《李元賓墓銘》,柳宗元的《箏郭師墓誌》《吕侍御恭墓誌》的銘辭也都運用了散句和雜言。這與他們的改革創新精神是密不可分的。

韓、柳所作的墓誌銘尤其注重簡潔,甚至惜墨如金。韓愈創作的一部分銘文字數較少,最少的如《李虚中墓誌銘》,銘文僅有寥寥九字:"不贏其躬,以尚其後人。"[②]再如《柳子厚墓誌銘》《女挐壙銘》《試大理評事胡君墓銘》《四門博士周況妻韓氏墓誌銘》等,銘文也都只有十餘字。柳宗元所撰墓誌銘的銘文也有極爲簡短者,如《吕侍御恭墓誌》《賈季子墓銘》等。受到他們的影響,中唐時期特别是元和以後的墓誌銘誌文和銘文的比重也發生了很大變化,與誌文相較,此時的銘文更加簡練,許多銘文只有寥寥數語。柳宗元《賈季子墓銘》甚至僅有六字:"困其獨,豐其辱。"[③]《李輔光墓誌銘》[④]誌文長達一千餘字,但銘文却只有 32 字,相對於初盛唐時期的墓誌銘而言,誌文、銘文的比重已發生了根本性的變化。除極個别的以外,中唐時期墓誌銘的銘文再無六朝、初唐時期的鴻篇巨制。

誌石的空間有限,銘文進一步縮減之後,誌文有了更大的書寫空間。同時,由於誌文中散體句式的運用也逐漸增多,以往駢體爲主的描寫方式被進一步打破,墓誌銘中的文字變得更加平實,傳主一生的

---

① 韓愈撰,馬其昶校注:《韓昌黎文集校注》卷七,第 514 頁。
② 周紹良主编:《唐代墓誌彙编》,第 1994 頁。
③ 柳宗元:《柳宗元集》卷一一,第 290 頁。
④ 周紹良主编:《唐代墓誌彙编》,第 2007 頁。

行實也日益清晰。如新出土《楊收墓誌銘》全文兩千餘字，銘文僅佔九分之一左右，誌文中用較大篇幅對其生平進行了記録，不僅詳於其世系、歷官、行事和功業的記載，還運用了大量的細節描寫，爲我們了解他的形象提供了極大幫助。如文中特意通過他的言行凸顯其孝道："丁太夫人憂，公天性至孝，殆不勝喪。始生七年，鍾濠州府君之喪，不食五日，晝夜哭不絶聲，目赤不開，淚膠其瞼。人畏其遂將失明，欲傅之藥。則曰：'安有無天而忍視日月乎？得瞽爲幸。'"對其軍政方面的才能也有記載："南蠻攻陷邕交，官軍屢有敗失，徵發輓運，遠邇艱虞。上意切在攻討，督戰益急。公奏於江西建置鎮南軍以統之，稍減北兵。獨以洪虔等州强弩三萬人，皆勁卒鋭師，習於土風。始至邕南，大破蠻寇，奔北讋竄……上大喜，嘉公之謀，階升特進，拜尚書右僕射，依前門下侍郎平章事。"①

中唐時期的墓誌銘，不僅誌文多用散體寫成，甚至出現了散體的銘文，在頌美的同時，也兼有隸事功能。對於以記敘爲主的墓誌銘來講，文章内部結構的這一變化顯然更有利於記事和描寫的展開。

三、人物言語的記録與傳主形象的凸顯

除了内部結構的變化以外，從初盛唐之際開始，很多作者一反以往的單一叙述模式，在墓誌銘中大量引録傳主或他人的言論，試圖通過傳主本人或旁觀者的言行，甚至通過對話來反映傳主行事與思想變動的痕跡，進而凸顯他們的形象。

崔融所纂《薛元超墓誌銘》即在分年記録薛元超事跡的同時，於每年下穿插了大量的對話和傳主的言行，對於我們了解他的生平和政績具有極大的幫助，是一篇文學性很强的人物傳記。其中既有薛

① 毛遠明、李海峰編著：《西南大學新藏石刻拓本匯釋·釋文卷》，北京：中華書局，2019年版，第410頁。

元超本人的言論和詩歌創作："受《左傳》於同郡韓文汪，便質大義。聞天王狩於河陽，乃歎曰：周朝豈無良相，何得以臣召君！文汪異焉。宰輔之器，基於此矣。八歲，善屬文，時房玄齡、虞世南試公詠竹，援豪立就，卒章云：別有鄰人笛，偏傷懷舊情。玄齡等即公之父黨，深所感歎。"也有唐太宗對薛元超的賞識和信賴："太宗嘗夜宴王公於玄武内殿，詔公詠燭，賞綵卅段；他日，賦公泛鷁金塘詩成，謂高宗曰：元超父事我，雅杖名節；我令元超事汝，汝宜重之。"還有高宗對薛元超的褒獎和倚重："帝登召賜坐曰：得卿疏，若處暗室睹三光，覽明鏡見萬象，能長如此，台鉉而誰？公之姑河東夫人，神堯之婕妤也，博學知禮，常侍帝翰墨，帝每謂曰：不見婕妤姪一日，即疑社稷不安。"再如薛元超五十四歲以後的五年間"詔敕日占數百，帝曰：得卿一人足矣……駕幸洛陽，詔公兼户部尚書，留侍太子居守。清警後丹鳳門外，傾都拜辭，特詔公驂乘，謂公曰：朕留卿，若去一目，斷一臂。關西之事，悉以委卿"。更有君臣相得的對話："帝嘗機務餘，語及人間盛衰事，不覺凄然，顧謂公曰：憶昔我在春宫，髭猶未出，卿初事我，鬚亦未長。倏忽光陰卅餘載。疇日良臣名將，并成灰土，唯我與卿白首相見。卿歷觀書記，君臣偕老者幾人？我看卿事我大忠赤，我托卿亦甚厚。公感咽稽首，謝曰：先臣攀附文帝，委之心膂；微臣多幸，天皇任以股肱；父子承恩，榮被幽顯。誓期煞身奉國，致一人於堯舜。竊觀天儀貶損，良以旰食宵衣；唯願遵黄老之術，養生衛壽，則天下幸甚。"[①]雖然看似僅爲回顧往昔，但感慨之餘，二人的對談之中也流露出了君臣的相得，薛元超老成謀國的形象也躍然紙上。

據《墓誌銘》結尾的題署可知本文的纂輯者爲崔融，書丹由薛元超的幾個兒子分任，内容却源自楊炯的《中書令汾陰公薛振行狀》，特

---

① 周紹良、趙超主編：《唐代墓誌彙編續集》，第 278～280 頁。

别是人物的言論,幾乎完全襲自《行狀》[①]。只不過《行狀》先將薛元超的仕歷遷轉作了整體介紹,然後又詳細記載其言行;《墓誌銘》則將言論繫於相關年份之後而已。楊炯是薛元超晚年——永淳元年(682)——擢拔的弘文館學士,據《行狀》和《墓誌銘》記載,薛元超卒於光宅元年(684),因此楊炯受家屬委托爲薛元超撰寫《行狀》自是情理中事。同樣受到薛元超汲引,且才分、年輩與楊炯相當的崔融在纂輯《墓誌銘》時,却在很大程度上"抄襲"了《行狀》,可見其對楊炯所作變革的認同。通過這些言論,薛元超的形象變得更加立體和飽滿,相較於以前作者的單一敘述和籠統描寫,該文的傳記文學性質變得更加明顯。楊炯、崔融等人的努力實踐爲唐代墓誌銘的發展注入了新的活力,因此李慧才稱讚《薛元超墓誌銘》是一篇形神兼備的史傳文學作品,行文更加平易、細膩,更具文學性,爲中唐詩人學者墓誌銘的寫作提供了有益參照。[②]

---

① 楊炯所撰《行狀》云:公襲封之年也,受《左傳》於同郡韓文汪,至天王狩河陽,乃廢書而歎曰:"周朝豈無良相,何得以臣召君?"文汪異焉。神堯皇帝婕好河東郡夫人,公之姑也,每侍高宗詞翰,高宗嘗顧曰:"不見婕好姪經數日,便謂社稷不安。"其見重如此。上幸温泉,射猛獸,公奏疏極諫,上深納焉。後因閒居,謂公曰:"我昔在春宫,與卿俱少壯,光陰倏忽,已三十年。往日賢臣良將,索然俱盡。我與卿白首相見,卿歷觀書傳,君臣共終白首者幾人?我觀卿大憐我,我亦記卿深。"公嗚咽稽首謝曰:"先臣早參麾蓋,文皇委之以心膂;臣又多幸,天皇任之以股肱。誓期殺身報國,致一人於堯、舜。伏願天皇遵黄老之術,養生衛壽,則天下幸甚。"……每讀孝子忠臣傳,未嘗不慷慨流涕……客有譏之者,公曰:"寧有揚君父之過,而稱忠孝哉!"太夫人薨,公每哭嘔血,杖而後起。上見公柴毁,泣曰:"朕遂不識卿,卿事朕,君父一致,遂至於滅性,可謂孝子。"……上初覽萬機,公上疏論社稷安危、君臣得失,上大驚,即日召見,不覺膝之前席,歎曰:"覽卿疏,若暗室而照天光,臨明鏡而睹萬象。"此後寵遇日隆,每軍國大事,必参謀帷幄,在中書獨掌機務者五年,出納帝命,口占數首,上曰:"使卿長在中書,一夔足矣。"大駕東巡,詔公騤乘,上曰:"朕之留卿,若去一目,若斷一臂,關西事重,一以委卿。"楊炯:《楊炯集》,北京:中華書局,1980年版,第160～162頁。

② 李慧:《試議墓誌銘變格破體的文學現象》,《文學遺産》,2005年第3期,第133～134頁。

墓誌銘寫作中的這一變化,經過蘇頲、張説和賀知章[①]等人的繼承與發揚,逐漸流行開來,當時和後世的很多文章都深受其影響。據《唐故至孝右率府翊衛清河崔君(歆)墓誌銘》記載,調露元年(679),崔歆爲救其父崔玄籍不幸溺水而亡:"屬蘄春路險,蘭溪水急,時雨新晴,奔流大至,府君人馬漂溺,正當其衝。左右驚惶,莫知爲計。君孝情憤發,自投洪波,攀援扶持,竭力盡命。府君賴以取濟,而君遂不免焉。"應該説這段文字已經較生動地描繪出了傳主去世的詳細經過,其孝行也得到彰顯。在此之前,作者還花費了較多筆墨記録崔歆對儒家經典的理解與實踐,爲凸顯其孝子形象做好了鋪墊:

> 七歲讀《孝經》《論語》《毛詩》《禮記》,嘗侍省在蔚州,戲而傷手,甚有憂色。清河府君怪而問之,乃斂容對曰:"《孝經》云:'身體髮膚,受之父母,不敢毀傷。'是以憂懼。"時通人韓儉、長史丘貞觀在座,以爲古之神童無以加也,因問曰:"二郎凡所讀書,各行何事?"君應聲答曰:"《論語》云:'事父母能竭其力,事君能致其身,與朋友交言而有信。'《禮》云:'無不敬。'《詩》云:'哀哀父母,生我劬勞,欲報之德,昊天罔極。'惟斯三者,竊所用心。"貞觀等彌復嗟服。[②]

當時的墓誌銘越來越重視對傳主及其友人言論的記載,在客觀

---

① 如蘇頲所撰《大唐故仙州刺史衡府君(守直)墓誌銘》:"六歲,太夫人河南君口授□經數十字,聞則便誦,因而歎曰:'光亨我宗,其在是矣。'""列境篤駭,行號聚哭,曰:'吾君既殁,爰其適歸,豈不以遺愛之多也!'"(吴鋼主編:《全唐文補遺·千唐誌齋新藏專輯》,第135～136頁。)均是通過他人之口來展示傳主給人的印象。賀知章所撰《唐故朝議大夫給事中上柱國戴府君(令言)墓誌銘》云:"垂髫能誦《離騷》及《靈光》《江》《海》諸賦,難字異音,訪對不竭。由是鄉人皆號曰'先生',敬而不名也。年十四而容體魁岸,性頗俠烈,每自稱曰:'吾不能爲小人儒。'好投壺、挽强、擊刺,雖江鄉耆宿、郭解季心之徒,咸敬憚焉。十五,首讀兩《漢》,遂慨慷慕古,手不釋卷。未盈五旬,咸誦於口。十七,便歷覽羣籍,尤好異書,至於算曆卜筮,無所不曉。"(周紹良主編:《唐代墓誌彙編》,第1157頁。)則通過傳主言論和實際行動相結合的方式刻畫其不願爲"小人儒"的形象。

② 周紹良主編:《唐代墓誌彙編》,第933頁。

描述的同時，還注意通過當事人的言論體現傳主的孝行。對話場景的還原更能爲讀者帶來身臨其境之感，造成聽覺上的衝擊，增强記事的真實感。雖然這或許僅僅是一種創作技巧，文中録存的話語也不一定完全是傳主的原話，可能摻入了傳主家屬或作者的藝術加工。但因其緊扣標題中的"至孝"二字，與文章叙事的主旨完全吻合，反映了作者在凸顯傳主形象方面的努力。運用多種寫作手法，通過不同側面全方位展現傳主形象的意識已經在作者筆下流露了出來。

四、描寫方式的多元與傳主形象的塑造

從初唐時起，不少文章大家已經開始注意運用多種文學手法來襯托人物形象，凸顯傳主的性格。張説《故右豹韜衛大將軍贈益州大都督汝陽公獨孤公(雲)燕郡夫人李氏墓誌銘》爲突出傳主具備"傳賢莊姜，詩美仲氏"的婦德，記載了她投身赴水、奮勇救人的事件。至於具體描寫過程，先用一連串修飾語極力烘托環境之險惡："永寧里，先人之舊廬也。有通渠轉池，巨石嶔嵰，嘖陰淙瀯，洄潭沈沈，以殊聲異狀，而爲形勝遊衍之處者十四五。"及至有幼童因嬉戲而落水遇險之時，則"舉家環流，憚莫能救"，通過家人的手足無措來襯托李氏"投身赴水，或浮或沈，久之，提挈僅免"[①]的英勇。類似的寫作手法在蘇頲、張説等人的文章中并不少見。正是由於他們的倡導和實踐，唐代墓誌銘的創作方式才變得日趋多元，人物形象也描寫得更加細膩和生動。

唐中期以後，隨著古文運動的逐步展開和深入發展，墓誌銘的常規寫法更是被進一步打破，大量細節描寫和具體事例的摻入，使得傳主的形象更爲顯豁，文章的可讀性也大大加强。以往的墓誌銘大多

① 張説撰，熊飛校注：《張説集校注》卷二六，第1256頁。

被譏諷爲千人一面,語言和體式均較爲呆板。但以韓愈和柳宗元爲代表的古文大家將傳記文的許多寫法引入墓誌銘的創作之中,如增加了對傳主爲人處事等細節的描寫,通過對生活瑣事的記録來反映傳主的生活狀況以及他們的人生態度,人物形象顯得更加飽滿、鮮活和富有個性,不易與他人混淆。韓愈所撰《試大理評事王君墓誌銘》記載了媒婆如何教唆傳主王適"騙婚"一事:

> 妻上谷侯氏處士高女。高固奇士,自方阿衡、太師,世莫能用吾言,再試吏,再怒去,發狂投江水。初,處士將嫁其女,懲曰:"吾以齟齬窮,一女憐之,必嫁官人;不以與凡子。"君曰:"吾求婦氏久矣,唯此翁可人意;且聞其女賢,不可以失。"即謾謂媒嫗:"吾明經及第,且選,即官人。侯翁女幸嫁,若能令翁許我,請進百金爲嫗謝。"諾許,白翁。翁曰:"誠官人耶?取文書來!"君技窮吐實。嫗曰:"無苦,翁大人,不疑人欺我,得一卷書粗若告身者,我袖以往,翁見未必取視,幸而聽我。"行其謀。翁望見文書銜袖,果信不疑,曰:"足矣!"以女與王氏。①

此段文字旨在叙述王適如何與媒婆串通,騙取侯高的信任,從而順利娶妻的經過。墓誌銘中詳細叙述傳主婚姻過程的案例非常罕見,韓愈此文對了解王適的婚姻狀況有很大幫助。更重要的是,韓愈通過對"騙婚"這一具體環節的描述,將傳主的堅定執著、侯高的狂傲不羈②以及媒婆的詭詐狡黠形象地反映了出來。李塗《文章精義》曾盛讚韓愈的墓誌銘創作:"退之諸墓誌,一人一樣,絶妙。"③由上述實例可見,即使是同一篇墓誌銘中的不同人物,韓愈也能將其形象刻畫得惟妙惟肖,正如錢基博在《韓愈志》中稱讚的那樣:"隨事賦形,各肖

① 韓愈撰,馬其昶校注:《韓昌黎文集校注》卷六,第436～437頁。

② 據李翱所撰《故處士侯君墓誌》記載,侯高最後"得心疾,留其子狗兒於翱家,而歸廬山",最終卒於赴廬山的途中,亦可證實其狂放。

③ 李塗:《文章精義》,北京:人民文學出版社,1960年版,第68頁。

其人。"這一點在《柳子厚墓誌銘》中也有體現,文中詳細記載了柳宗元改變柳州弊政和主動與劉禹錫互換貶所的話語,從而體現了柳宗元的政治才能與高尚品德。

温庭筠之子温憲所撰《唐故集賢直院官榮王府長史程公(修己)墓誌銘》在細節描寫方面也有過人之處:"趙郡李弘慶有盛名,嘗有鬭雞,擊其對傷首,異日,公圖其勝者,而其對因壞籠怒出,擊傷其畫。李撫掌大駭。昭獻常所幸犬名盧兒,一旦有弊蓋之歎,上命公圖其形,宫中畎犬見者皆俯伏。"[①]程修己是唐末著名畫家,尤精人物花鳥和山水竹石。唐文宗曾作《題程修己竹障》詩,對他的高超技藝讚譽有加:"良工運精思,巧極似有神。臨窗忽睹繁陰合,再盼真假殊未分。"[②]韓愈在墓誌銘中開創的描寫人物手法,得到了温憲的繼承。他通過以假亂真的實例,將程修己繪畫的情形描述得非常生動,與唐文宗的詩意正合。古文運動的深入展開,使得一批優秀的文學家突破了前人一味堆砌傳主的生平事跡、流水賬式的叙述模式,對於一些最能體現傳主個性的細節給予了詳細描述,展現了他們的性格特徵,使得人物形象更加鮮活。

與此同時,古文家還在行文過程中增加了精到的議論文字。韓、柳以前的墓誌銘,雖然也經常出現議論性的語句,但或用於人物德行的評價;或就一些宏觀的、具有普遍性的事實發表議論,針對性不强,在傳主形象塑造方面的價值不高。而韓愈和柳宗元撰寫的墓誌銘却常從傳主的某一特點出發,提出觀點,再加以評論,對於凸顯傳主的形象有很大幫助。

韓愈曾在《柳子厚墓誌銘》中大發議論,如評論文學辭章與政治地位的輕重關係:"子厚斥不久,窮不極,雖有出於人,其文學辭章,必不能自力以致必傳於後如今,無疑也。雖使子厚得所願,爲將相於一

---

① 周紹良主編:《唐代墓誌彙編》,第 2398 頁。

② 曹寅等編:《全唐詩》卷四,第 48 頁。

時；以彼易此，孰得孰失，必有能辨之者。”[①]線仲珊曾評論説：“本來，議論的出現，在叙事文本中無疑是作者以全知全能者的身份來點評或指認某些人或物，對叙事文本來説，這實際上是作者將自己的觀感强加給讀者，從而剥奪了讀者自己判斷一切的權利。但是從修辭學的觀點來看，這也是强化作者自己觀點的一種方法。就墓誌這種文體而言……像《柳子厚墓誌銘》中的議論，目的在於强調柳宗元的文學成就，議論通過層層推理，表明柳宗元之所以在文學方面取得如此大的成就，與被貶有著極大的關係，其隱含的意思就是‘文窮而後工’，這種議論實際上是爲塑造墓主形象服務的。”[②]韓愈在叙述了柳宗元主動請求與劉禹錫互换貶所之後，又發了一通議論：“嗚呼！士窮乃見節義。今夫平居里巷相慕悦，酒食游戲相徵逐，詡詡强笑語以相取下，握手出肺肝相示，指天日涕泣，誓生死不相背負，真若可信；一旦臨小利害，僅如毛髮比，反眼若不相識；落陷穽，不一引手救，反擠之又下石焉者，皆是也。此宜禽獸夷狄所不忍爲，而其人自視以爲得計，聞子厚之風，亦可以少媿矣！”[③]韓愈在將柳宗元與落井下石者的人品進行比較之後，充分肯定了他的高尚情操，對落井下石者提出了嚴厲的批評，是以記叙爲前提進行的人物品格議論，通過對比將柳宗元的形象塑造得更加立體化。

五、結　語

自初盛唐以來，陳子昂、張説等人即認識到文體革新的必要性，他們不僅有具體的理論主張，更是親身實踐，將其運用到自己的墓誌銘創作中，唐代文風變革的進程由此開啓。在他們的帶動下，唐代墓

① 韓愈撰，馬其昶校注：《韓昌黎文集校注》卷七，第 513 頁。
② 線仲珊：《唐代墓誌的文體變革》，第 48 頁。
③ 韓愈撰，馬其昶校注：《韓昌黎文集校注》卷七，第 513 頁。

誌銘的創作模式發生了很大變化，六朝時期的駢儷風氣越來越淡化，在韓、柳等人創作的部分墓誌銘中甚至被完全袪除。不僅誌文全部運用散體句式，向以駢偶爲主要特徵的銘文也摻入了越來越多的散句，個別銘辭甚至全用散體寫成。與去駢用散的進程相一致，唐代墓誌銘的内部結構也在悄然發生變化，誌文逐漸增長，銘辭日趨縮短，爲記事留下了更多空間，文中塑造的人物形象也變得更有區分度。由於散體創作觀念的流行，唐代墓誌銘的作者越來越注重對傳主的言論或人物對話的記載，墓誌銘的叙事模式也由以前的單一叙述變得更加多元，甚至會出現衆聲喧嘩的場景。作者意在通過主人公本人的言行或親友的評論向讀者展示一個更加鮮活的傳主，給讀者造成聽覺上的衝擊，使傳主的形象日益飽滿和立體。反襯、議論等修辭手法的運用和細節描寫的增多，對於塑造傳主的形象也有很大幫助。這些創作手法多通過具體事例展開，特别是細節描寫，往往選取最能體現傳主個性的情節加以鋪叙，讓我們可以從細微處觀察傳主的性格特徵，進而對他們的形象有更加直觀的了解。

第四章　人際關係的敘寫與唐代墓誌銘的情感表達

中古時期的墓誌銘是廣受社會關注的應用性文體，其創作與流傳背後顯示出一張强大的社會關係網絡。墓誌銘文體方面的新變，諸如題署方式的定型、文末説明性文字的增多等等，使得唐代墓誌銘中人際交往的叙寫變得格外醒目，清楚地反映出傳主與墓誌銘作者的關係。兩者的親疏遠近，在很大程度上影響到了墓誌銘的情感表達，對於研究唐代墓誌銘的傳記文學價值具有重要意義。

一、唐代墓誌銘中的人際關係書寫

衆所周知，傳世墓誌銘均無作者題署。而新出土的唐代墓誌銘中，却每每有撰文者、書丹者、篆額者、刻字者的題署。與前代相比，唐代有題署人信息的墓誌銘佔了很大比重。特别是盛唐以後，撰書者的題署，更是成爲墓誌銘創作的常規。不僅如此，一些作者還會在題署中記載其姓名、郡望、官職等基本信息，甚至在誌文末尾進一步指明其與傳主的關係以及撰文原因等，爲我們考察唐代的人際關係提供了不可多得的新材料。

一般而言，作者與傳主的關係尤其是戚屬關係，多數可以通過題署體現出來，且隨兩者的熟絡程度略有區别。同爲戚屬，如果作者與傳主的關係較爲疏遠，題署除表明他們的關係以外，往往還會交待作者的職官等信息，與請托爲文的情形類似，如《皇唐故太常少卿崔公元妃滎陽鄭氏（正）合祔墓誌銘》題後署："内弟朝議郎守河南縣令上柱國賜緋魚袋元輔撰。"①《唐故朝散大夫行鴻臚寺丞上柱國賜魚袋雷府君（諷）墓誌銘》題後署："從兄右神策軍奉天鎮判官承議郎試太子舍人雷景中撰并書。"②

關係最爲親近者的題署則較簡略，一般僅點明兩者的關係而不署撰、書人的官職。這種情况在夫妻間和子侄爲長輩撰、書的文章中最爲常見。如《唐前衛尉卿賜紫金魚袋張公夫人太原郡君郭氏（儀）墓誌銘》文末署："夫清河張滂撰。"③因其官職已在誌題中標明，故不再重複題署。《唐前黔中觀察御史推官試太常寺協律郎盧載妻鄭氏墓誌銘》題下署："盧載撰。"④還有的作者甚至連姓氏都略而不書，如新出土李益撰《唐檢校尚書考功郎中兼御史中丞李君（益）夫人范陽盧氏（媚）墓誌銘》題下署："益自纂文。"⑤《崔氏（凝）亡室李夫人墓誌》僅於文末署："凝自書。"⑥《大唐前安州都督府參軍元琰妻韋（金）誌銘》題下則僅署"琰制"⑦二字，可謂簡略至極。妻子爲丈夫所撰墓誌銘雖然極爲罕見，但也偶或有之。如《大唐故左威衛倉曹參軍廬江郡何府君（簡）墓誌銘》即是何簡妻子所撰，題下署："妻隴西辛氏撰。"⑧《大唐故游擊將軍河南府轘轅府折衝都尉兼横海軍副使上柱國趙郡

---

① 周紹良、趙超主编：《唐代墓誌彙編續集》，第 831 頁。

② 周紹良、趙超主编：《唐代墓誌彙編續集》，第 958 頁。

③ 周紹良主编：《唐代墓誌彙編》，第 1902 頁。

④ 中國文物研究所等編：《新中國出土墓誌・河南[叁]千唐誌齋[壹]》，北京：文物出版社，2008 年版，第 254 頁。

⑤ 王勝明、李天道：《李益佚文及其文獻價值》，《文獻》，2009 年第 4 期，第 56 頁。

⑥ 周紹良、趙超主编：《唐代墓誌彙編續集》，第 1032 頁。

⑦ 周紹良、趙超主编：《唐代墓誌彙編續集》，第 262 頁。

⑧ 周紹良主编：《唐代墓誌彙編》，第 1540 頁。

李府君(全禮)墓誌銘》題下署:"妻滎陽鄭氏慈柔撰。"[①]因二文作者均爲女性,自是無官職可署。

子侄爲長輩所撰墓誌銘的題署,多數也較爲簡略,僅表明其與傳主的親屬關係。如《有唐故盧公(岑)墓誌銘》僅於題後署:"第八房姪孤子翺撰。"[②]《李府君(澄時)墓誌銘》題後署:"女婿太原郭緒制。"[③]《唐故常州武進縣尉王府君夫人武功蘇氏墓誌銘》題後署:"姪男讓撰,姪男謝書。"[④]《大唐故韋府君墓誌銘》題後署:"第十姪孤子待敬纂。"文末署:"元和十四年十一月十三日長子公宿書。"[⑤]《唐故處士河南元公(濬長)墓誌銘》題後署:"姪京述,姪章書。"[⑥]《唐故琅琊王公(惲)墓誌銘》僅於文末署"珏書"[⑦]二字,因其與傳主的關係已在誌文中表明:"長子珏,儒行自立,仁風肅清,主祭奉喪,克禀遺訓。"故其題署簡略如此。[⑧]

雖然個别文章的題署中透露出作者與傳主之間存在著賓朋關

① 中國社會科學院考古研究所編著:《偃師杏園唐墓》,北京:科學出版社,2001 年版,第 288 頁。

② 周紹良、趙超主編:《唐代墓誌彙編續集》,第 930 頁。

③ 周紹良、趙超主編:《唐代墓誌彙編續集》,第 1040 頁。

④ 周紹良主編:《唐代墓誌彙編》,第 2234 頁。

⑤ 周紹良、趙超主編:《唐代墓誌彙編續集》,第 854 頁。

⑥ 周紹良主編:《唐代墓誌彙編》,第 1939 頁。

⑦ 周紹良主編:《唐代墓誌彙編》,第 2252 頁。

⑧ 以上所論乃唐代墓誌銘題署的常見情形,因墓誌銘的題署並無嚴格規定,例外的情形也偶有出現。如《唐故平州刺史盧龍節度留後周府君(嶼)墓誌銘》雖爲其子所撰,但題署却極爲詳贍:"孤子前幽州節度衙前兵馬使中散大夫檢校太子賓客在中小名薊郎號絶撰上並書。"(周紹良、趙超主編:《唐代墓誌彙編續集》,第 1009 頁。)不僅表明作者與傳主之關係,作者的職官、姓名甚至小名也一一備載,較爲特殊。究其緣由,因墓誌銘正文中僅詳細介紹了作者弟妹的情形而省略其本人,題署正可與誌文起到互補作用。

係①,但更多的還是通過誌文末尾的説明性文字體現出來。如:《唐故朝議郎行陝州硤石縣令上柱國侯公(績)墓誌銘》的作者劉軻乃傳主侯績任福建觀察推官時的同僚,但墓誌銘的題署并未點明二者的關係,僅作:"朝議郎行尚書膳部員外郎史館修撰上柱國劉軻撰。"而誌文末則進一步交待兩者的關係及撰文緣由:"其孤以軻嘗陪公閩州同寮,情契頗至,故走僮來京師,俾余論譔。"②

再如陸洿所撰《唐故朝議郎使持節明州諸軍事守明州刺史上柱國賜緋魚袋韋府君(塤)墓誌銘》題署僅作:"文林郎前尚書司勳郎中驍騎尉陸洿撰。"但文中詳細交待了二人的交往過程:

> 人生相知非命也,非情也,在乎事與義而已矣。余嘗覯止於山陽,論心語道,兩未窮際。余迫歸巖谷,君處繁公劇,一夕而別,自爾默語閒廢,昇沉遠矣。君薛之生也,余嘗與君伯舅游,僅三十年,洎薛之歿于吴,啓手足之日,余得其終始焉。及余承詔爲郎,君宰劇神州,惠然顧我曰:余得野人於伯舅熟矣,膠然意合,朝夕不間。洎余東歸,君赴四明,契闊艮離,遽成今古,凶訃以至寢門,何哀涕之無從,恨有暨乎?"③

陸洿曾閑廢蘇州多年,後經楊嗣復舉薦,開成三年(838)起復爲司勳郎中,其時韋塤正任長安令,二人有較多的接觸機會。加之陸洿曾與其外族薛氏關係密切,交往近三十年,與韋塤本人亦早已相識,故二人的關係能够發展到"膠然意合,朝夕不間"的程度。雖然時隔

---

① 如新出土《唐故陳許監軍副使中散大夫行内侍省掖庭令上柱國河東縣開國男食邑三百户賜紫金魚袋衛府君(巨論)墓誌》題署即作:"門吏銀青光禄大夫兼涇州司馬侍御史上柱國白巖撰。"(西安碑林博物館編:《碑林集刊》(十九),西安:三秦出版社,2013年版,第51頁。)《大唐故柳府君(昱)墓誌銘》題署:"友人承務郎前守京兆府三原縣主簿李再榮撰。"(周紹良、趙超主編:《唐代墓誌彙編續集》,第791頁。)

② 周紹良主編:《唐代墓誌彙編》,第2167頁。

③ 周紹良主編:《唐代墓誌彙編》,第2217頁。

不久,陸洿旋即棄官東歸,復歸吴中,[①]韋塤亦在此後不久出任明州刺史。但時地的懸隔并未影響到二人的密切關係。此墓誌作於會昌元年(841),二人已分別年餘,但韋塤之子之所以"捧履諜狀,繼以幣馬,哀請文誌",正是基於他們在長安建立的深厚友誼。

二、唐人對墓誌銘作者的選擇理念

古人設置石刻的目的有二:一爲紀事,二爲頌美。因此,文章的作者不僅需要有一定的文采,多數還得具備相當的社會地位。唯有如此,方能最大限度地擴大所立石刻的影響力,與其設置的初衷相吻合。作爲石刻文獻最爲重要組成部分的墓誌銘亦然。多數唐人對身後事宜的安排都極爲重視,墓誌銘作者的選擇也是必備議題之一。"傳叙文學底目的是求真實……傳叙家第一要認識傳主底個性……親切如父子、夫婦、朋友,尚不能深知,那麼傳叙家對於傳主的認識,當然不免隔膜"。[②] 可見即使是父母、夫婦、朋友對傳主的認識也不一定完全符合實際情況,因此有的傳主會在彌留之際親自指定專人爲其撰寫墓誌銘。據《崔璘墓誌銘》記載,崔璘在去世之前曾有遺命,令崔閱爲其撰寫墓誌銘:"公將絶之時,告其孤鈢曰:'爾與右司禦糾清河崔君,胤同叔乙,官接京曹,咸欲脱卑栖,聚盛事。况切磋之道,獨厚於他人,崔君又於七姓之中,究其善惡,必能揚我祖宗之德行也,欲誌吾之墓,無出於崔君。'於是其孤鈢叙公之道,執公之言,懇請撰述,至于三四。閱辭讓不獲,乃爲銘曰……"[③]崔閱之所以得到傳主的賞識,不僅在於他與崔鈢是同僚,熟悉崔璘的家庭狀況,還在於他想借

① 杜牧尚有《送陸洿郎中棄官東歸》一詩留存,陶敏認爲:"洿約開成三年入爲司勳郎中,五年棄官東歸。"(陶敏:《全唐詩人名彙考》,沈陽:遼海出版社,2006 年版,第 998 頁。)
② 朱東潤:《八代傳叙文學述論》,第 9 頁。
③ 周紹良主編:《唐代墓誌彙編》,第 2475 頁。

崔閎之文弘揚其先祖的德行，可謂用心良苦。韓愈在爲張季友所撰的墓誌銘中對張季友指定韓愈爲其撰銘一事也有介紹："前事，塗進韓氏門，伏哭庭下曰：'叔父且死，幾於不能言矣，張目而言曰："吾不可無告韓君别。藏而不得韓君記，猶不葬也。塗爲書致吾意。"已而自署其末與封，敢告以請。'"[①]根據文中的記載可知，他們二人爲同年進士，故張季友生前方有此請。

然而這畢竟是極個别現象，唐代墓誌銘的作者隊伍主要是由戚屬和賓朋構成的。之所以如此，也與唐人對墓誌銘作者的選擇理念有關。新出石刻中的許多文章都在較顯著的位置交代了傳主家屬對墓誌銘作者的選擇理念。先來看幾個例證：

例一：姚潛所撰《唐北平田君故夫人隴西李氏（鵠）墓誌銘》誌文末云："協律將離徐，泣爲潛曰：'亡室將葬，願銘素行，感敬以請。'余賓吏也，且最通故則，安得以菲才爲辭。承命握毫，愧塵懿德。"[②]姚潛即著名詩人姚合之子，新出土《姚潛墓誌銘》云："大中丁丑歲，登上第。其年戊寅，徐帥田公奏爲武寧軍節度掌書記、試秘書省校書郎。"[③]丁丑爲大中十一年(857)，徐帥田公指田弘正之子田牟，傳主李鵠乃田牟之子田宿妻。《新唐書・田牟傳》載其曾"三爲武寧"[④]，而《李鵠墓誌銘》云："我北平公再臨徐方……斯大中十一年冬十一月也。"可知其舉薦姚潛事發生在第二次任武寧軍節度使時。田牟曾於大中十二年(858)離任徐州，但不久即第三次任武寧軍節度使。《資治通鑒》載："（大中十三年四月）上以左金吾大將軍田牟嘗鎮徐州，有能名，復以爲武寧節度使。"[⑤]李鵠卒於大中十三年(859)五月，姚潛所撰墓誌銘仍結銜爲"武寧軍節度掌書記試文館校書郎"，知其時潛仍

① 韓愈著，劉真倫、岳珍校注：《韓愈文集彙校箋注》，第 2082 頁。

② 周紹良、趙超主編：《唐代墓誌彙編續集》，第 1018 頁。

③ 吴鋼主編：《全唐文補遺》第八輯，第 204 頁。

④ 歐陽修、宋祁：《新唐書》卷一四八，第 4787 頁。

⑤ 司馬光編著：《資治通鑒》卷二四九，第 8075 頁。

在田牟軍幕。田牟對姚潛有知遇、擢拔之恩，而姚潛長期擔任其賓吏，對田牟家族的情況較爲熟悉，田宿邀請姚潛爲其妻撰寫墓誌銘，或許正是出於田牟的授意。

例二：李宗閔在新出土《唐故河南府士曹彭城劉君（勝孫）墓銘》中對劉勝孫家屬請其撰文的原因作了説明："君之伯氏、殿中侍御史茂孫，仁而賢，哀其弟不遂，欲其名傳於無窮，乃脱其左驂，因其季懿孫，請余爲誌。余故與嗣居巢伯敦質善。蓋敦質於君從祖兄也。貞元中，數以君之昆弟友愛，爲余道之。余追思亡友之言，又受仁人之請，乃爲之銘曰……"[①]由文中的記載可知，李宗閔與傳主的從祖兄劉敦質[②]友善。據白居易《哭劉敦質》詩可知，劉敦質卒於貞元二十年(804)[③]，劉勝孫卒於元和十三年(818)[④]，距劉敦質去世已有十五年之久。劉懿孫等人没有向同爲劉敦質舊友的元稹、白居易而是輾轉向李宗閔求文，應該主要是出於政治方面的考量。因爲單就文學才能而言，李宗閔自是無法與執文壇牛耳的元、白相提並論，劉勝孫家屬之所以請李宗閔撰文，主要是看重他的李唐宗室身份。而且從官位上來講，李宗閔正任較爲清要的尚書兵部員外郎，也高於元、白。可見"欲其名傳於無窮"，不僅要將文字刻諸於石，還需有政治地位的人士爲其揄揚。

例三：姚潛在爲其姑姚品所撰墓誌銘中説："先一年，曲阜外弟走家僕以訃來告，且白：'遺德懿範，他族所不能詳，願兄誌之。'潛摧慟

---

① 吴鋼主編：《全唐文補遺・千唐誌齋新藏專輯》，第 329～330 頁。

② 劉敦質，字太白，行二十三，在當時亦有文名，與白居易、元稹、皇甫湜、李宗閔等多有往來，白居易有《長樂里閒居偶題十六韻兼寄……劉二十三敦質》詩，皇甫湜有《答劉敦質書》留存。不僅如此，劉敦質去世後，白居易還先後作《哭劉敦質》《感化寺見元九劉二十三題名處》《夢亡友劉太白同遊章敬寺》等詩，表達了對亡友的懷念之情。元稹等人亦有和作。

③ 白居易著，朱金城箋校：《白居易集箋校》卷一，上海：上海古籍出版社，1988 年版，第 23 頁。

④ 按：白居易《夢亡友劉太白同遊章敬寺》詩亦作於本年。

迫心，既不敢辭，是請哭書貞石，恨不髣髴。”[①]姚濳表弟之所以請其撰誌，主要是因爲姚品的事跡“他族所不能詳”，可見該文創作的主要目的在於詳盡、真實地記載姚品一生的事跡。

前兩個實例，正反映出多數傳主及其家屬在墓誌銘作者的選擇問題上率先要考慮的兩個因素：

一、作者首先要與傳主“通舊有年”甚至“密契金蘭”，能够悉知其一生之行實。這樣的人士往往會被傳主家屬當成墓誌銘作者的不二人選，甚至會幾次三番力促其事，如李都所撰《唐故御史中丞汀州刺史孫公(瑝)墓誌》中即交待：

> 吾友孫子澤於咸通十三年六月三日歿于臨汀刺史之位，後四十五日，家吏走京師，歷告其屬。余聞訃怳若夢怪，久不自信。翌日，聞親者哭於家，仁者吊於路，然後知吾友果不測矣。嗚呼痛哉！自是悲不能止，而加慟焉。公外舅吕宗伯少師□名來吊且曰：□□□吾宗爲顯友，不意今即世，子宜以銘。公同堂兄前婺州牧契亦繼以□□來，請予爲銘。[②]

據《舊唐書·懿宗紀》和《劉瞻傳》記載，咸通十一年(870)九月，劉瞻因同昌公主一案觸怒懿宗被罷相，出爲荆南節度使，孫瑝也因爲與劉瞻親善而被貶汀州，不久即死於貶所。李都雖素與孫瑝相善，但孫瑝被貶畢竟出於懿宗欽定，且事情剛過不久，此時李都想要明哲保身也在情理之中，這或許可以解釋爲何要經過家屬的再三邀請，李都才答應爲孫瑝撰寫墓誌銘了。

二、更爲重要的是作者既要有文學才華，又要有政治地位，能够顯揚其祖宗之德行，使其名傳後世。近年來新發現蘇頲、賀知章等爲友人撰書的墓誌銘很多，家屬多是出於這方面的考慮。趙力光在《新

---

① 周紹良、趙超主編：《唐代墓誌彙編續集》，第1008頁。

② 周紹良、趙超主編：《唐代墓誌彙編續集》，第1102頁。

出唐丁元裕墓誌研究》中説:"撰銘者蘇頲名聲顯赫…… 文辭出眾……爲什麼請蘇頲爲丁元裕墓誌撰銘?一方面蘇頲爲朝中宰相,高宦名流,且文辭超群。更重要的是……兩人有著密切的上下級工作關係。"[①]不僅單個人的墓誌銘如此,有些較爲顯赫的家族,在爲每位成員撰寫墓誌銘時,都要充分考慮作者的身份和地位,精心安排文章的撰書者。如韋承慶家族、臧懷亮家族即是如此。

韋承慶乃武周時期的著名文士,《舊唐書》中屢稱他"辭藻之美,擅於一時""辭甚典美,當時咸嘆服之"[②]。他也曾爲沈齊文、韋慆等人撰寫墓誌銘,却只爲自己父母的墓誌銘撰寫了誌文,銘辭分别請當時的著名文人范履冰、李嶠執筆。韋承慶在誌文中也點出了這樣做的原因:"鳳閣舍人趙郡李嶠,時秀朝英,文宗學府,膠庠朋故,樞近官聯,敬託爲銘,庶揚柔德。"[③]而韋承慶本人的墓誌銘也是岑羲撰誌文,鄭愔作銘文。岑羲云:"中書舍人鄭愔,□簧學圃,藻繪詞場。古之曹劉,當代遷固。式圖懿業,庶光泉壤。"[④]岑羲乃唐初名相岑文本之孫,自己也曾在睿宗朝擔任宰相,撰此誌時結銜爲"秘書少監兼修國史兼判刑部侍郎上柱國朝陽縣開國子",其身份亦可謂顯赫。

石刻文獻中所見臧懷亮家族墓碑和墓誌銘共四篇:佚名撰《大唐故羽林大將軍東莞公臧府君(懷亮)墓誌》[⑤]、顔真卿撰《大唐故冠軍將軍左羽林軍大將軍東莞郡開國公上柱國臧府君(懷亮)墓誌銘》[⑥]、顔真卿撰并書《唐故右武衛將軍贈工部尚書上柱國上蔡縣開國侯臧公

---

① 榮新江主編:《唐研究》第十九卷,北京:北京大學出版社,2013 年版,第 610 頁。

② 劉昫等:《舊唐書》卷八八,第 2863、2865 頁。

③ 周紹良、趙超主編:《唐代墓誌彙編續集》,第 351 頁。

④ 陳忠凱:《唐韋承慶及繼母王婉兩方墓誌銘文釋讀》,中國文物研究所編:《出土文獻研究》第七輯,上海:上海古籍出版社,2005 年版,第 346 頁。

⑤ 周紹良、趙超主編:《唐代墓誌彙編續集》,第 521 頁。

⑥ 周紹良、趙超主編:《唐代墓誌彙編續集》,第 631～632 頁。按:此二方墓誌銘,前者爲臧懷亮的權厝誌,後者爲臧懷亮與其夫人的合祔誌。

(懷恪)神道碑》[①]和張孚撰、韓秀弼書《□唐故金紫光禄大夫左金吾衛將軍□□州大都督臧府君(希晏)神道碑》[②]。此外,顔真卿還曾爲臧氏家族撰《東莞臧氏糾宗碑銘》[③]。《文苑英華》中也收有李邕所撰《左羽林大將軍臧公(懷亮)神道碑》[④]、《羽林大將軍臧公(懷亮)墓誌銘》[⑤]二文。由臧懷亮墓的發掘情况來看[⑥],李邕所撰之墓誌銘未被採用,但其碑文當曾刻石流傳,傳世文獻如《金石録》《寶刻叢編》《寶刻類編》《陜西通志》等皆有記載。《金石録》"唐冠軍大將軍臧懷亮碑"條載:"右《唐臧懷亮碑》,李邕撰并書。臧氏世墓在耀州三原,有數碑,余盡得之。"[⑦]新出土顔真卿撰《臧懷亮墓誌銘》亦云:"府君之志業,備勒於故北海郡太守江夏李邕之碑述也。"臧氏家族的墓誌銘多由顔真卿、韓秀弼、李邕等享譽當時和後世的大文學家和書法家撰書,顯然是經過精心安排的,目的就是爲了借助他們的才名和官望來擡高傳主的身份和地位。

第三個實例則説明,爲了體現墓誌銘的紀實功能,唐人往往將熟悉傳主生平的戚屬作爲撰寫墓誌銘的最佳人選。

墓誌銘創作的目的之一即在傳信,傳主親屬對亡者的事跡最爲熟悉,因此往往被邀請替傳主作墓誌銘。如《唐故知鹽鐵轉運鹽城監事殿中侍御史内供奉范陽盧府君(伯卿)墓銘》誌文末句云:"知退等……謂予諸父之列,游處最熟,識美之請,所不敢讓。"[⑧]該文的作者盧慤爲盧伯卿的再從弟,因爲與伯卿游處甚熟,對其世系、職官和婚

---

① 國家圖書館善本金石組編:《隋唐五代石刻文獻全编》第三册,第 598～600 頁。
② 國家圖書館善本金石組編:《隋唐五代石刻文獻全编》第三册,第 602～603 頁。
③ 董誥等編:《全唐文》卷三三九,第 1521 頁。
④ 李昉等編:《文苑英華》卷九〇七,第 4775～4777 頁。
⑤ 李昉等編:《文苑英華》卷九四九,第 4991 頁。
⑥ 李慧:《唐左羽林軍大將軍臧懷亮墓誌考釋》,《文博》,1996 年第 1 期,第 49 頁。
⑦ 趙明誠著,金文明校證:《金石録校證》卷二六,第 448 頁。
⑧ 周紹良主編:《唐代墓誌彙編》,第 2205 頁。

媚情况了解甚詳,故而被盧知退邀請爲其父撰寫墓誌銘。爲了更好地實現紀實目的,有人甚至在生前已親自指定親屬爲其撰寫墓誌銘,最明顯的例證莫過於段雍在《大唐故鄉貢進士段府君(庚)墓誌銘》中所言:"雍再哭而受命,退而伏想兄昔居池陽時,嘗謂雍曰:'吾前日病且亟矣,將從先人於地下。凡有生平始終之迹,衷心欲以爾爲託。'"①或許是因爲段雍"少與兄同志,長與兄同道"之故,段庚才有此請。

作爲傳主最爲親近之人,親屬們也非常注重對傳主生活細節的描寫和言行的記載。苗晦所撰《唐故通直郎行河中府猗氏縣尉苗府君(素)墓誌銘》即記載了苗素的通達之言:"君嘗告其兄晦曰:禄養之榮,孰問高卑。是以雖爲塵吏,必盡其心力焉。"②而新出土《唐故越州剡縣尉盧府君(廣)夫人隴西李氏合祔墓誌銘》乃其子盧蕃所撰,文中不僅對盧廣生前的言論多有記載,還記録了其所作詩歌:"挂席日千里,長江乘便風。無心羡鸞鳳,自若騰虚空。"③首句顯然是化用孟浩然《晚泊潯陽望廬山》中的"挂席幾千里",整首詩中的空靈、恬淡也與孟詩頗爲接近,可以看到傳主努力模仿孟浩然,爲我們了解其文學成就提供了可資依憑的文本。更有甚者,有的子女自幼即關注父母的言行舉止,孫鄴在爲其父孫方紹所撰的墓誌銘中説:"鄴自童丱,至于辨東西,見府君所行之,盡皆備記,所貴實録,輒敢纂修,乃執筆爲銘。"④文中所言難免有所誇大,但由此亦可看出子女爲詳細記載父母言行所作的努力。

---

① 周紹良、趙超主編:《唐代墓誌彙編續集》,第1097頁。

② 周紹良主編:《唐代墓誌彙編》,第2424頁。

③ 吴鋼主編:《全唐文補遺·千唐誌齋新藏專輯》,第331頁。

④ 周紹良主編:《唐代墓誌彙編》,第2432頁。

三、親屬所撰墓誌銘的情感表達

在身份可知的唐代墓誌銘中，作者爲傳主親屬者所佔的比例較大，舉凡祖孫、父子、兄弟、夫妻乃至叔侄、甥舅之間都可以爲對方撰寫墓誌銘。此類文章的寫作目的之一即是傳信，故而只要熟悉亡者生平的親族，甚至女子都可以成爲文章的作者。温瑄在爲其姐温瑗所撰的墓誌銘中説："兒女等，被髮叫訴，請誌于墓。瑄之長姊，豈敢辭焉。冤苦哀哉，痛惜哀哉！若請外人，慮遺其行。遂輒秉筆，用副哀情。"[①]正是考慮到"若請外人，慮遺其行"，因此才多請親屬爲亡者撰寫墓誌銘。因爲作者與傳主的關係非常親近，他們經常在文中記載亡者生平中的一些細節，使文章内容變得更加飽滿，而不像一般的請托之文那樣平鋪直敘，略嫌乾枯。特别是一些由直系親屬撰文的墓誌銘，不僅對亡者生平行事的記載較爲翔實、可靠，而且在字裏行間飽含著真摯、濃厚的情感，既充分體現出誌文重在紀實的特點，也增强了文章的可讀性。

(一)在親屬撰文的墓誌銘中，數量最多的當屬晚輩爲祖、父輩所撰之文：子女爲父母、子侄爲叔父姑母、外甥爲舅父母以及少量的孫輩爲祖父母所撰的墓誌銘。撰文的原因主要有二：一是爲了更加詳盡地記録其生平事跡；二是爲了報答他們的養育之恩。無論出於何種原因，都包含了作者對親人逝世的哀悼。作爲傳主最爲親近之人，他們所撰的文章除了對傳主生活細節上的描寫和言行的記載較爲詳備以外，長輩的撫育之恩以及對其去世的哀悼之情，更是此類文章不可或缺的内容。

苗弇爲其母劉氏所撰墓誌銘的題署爲："嗣子哀子弇撰并書。"僅

① 吴鋼主編：《全唐文補遺》第八輯，第173頁。

由此即可看出他對母親去世的悲傷之情。況且文中又説："其哀弁等，孤失怙恃，孺慕銜恤，擗踴泣血，號絶數四。相視言曰：'無諳孰可託叙事，遠親戚委其銘紀？乃輟哭興涕，扶力自述，無文飾詞，實載其事。'"[①]文章的志哀和紀實之意更爲突出。新出土鄭瑊爲其岳母鄭冲所撰的墓誌銘中也同樣飽含了作者的真情實感。因爲鄭氏生前對他關懷有加，於他乃"恩深半子，義切諸姑"[②]，故鄭瑊在文中亦時時流露出自己的感恩之情和對逝者長往的悲傷之意。

除了父母以外，新出石刻中還發現了一些自幼即就養於外家的士人爲親屬所撰的墓誌銘，正是因爲這些親人的撫養，他們才得以健康成長，因此作者在文中表達出的感恩、哀悼之情并不亞於傳主的子女，真可稱之爲"如喪考妣"。《唐故左威衛和州香林府折衝都尉朝議大夫兼試大理評事賜紫金魚袋上柱國陶府君(英)夫人清河張氏墓誌銘》記載：

> 夫人賢妹家於隴西，李公職寄殊方，僅淹歲序。李氏夫人不幸短命，中年夭喪。甥等偏孤，縗服未練。長曰士和，自孤覲侍，于今未復。幼曰士寧，夫人撫育，視之如子。每寒暖浣濯，其歸一揆。迄于成人，詎使虧乏。每長筵家會，語諸親曰：子如甥焉，甥如子矣。及夫人之終，賢甥感夫人鞠育之恩，痛夫人傾弃將及，与姨兄偕服，縗絰、次列、苫廬、几席，冀終兹情靡易。有子三人，嗣曰泛，職當宿衛東都左屯營軍都知、朝議郎、試太子通事舍人。二曰士寧，即李氏甥焉。三曰叔寧，左屯營宿衛官。[③]

李士寧自幼即由姨母張氏撫養長大，并得到了"甥如子矣""詎使虧乏"的恩遇。因此張氏去世後，李士寧不僅"與姨兄偕服，縗絰、次

---

① 周紹良主編：《唐代墓誌彙編》，第2485頁。

② 吴鋼主編：《全唐文補遺·千唐誌齋新藏專輯》，第220頁。

③ 吴鋼主編：《全唐文補遺》第一輯，第247頁。原文誤釋和標點未安之處據拓本改。

列、苫廬、几席，冀終兹情靡易”，以兒子的身份爲張氏處理身後事宜，報答她的鞠育之恩，還徑直將自己與傳主的兒子並排行第，更加凸顯了對張氏的感恩之情。張越在《唐故河南府告成縣主簿上谷縣開國子寇公（鐈）墓誌銘》中説：“越甥也，積疊所鍾，卅年孤孑，舅氏慈育，何時可忘，痛心悼恩，撫己懷報。顧以親承教誘，夙奉周旋，紀事非工，效德斯在。”[①]可見張越自幼由其舅父撫養長大，其所撰墓誌銘除了紀事以外，還意在突出其痛悼之意。張台爲其舅母所撰墓誌銘亦與此類似。[②]

（二）中國古代，由於天災人禍頻仍以及醫療水平不高等因素，人們往往不能盡其天年，未成年即夭亡者也不在少數。因此長輩爲後輩撰寫墓誌銘的情況在唐代也不罕見，一般以父親爲子女所撰者爲最。子女多未及成年而亡，他們的墓誌銘往往無重要事跡可載，因此多數作者僅會記録傳主生活中的一些片段，藉對生前瑣事的回憶表達長輩的痛悼之情。

紇干濬在爲其女所撰的墓誌銘中即對其閨中與婚後生活進行了詳細描述，一方面固然是由於父女二人長期生活在一起，紇干濬熟悉其行止：“夫人雖從李氏三年，濬不忍有一日之别，夫人亦不忍一日去膝下。”紇干濬徙官之後，“夫人與良人自洛偕至”。另外一方面，也與傳主去世時年僅二十三，且尚無子嗣，無太多事跡可以叙寫有關。墓誌銘還記載了紇干氏去世之後，其家人的傷心之情：“濬與楊氏歎而又絶者四，良人殞裂，諸弟哀摧，京洛聞之，千里馳吊。”又通過對古語的反駁增强其憤恨之情：“古人有言：‘夫明慧不享壽者，必有餘慶。’夫人既嫁無子，穠華一折，永無嗣絶，其何以承餘慶？彼蒼無知，於此

① 周紹良主編：《唐代墓誌彙編》，第1547頁。

② 張台所撰《唐故青州司户參軍韋君夫人柏氏（苕）墓銘》云：“台六歲，從學外氏，長育於夫人之手，撫寒慰飢，恩顧特厚，故爲其銘，鄙而盡哀而不文。”（周紹良、趙超主編：《唐代墓誌彙編續集》，第1008頁。）可見對張台而言，柏氏與其母無異，故其所撰墓誌銘與子女爲父母所撰者無二，亦屬人之常情。

甚矣！"[①]使文中凝聚的喪女之痛顯得更加深重和富有感染力。再如李胤之所撰《唐姑臧李氏(胤之)故第二女墓誌銘》除了在誌文中表達傷心欲絶之意外，還在銘文中質問蒼天："嗚呼天道，常助善人。此女之善，其誰與鄰？如何夭落？曾不逡巡。天不可問，空傷我神。"[②]與紇干濬類似，李胤之在此文中亦將中年喪女之悲憤抒發得淋漓盡致。

同樣，叔父爲子侄、舅父爲外甥所撰的墓誌銘，多數也充滿了痛徹心靈的哀傷之情。《大唐故李府君(諗)墓誌銘》乃其叔父李混然所撰，李諗夫婦"數月之間，相次而歿"，已屬不幸。更爲可悲的是，此時其子女均未成年："男女幼稚，並未成立，或纔向齠齓，或未離於襁褓。"所謂的"呼號之聲，尤甚衛人之痛"[③]，恐怕也是李混然悲痛心情的真實反映。盧珙所撰《唐太常寺奉禮郎盧瞻故妻清河崔氏夫人墓誌》雖題作："季舅前宋城縣尉珙撰。"但因盧瞻乃盧珙長兄之子，他與崔氏是姑表婚，因此盧珙之於崔氏即帶有雙重身份。他撰寫墓誌銘時更是悲痛無已："余與夫人有叔舅之悲，季父之痛，紀陵谷貴不假，述平生無飾詞，流漣傷懷，乃爲銘曰……"[④]

(三)同輩所作的墓誌銘以兄弟姐妹和夫妻之間所撰者居多，意在突出兄弟姐妹的親密無間和夫妻的伉儷情深。

兄長對弟妹一般會有較多關愛，甚至還教授他們爲人處世的道理，正如段廓在爲其兄段庚撰寫的墓誌銘中所説："自幼及長，偏沐仁慈。語以傳家之道，指其入仕之門，教誨無時，講學不倦。"[⑤]因此弟妹們在爲兄長撰寫墓誌銘時也較多地表達了對他們的敬重之意。《唐故試太常寺奉禮郎趙郡李府君(繼)墓誌文》乃傳主親弟李紳所撰，他在誌文中記録了自己啓櫬北歸的經過及撰文緣由："紳遠自淮南□奉

① 周紹良主編：《唐代墓誌彙編》，第 2453 頁。
② 周紹良、趙超主編：《唐代墓誌彙編續集》，第 981 頁。
③ 周紹良主編：《唐代墓誌彙編》，第 1712 頁。
④ 周紹良主編：《唐代墓誌彙編》，第 1907 頁。
⑤ 周紹良、趙超主編：《唐代墓誌彙編續集》，第 1096 頁。

□□呼天淚血，而東之諸侯，咸爲具事，達□□□。所可恨者：崔嫂以信乎巫神，不護靈旐，可爲痛哉！敢誌於石，用告幽壤。”[①]此文撰於元和十一年(816)，本爲李繼的遷祔誌。李繼膝下無男，其妻子又信奉巫術，故而靈柩無人護送，遷葬一事仍須李紳主持。因此，雖然遷葬時距李繼去世已有七年之久[②]，但李紳内心的悲痛絲毫没有減弱，仍然“呼天淚血”以主其事，更顯出兄弟間的深情厚誼。李紳在銘文中云：“博陵不義不順，不奔不護，明神有知，終不得祔。”對李繼之妻“不護靈旐”之事仍表示忿忿不平，甚至詛咒她死後不得歸祔大塋，維護兄長之意更是令讀者動容。

兄長爲弟、妹撰寫的墓誌銘與長輩爲晚輩所撰墓誌銘的情况類似，因誌主多夭亡，所以此類文章中多出現“唇亡齒寒”“手足零落”“有志無時”等語彙，以抒發作者對弟妹英年早逝的悲痛之情。《唐故通直郎行河中府猗氏縣尉苗府君(素)墓誌銘》誌文末句云：“又有深恨者：當爾屬纊之日，余隨計在京，存歿永辭，不克一面。長緘萬恨，莫展丹誠，是用拉血書詞，刊石記行，以申哀痛，以謝平生。”[③]從文中所記二人的對話可知，作者苗晦乃誌主之兄。他在文中曾多次不失時機地對兄弟的早逝表示悲痛：“昆弟二人，爾今逝矣，弔影孤立，泣血長號，慈親羸老，撫棺哀慟。”《唐故秀士史府君(喬如)墓誌銘》的撰者史温如雖爲傳主堂兄，但因温如少孤，自幼由季父撫養長大，又因“當季父易簀之際，府君尚未及冠，顧命温如主喪，撫二子。於是與二子同疚共□邇十年”。[④] 故二人的感情甚篤，與親兄弟無異。加之史喬如去世時年僅二十，手足零落之感、痛銷骨髓之恨頓時湧向作者心頭，筆下流露出的情感更是真摯動人。

---

① 周紹良主編：《唐代墓誌彙編》，第 2015 頁。

② 按：據墓誌銘，李繼元和四年(809)卒於常州并安葬。

③ 周紹良主編：《唐代墓誌彙編》，第 2425 頁。

④ 周紹良、趙超主編：《唐代墓誌彙編續集》，第 929 頁。

夫妻之間相互撰作的墓誌銘，文中多用"琴瑟絶弦""不我偕老"等詞體現對傳主逝世的哀悼之情。此類文章絶大多數都是丈夫爲妻子所撰，抒發的也是作者的喪妻之痛。車諤爲其妻侯氏所撰的墓誌銘中即表現得非常突出：他在述及撰文原由時説："既將絶嗣，非我其誰，述而誌之，序爲銘曰……"[①]該文寫得極其悲傷，因其子已先於侯氏去世，晚年的車諤孑然一身，喪失依憑，雙重憂傷皆在文中得以宣洩。李文舉、楊漢公在爲其妻所撰的墓誌銘中都自稱"鰥夫"，在唐代墓誌銘中并不多見，從題署中即可看出作者喪偶後的孤獨。楊漢公在《鄭本柔墓誌銘》中交代，他們二人感情甚篤，家庭和睦："夫人以孝奉上，而尊顔悦和；如賓敬夫，而琴瑟諧協。"[②]而文中所記鄭本柔寬慰楊漢公的話語，也反映出其内心的豁達。正當楊漢公滿懷信心地以爲"必謂保正，可期永年"時，妻子却不幸夭亡，令作者哀如棼絲，傷痛不已，以至於他在文末依然寬慰亡靈："勿歎少别，終期同歸。"

妻子爲丈夫所寫的墓誌銘雖然較爲罕見，但仍有一些案例可供討論，較爲典型者有以下三篇。一爲南宋慶元年間在江西上饒發現的周氏撰《曹因墓誌》，賴洪邁的《容齋隨筆》得以流傳。[③]陳尚君先生認爲："她把莊子鼓盆而歌的高論融入墓誌，且表達了因夫三舉不第、奔競道途而於己'恩義有奪'的情緒，確很難得。"[④]二十世紀新出土兩篇：《何簡墓誌銘》和《李全禮墓誌銘》，分别爲傳主之妻辛氏和鄭慈柔所撰。兩篇文章的作者雖爲女性，但行文毫不馬虎，嚴格遵從墓誌銘撰寫的範式，洵爲難得。唐代不少婦女文化修養較高，由此亦可見一斑。不僅如此，兩篇文章在字裏行間也流露出作者對丈夫的真摯感情。據辛氏交代，何簡去世後，她曾想過殉情，只因子女幼小而作

① 周紹良主編：《唐代墓誌彙編》，第1683頁。
② 吴鋼主編：《全唐文補遺》第八輯，第133頁。
③ 洪邁：《容齋五筆》卷二。洪邁：《容齋隨筆》，第825頁。
④ 陳尚君：《唐代的亡妻與亡妾墓誌》，《中華文史論叢》，2006年第2期，第64頁。

罷:“身欲隨没,幼小不可再孤,一哭之哀,君其知否?”[①]其伉儷之情和身世之悲尤能打動讀者。

四、賓朋所撰墓誌銘的情感表達

唐代的墓誌銘,因請托所撰者也佔有較大比重。除少數文章的作者由傳主生前親自指定以外,多數作者是傳主去世後,由家屬根據實際情況確定的。雖然被請托之人遍佈社會各階層,他們與傳主的關係也顯得較爲複雜,但數量最多的還是傳主的同僚、朋友以及幕賓等。

這些作者或與傳主“蓋嘗同僚”,有“同官之舊”,故能熟知傳主之行履,如鄭隼在爲劉鈐所撰的墓誌銘中說:“諸孤以愚於公爲同舍同道,且有三十年之舊,熟知厥美,號而請銘。”[②]有的作者則與傳主“通舊有年”“密契金蘭”,悉知其一生的行跡,故而會被家屬當作墓誌銘作者的首要人選。《唐故諫議大夫清河崔府君(備)墓誌銘》的作者張惟素即對個中緣由作了詳細交待:“余忝公忘言,又同年登第十七人中,零落已盡。前年喪秉彝,今春公長往,則余之形影,誰與相吊。況早歲求學,文字相依。中年筮仕,出處相接。自南徐賓府後,余爲吏部郎,公遷考功;余除給事中,公改諫議。接武連臂,迨今卌年。被服道德,切瑳仁義。爵位期乎相先,患難期乎相死。天何不仁,奪我良友。寢門之慟,哀可既乎。景裕以予父友,哀請紀述。”[③]

傳主親屬在請托之時多言辭懇切,頗能打動對方,使身爲傳主朋友的作者難以推辭。鄭薰在《唐故中散大夫守給事中柱國賜紫金魚袋贈刑部侍郎皇甫公(鉟)墓誌銘》中描述受請托時的情狀云:“初,既

---

① 周紹良主編:《唐代墓誌彙編》,第 1540 頁。

② 周紹良、趙超主編:《唐代墓誌彙編續集》,第 1152 頁。

③ 吴鋼主編:《全唐文補遺・千唐誌齋新藏專輯》,第 325 頁。

啓，其嗣子前國子直講滋，與其諸弟，投杖號擗，哭拜其父友刑部侍郎鄭薰曰：'伏惟先公碩德懿行，高文奥學，彰彰于時，宜得直筆清詞之士紀述鐫刻，以傳於後。矧丈人備睹其美，益可以爲信，敢固哀請。'予念詞筆之託，則非所宜；詳悉文行，其何可讓！"[①]鄭薰不愧是皇甫鉟的摯友，在文中詳細記載了他的仕歷遷轉，可謂不負所托。再如王慥在爲李棁所撰的墓誌銘中説："愚不佞辱與君游，故傅以國士眷愚，由君而致也。將葬，傅叙君之德行官次，馳書於京，且□命愚誌君之墓。曰：'予弟與子有舊。予既病，且不忍文。子爲纂叙以誌，否則無以塞其冤。'愚拜受書，道遠不得辭，謹叙而銘之。"[②]由文中所叙來看，王慥是李棁的朋友，他所以能登上仕途，更是得到李棁兄長的汲引，故李棁兄長以老病之身請王慥爲李棁撰寫墓誌銘亦在情理之中。

此類文章的作者多與傳主有各種交集，或"膠庠朋故，樞近官聯"，或"有重世之舊"。因此在撰文時，亡友的形跡往往會浮現於他們眼前，多數作者會在行文過程中融入自己的情感，使得這些文章呈現出較强的抒情色彩。韓愈的《國子助教河東薛君墓誌銘》記叙了傳主薛公達善射的情形："後九月九日大會射，設標的，高出百數十尺……一軍盡射，莫能中。君……射三發，連三中，的壞不可復射。"得到的結果却是"帥益不喜，即自免去"。此帥不僅氣量狹小、嫉賢妒能，胸中也毫無韜略甚至不通文墨："軍帥武人，君爲作書奏，讀不識句，傳一幕以爲笑。"[③]在此，韓愈作了一個鮮明的對比，薛公達乃有真才實學者，却遭到了上司的怨恨，以致英年暴卒。而不學無術者却可擔任將帥，統攝三軍。韓愈此舉實際上也包含著滿腹悲憤和對傳主的深切同情。

柳宗元在《故連州員外司馬凌君權厝誌》一開始就記載了凌准對

---

① 吴鋼主編：《全唐文補遺·千唐誌齋新藏專輯》，第405頁。

② 周紹良、趙超主編：《唐代墓誌彙編續集》，第1082頁。

③ 韓愈撰，馬其昶校注：《韓昌黎文集校注》卷六，第362頁。

其一生的總結："凡余之學孔氏，爲忠孝禮信，而事固大謬，卒不能有立乎世者，命也。臣道無以明乎國，子道無以成乎家。下之得罪于人，以謫徙醜地；上之得罰于天，以降被罪疾。余無以禦也。敢以鬼事爲累。"又說："吾罪大，懼不克歸柩於吾鄉。"但從柳宗元下文所敘并聯繫實際情況來看，凌准一生并没有太大過失，這不過是凌准對自己無故遭貶的一種自嘲而已。"子道無以成乎家"指的是柳宗元在誌文中所説的："以連累出和州，降連州。居母喪，不得歸，而二弟繼死。"[①]正與柳宗元本人在母親死後"銜哀待刑，不得歸奉喪事以盡其志"[②]的遭遇同病相怜，也更能引起他的共鳴。因此柳宗元所記凌准自我總結的這段文字，乃是飽含著强烈的思想情感的。凌准與柳宗元同爲"永貞八司馬"中的重要成員，交情至深，凌准去世後，柳宗元寫有《哭連州員外凌司馬詩》《故連州員外司馬凌君墓後誌》等詩文表達對亡友的哀思。柳宗元在權厝誌誌文結尾所説的："執友河東柳宗元，哀君有道而不明白於天下，離愍逢尤夭其生，且又同過，故哭以爲誌，其辭哀焉。"完全是真情實感的自然流露。元和七年（812）七月，憲宗立遂王爲皇太子，大赦天下，凌准的靈柩得以返葬杭州。柳宗元在略感欣慰之餘，又作《故連州員外司馬凌君墓後誌》，反復稱頌此事："嘗有非其罪，柩得葬。凌氏孤……舉其先人之柩，龜筮吉利，某年月歸于杭之新城，祔于其墓。刻《前志》志其行，益以《後志》志其時，立碣於墳東南隅，申志于外。"[③]不僅是對故人得以平反的喜悦，也暗含著對自己前途有望的寄托。這種深情表達，不僅使唐代墓誌銘的文學性和可讀性大爲增强，對於塑造傳主的形象也有所助益。

---

① 柳宗元：《柳宗元集》卷一〇，第 263～265 頁。

② 柳宗元：《柳宗元集》卷一三，第 325 頁。

③ 柳宗元：《柳宗元集》卷一〇，第 266～267 頁。

五、自撰墓誌銘中的情感表達

自撰是墓誌銘創作中的特殊現象,就文章作者與傳主的關係來看,兩者是合二爲一的。"自撰墓誌者多爲有獨特個性之人……這種個性使他們更願意在墓誌這一文體上追求變化,以展示自己與衆不同的個人形象"。[①] 自撰墓誌銘在文體上的變化不僅使傳主的形象得到了更好的展現,個人感情的宣洩與表達也較一般的墓誌銘更加强烈。

雖然自撰墓誌産生得較早[②],但現存數量最多的還是唐代。宋朱翌曾對自撰墓誌現象進行過評論,其中所舉也多爲唐代的實例。[③] 唐人自撰的墓誌銘尚存數十篇,且以近年新出土者居多。細讀文本不難發現,大多數文章的行文方式都較爲獨特,寫法也與他撰墓誌銘有較大區别。作者之所以生前就替自己撰寫墓誌銘,而不願假手他人,是爲了藉此體現他們對死亡的看法,并表達其自我期許。自撰墓誌銘的傳記文學價值除了更加注重文章的紀實功能和文學性以外,在情感的表達方面也極具特色。

筆者注意到,有一種類型的自撰墓誌銘較爲特殊:由於各種原因,傳主并無子嗣可托付後事,因此需要在生前即將身後事宜安排妥

① 黄清發:《論唐人自撰墓誌及其本質特徵》,中國唐代文學學會、西北大學文學院、廣西師範大學出版社主編:《唐代文學研究》第十一輯,桂林:廣西師範大學出版社,2006 年版,第 147 頁。

② 《西京雜記》卷三即有杜子夏臨終作文的記載,程章燦認爲自撰墓誌起源於此:"杜鄴臨終自撰的這篇文字確實像一篇墓誌,其臨終自叙生平還開創了後代自撰墓誌之例。"程章燦:《墓誌文體起源新論》,《學術研究》,2005 年第 6 期,第 138 頁。

③ "杜預自表營首陽之南,爲將來兆域,取制於邢山鄭祭仲之墓。陶淵明作自挽詞、自祭文。杜牧之、白樂天、辛秘、李栖筠、王績、嚴挺之、柳子華,皆自撰墓誌。盧照鄰、李適、司空圖自作墓。衛大經自鑿墓、自爲誌。顔魯公在蔡州,度必死,乃作遺表、墓誌、祭文。"朱翌:《猗覺寮雜記》卷下,《叢書集成初編》本,北京:中華書局,1985 年版,第58 頁。

當。新出土盧繪自撰的墓誌銘中,作者即反復强調無子的事實,并不時流露出他的遺憾之情:“繪早娶姑臧李氏,故向城縣丞士龍之女,凡廿六年。事上接下,周詳禮法。不幸夭失長男,遂闕承繼。”爲了規避缺乏子嗣的風險,盧繪後來續娶趙郡李氏:“自顧衰年無子,尚希暮齒,猶繼家風,以會昌三年八月再娶趙郡南祖李氏,故杭州司功參軍敏德女爲繼室。”李氏雖然“撫育别生女子令娘,視家人等,皆嬉嬉然”,但不幸的是“俄爾三年,終無子胤”。雖有一弟,却“生涯未立,不可以相依倚”。六百餘字的文章中,作者再三訴説其“衰年無子”的現實,且慨歎命運的偃蹇:“斯即繪之羈薄,不克承荷,時命斯盡,其如分何!”[1]白居易等人之所以生前自撰墓誌銘,未嘗没有這方面的考量。

其他自撰墓誌銘中也有與盧繪類似的表達。近年新出土《唐故朝議郎河南府王屋縣令上柱國裴珙府君墓誌銘》亦爲裴珙自撰,文章開篇即云:

> 河東裴子,貞元乙亥歲二月廿六日,生於邠州三水縣。萍蓬幻夢,寄世若浮,自外傅累丁家禍,纔弱冠同氣皆零,依于諸叔諸姑,隨侍所任,或千里而近,或三千里而遥,不常厥居,伶俜幾廢。性敦仁義,諷《孟子》而不知倦,通習兩經,而舉孝廉科。成立既不因人,入仕未嘗親附。歷官多府縣,志業守清貧。希望自廣其家門,操心不輕負荷,每於骨肉親朋,怡怡如也,故無所憎愛。銘誌何託,摭實自書,將慚先哲,粗紀往事。[2]

文章一開始即慨歎其身世之悲:自幼喪親,只能依附諸位親屬到處漂泊,輾轉數千里之遥。長時間的寄人籬下,使他養成了獨立生活的能力——“成立既不因人,入仕未嘗親附”。因爲擔心身後無人可以承擔

① 吴鋼主編:《全唐文補遺·千唐誌齋新藏專輯》,第373～374頁。

② 牛來穎:《虚實之間——墓誌與傳奇中的裴珙》。載榮新江主編:《唐研究》第十七卷,北京:北京大學出版社,2011年版,第128頁。

撰寫銘誌之重任,本屬蓋棺論定性質的墓誌銘也只能"摭實自書",正如牛來穎所言:"從裴珙撰寫墓誌的整個氛圍來看,他是因爲孤身一人無依無靠,擔心無人爲他身後撰寫墓誌而不得不先備下自撰文字。"[1]

① 牛來穎:《虛實之間——墓誌與傳奇中的裴珙》。載榮新江主編:《唐研究》第十七卷,第142頁。

第五章　疾病醫療與唐人生命歷程的轉軌

在醫療水平較爲低下的唐代，疾病往往成爲影響人們生命歷程的重要因素，進而影響到了他們的傳記書寫。從現存的唐代詩文資料來看，一些著名文士都曾長期患有某種疾病（如白居易的眼疾），有些人甚至終其一生都爲痼疾所困擾。（如杜牧之弟杜顗從小即患有眼疾；辛文房在《唐才子傳》中稱許渾"少苦學勞心，有清羸之疾"。）對於他們而言，疾病對其生命歷程的影響是巨大的。首先，疾病給日常生活帶來了極大的不便，病人往往需要遭受精神和肉體上的雙重折磨，盧綸曾感慨說："病中饒淚眼常昏，聞説花開亦閉門。"[①]白居易不僅因爲罹患眼疾而"大窠羅綺看才辨，小字文書見便愁"[②]，而且由於同時患有多種疾病，需要忌食葷腥，但又苦於"膻膩斷來無氣力，風痰惱得少心情"[③]，最終落入"羸坐全非舊日容，扶行半是他人力"[④]的悲慘境地。其次，病人及其家屬需要不停地求醫問藥，如皮日休即曾在春暖花開之時殷勤求醫："十日來來曠奉公，閉門無事忌春風……殷勤莫怪求醫切，只爲山櫻欲放紅。"[⑤]再次，更多人則因疾病影響了仕

① 《春日卧病示趙季黄》，盧綸著，劉初棠校注：《盧綸詩集校注》卷三，上海：上海古籍出版社，1989 年版，第 327 頁。

② 《病眼花》，白居易著，朱金城箋校：《白居易集箋校》卷二八，第 4 册，第 1969 頁。

③ 《病中早春》，白居易著，朱金城箋校：《白居易集箋校》卷一五，第 2 册，第 901 頁。

④ 《寒食卧病》，白居易著，朱金城箋校：《白居易集箋校》卷一三，第 2 册，第 773 頁。

⑤ 《病中書情上崔諫議》，曹寅等編：《全唐詩》卷六一三，第 18 册，第 7072 頁。

途，或移疾分司（如劉禹錫分司東都），或棄官歸隱（如許渾棄官東歸），甚至歿於道路或者任所（如吕渭卒於湖南觀察使任上），他們的人生軌跡均因疾病而發生了重大變化。

詩歌中的描述雖然可以使我們對唐代疾病醫療的狀況有大致了解，但詩歌的高度概括性決定了其中不可能詳細記載唐人的患病經過和治療過程，治療過程中體現出的人性關懷更是難覓蹤影。唐代墓誌銘，特别是近年來新出土的石刻中對傳主的疾病醫療情形有較多記載，爲我們深入了解疾病對唐人生命歷程的影響提供了不可多得的材料。

一、新出唐代墓誌銘中的疾病醫療書寫

很多人的去世，乃多種因素綜合作用的結果，如勞累過度引發的宿疾、旅途勞頓感染了瘴氣，過度憂傷而引發的痼疾等等。但毫無疑問，疾病自然是導致其死亡的重要因素，或者説是直接誘因。這可由新出土唐代墓誌銘中頻繁出現的“遇疾”、“遘疾”、“寢疾”、無疾暴終[①]、“暴疾，一夕而終”[②]等記載略窺一二。

很多墓誌銘在交待傳主的去世情形時，往往對其所患疾病的名稱、患病經過以及具體的發病情形都有明確記載。雖然每篇文章的記載詳略不一，但無疑都對我們考察傳主生命歷程的轉折有較大幫助。唐代醫學典籍中常見的疾病名稱，如風疾、眼疾、痁疾等，均在唐人的墓誌銘中出現得較多。初唐名臣薛元超即曾患風疾而不能言：“歲餘，忽風疾不言。”唐高宗去世後，還曾“如喪考妣，輿疾赴神都”，

---

① 吴鋼主編：《全唐文補遺》第八輯，第182頁。
② 周紹良、趙超主編：《唐代墓誌彙編續集》，第1031頁。

他的去世可能亦與風疾有關。[①] 據《大唐故司空公太子太師贈太尉揚州大都督上柱國英國公李公(勣)墓誌之銘》記載,唐代開國功臣李勣曾患目疾,得到了唐太宗“親剪鬚以充藥劑”的禮遇。[②] 越國故太妃燕氏晚年亦因患目疾,“令侍御者讀誦屬聽,而以永日焉”。[③]《(上殘)大夫使持節昭州諸軍事守昭州刺史上柱國、□□(下殘)》則云傳主因瘴氣的侵襲和痁疾的困擾而歿於任所:“公纔罷印昭潭,嶺瘴所侵,痁疾相繼,不起神藥,薨於昭州也。”[④]一些不太常見的疾病,如氣疾、婦科疾病等,也常在墓誌銘中出現。韋式已之母鄭氏即因“暴染氣疾,奄棄背於揚州江都縣來鳳里之私第”。[⑤] 常州無錫長官裴謠之妻李氏則因爲妊娠得疾,終至於歿:“卅七女以懷妊得疾,連綿累月。雖釋氏醫占,不效甲子庚午。其明年六月丁巳朔十日景寅其夕一更,捐館于晋陵清流館。”[⑥]

傳主的得病緣由也是此類文章著重敘寫的部分,作者意在通過詳盡的細節描寫來凸顯文中所載内容的可信性。滎陽鄭氏第二女張八因過度思念親人而致疾,患病期間,又遭季兄之喪,憂傷太過而病入膏肓:“有長姊先適高氏,别離數年,未克會面。每至望戀,言與淚俱。其抱病也,又遭季兄之禍。積其悲惋,成於膏肓。宜其藥石無

① 周紹良、趙超主編:《唐代墓誌彙編續集》,第 280 頁。他如《大周故兖州都督彭城劉府君(璿)墓誌銘》記載劉璿亦“以風疾正爲衛州刺史”,後改任兖州刺史,雖欲勵精圖治而“舊疾有加”,最終因風疾而卒。(周紹良、趙超主編:《唐代墓誌彙編續集》,第 392 頁。)神功年間的王師協:“俄遭内艱,喪畢,忽染風疾,終於洛陽縣審教里之私第。”(周紹良、趙超主編:《唐代墓誌彙編續集》,第 357 頁。)據筆者統計,在指明傳主所患疾病名稱的唐代墓誌中,風疾所佔的比重最高。類似的例證還有很多,不贅舉。

② 周紹良、趙超主編:《唐代墓誌彙編續集》,第 179 頁。以細軟鬚髮入藥治療眼疾,恐怕是受到印度醫典的影響,見陳明《印度梵文醫典〈醫理精華〉研究》,北京:中華書局,2002 年版,第 299～302 頁。

③ 周紹良、趙超主編:《唐代墓誌彙編續集》,第 193～194 頁。

④ 周紹良、趙超主編:《唐代墓誌彙編續集》,第 1030 頁。

⑤ 周紹良、趙超主編:《唐代墓誌彙編續集》,第 918 頁。

⑥ 吴鋼主編:《全唐文補遺》第八輯,第 221 頁。

功，針灸不達。”[①]御史中丞汀州刺史孫瑝得病的緣由亦與張八類似，先是“良偶先凋”，“越月而愛女繼夭”，孫瑝本人又因劉瞻之事而被貶汀州。孫瑝在遭他人讒害，流貶到瘴癘之鄉、不毛之地的同時又痛失嬌妻、愛女，心情的抑鬱自然可想而知。這種情況之下，極易爲病毒所侵，果然“爲南方毒沴所寇，一夕奄忽”[②]。再如《史孝章墓誌》記載史孝章病卒的緣由時云：“公年向不惑，終鮮胤嗣，忽忽自嘆，慮爲天窮。適屬是年，併夭二子，悼惜過禮，疾生于衷。又聞郊之訛言，嘗有妖狐爲怪。悲傷之内，飲食失時，亦疑陰邪之物，惡人正直，予之今日，力不能勝。以是腠理榮衛，頗甚錯亂，膏肓之禍，其自掇乎。其年十月十三日上表入覲。廿日薨于長安靖恭里之私第，享年卅九。”[③]據劉禹錫所撰《史孝章神道碑》，史孝章在其父遇害之後曾被任命爲右金吾將軍，他雖“累表陳乞”，但有司却“以違命督之”，最後被迫“輿疾即路”。[④] 據《新唐書·史憲誠傳》可知，史憲誠卒於大和三年(829)，其時史孝章年僅三十一歲，可以説此次强行任命已爲其後來的早逝埋下了禍根。史孝章有感於其父被亂軍所殺，[⑤]且常爲後嗣之事憂心，又在一年之内連喪二子，真可謂禍不單行。對此，陳明論述道：“其父的悲慘下場可謂早在心中落下了病根，又因爲中年連喪二子，哀悼過甚，再加上訛言與狐怪的影響，導致飲食失調，腠理榮衛錯亂，終至不治。”并認爲家中的一系列變故最終導致了他的英年早逝，史孝章乃是因“心病”而亡。類似的經歷也發生在倪泉身上，其墓誌銘

---

① 吴鋼主編：《全唐文補遺》第八輯，第225頁。

② 周紹良、趙超主編：《唐代墓誌彙編續集》，第1103頁。

③ 郭茂育、趙振華：《唐〈史孝章墓誌〉研究》，《中國邊疆史地研究》，2007年第4期，第116頁。

④ 劉禹錫著，瞿蜕園箋證：《劉禹錫集箋證》卷三，上海：上海古籍出版社，1989年版，第101頁。墓誌銘中也有類似的記載：“踰年，恩敕起復右金吾將軍，三表陳讓，竟奪情理。詔曰居喪徒云執理，違命豈得遑安，淒淒哀誠，力疾上路。”

⑤ 據《史憲誠傳》記載，史憲誠乃是被魏博軍連夜攻殺。見歐陽修、宋祁：《新唐書》卷二一〇，第5936頁。

云:"近以遭家不造,令弟云亡,哭泣傷懷,幽憂感疾。"以至於到達"啓手知往,冥心委化"[①]的地步。

不僅如此,有的墓誌還會詳細記録傳主疾病的反復情況和發病的具體情形,如《唐故左拾遺魯國孔府君(紓)墓誌銘》即記載了孔紓父子二人疾病的時好時壞以及父子之間因疾病而形成的特殊心理感應:"咸通十五年三月,侍講學士右僕射太常孔公以疾辭内署職,其元子左拾遺養疾亦病逾二旬。太常公疾少間,拾遺疾亦間。又旬日,太常公薨,拾遺哭無時,後七十六日亦終。嗚呼！求諸古未聞也。"[②]《盧侍御(占)夫人滎陽鄭氏玄堂銘誌》中首先交代了鄭氏所患乃是一種隱性疾病:"積疹内隆,不常外作,雖女隸不得而知之。"她之所以發病并到了不可收拾的地步乃是因爲:"今年正月,由病熱而擊發所痼,熱愈而痼不愈。"最後還附有醫生的診斷説明:"良醫診之曰:痞氣結迫,上下膏肓矣,砭藥何爲哉。"[③]杜牧所撰《唐故歙州刺史邢君(羣)墓誌銘》通過他與傳主的對答,不僅詳細交代了發病緣由,對其發病過程也有很生動的描述:

> 復問曰:"日食幾何?"曰:"嗜彘肉,日再食。"某凡三致專書,曰:"《本草》言是肉能閉血脈,弱筋骨,壯風氣,嗜之者必病風。"數月,涣思正握管,兩手反去背,仆于地,竟日乃識人,果以風疾廢。[④]

杜牧根據《本草》的記載,指出邢羣所患風疾是由嗜食豬肉引起的,顯示出唐代士大夫對醫學典籍的研習和醫療知識的儲備情況。

---

① 周紹良、趙超主編:《唐代墓誌彙編續集》,第 471 頁。

② 周紹良主編:《唐代墓誌彙編》,第 2467 頁。

③ 吴鋼主編:《全唐文補遺》第八輯,第 193 頁。

④ 杜牧:《樊川文集》卷八,第 133 頁。

二、疾病醫療對傳主生命歷程的影響

對於傳主本人而言,突如其來的疾病除了要讓他們承受各種痛苦以外,對他們生命歷程的影響也是顯而易見的。在崇尚仕宦的唐代,對處於仕途上升階段的官員而言,由疾病引起的仕歷變化,如辭官歸隱、職位遷轉、移疾分司等等,都改變了他們的人生軌跡,最終影響了傳記的書寫。

有人一旦發現感染疾病隨即辭官退隱,也許因其所患并非惡疾,再加上辭官後的多方調理,他們的生命尚能延續較長時間,甚至數十年,如《故戡黎府旅帥上騎都尉高君(感)墓誌銘》記載傳主:"顯慶四年十月廿四日,又除左威衛戡黎府旅帥。既韜名於府幕,還澹想於琴書。夕步戎場,豈怡青路;朝歸武榭,不悦靈臺。以疾固辭,方得遂請。"他最終於麟德元年(664)十一月去世,中間又生活了五年多。再如《唐故平凉郡都尉驃騎將軍史公(索巖)墓誌銘》中記載史索巖:"貞觀元年,固陳衰疾,抗表辭滿。""以顯慶元年五月十三日氣疾暴增,薨於原州萬福里第。"[①]據墓誌銘記載,史索巖享壽七十有八,貞觀元年(627)因病辭官時年僅四十九歲,其後尚生活了近三十年,可謂因病辭官而享高壽的顯例。與此相反,吉州長史郭克全本已"稱疾退閑數載",生活得不錯,但又因盧公之請,出任其節度押牙,并知臼口巡務,終於引發舊疾,而到了不可收拾的地步。[②] 以上所舉雖然并非適用於所有的墓誌銘,然就中亦可看出仕隱對患者生命的延續還是有一定影響的。因此,很多官員在得了疾病以後寧可選擇辭官歸隱,頤攝休養,以至於有人雖累被征辟而"以疾固辭,竟不應召",也就不足爲奇了。

---

① 吴鋼主編:《全唐文補遺》第七輯,第 261 頁。

② 其墓誌銘中説:"以强力未展,故疾發焉。一至膏肓,騖歸帝里。凭几視事,以臻彌留,言不及私。"周紹良、趙超主編:《唐代墓誌彙編續集》,第 1105 頁。

但是并非所有的人都能如願以償或者願意放棄高官厚禄歸隱林泉，因此他們只能頻繁地更换職位，或移疾分司，帶來仕歷上的遷轉。如慕容珣任户部侍郎以後，“俄以疾辭”，但因“主上義在旌賢，恩深惟舊”，僅令中使賜藥物，仍拜同州刺史，又遷秘書監。① 天寶十二載，韋濟由馮翊太守被任命爲儀王傅，“既至京師，以風緩不任，拜伏抗表辭職”，然而得到的結果却是“優詔不許”。後來因被京畿採訪使彈劾“違假日深”，才隨例停官養疾。② 徐鉉在爲常夢錫所撰的行狀中也説他曾任文理院學士承旨，“明年以疾固辭”，但仍遷户部尚書，領商州刺史，原因在於“上以公問望夙重，足以坐鎮雅俗，强起令知省事”，但因爲他“久病不復，公私廢失”，所以被宰相彈劾而坐貶饒州，“上以羸瘵憂之，詔留東都，以便醫藥”。③ 也有因辭不獲已而卒於任者，如《唐故軍器使贈内侍李公(敬實)墓誌》記載李敬實曾患風疾，後來雖然稍愈，但因宣宗之喪“悲思過禮，舊疾發動”，故欲“請假讓官，欲謀懸車”而未遂本志，於大中十三年(859)十月即“寢疾彌留，忽奄大漸”。④

需要注意的是，亂世之際，所謂的因病辭官，多數情況下僅是一種托辭，很多人在隋代稱病不仕，入唐以後却繼續爲官，并生活了較長時間。如唐蒲州虞鄉縣丞王安在隋代多次稱病辭官：“復除冀州斌强縣令。燕趙烽起，豺狼競馳，途路梗澀，辭官養疾。大使觀公楊恭仁權授宋州下邑縣令。辭不獲免，單車之任。值隋季運盡，喪亂弘

---

① 《唐中散大夫守秘書監致仕上柱國慕容公(珣)墓誌銘》。見周紹良、趙超主編：《唐代墓誌彙編續集》，第 556 頁。

② 周紹良、趙超主編：《唐代墓誌彙編續集》，第 654 頁。

③ 徐鉉撰，李振中校注：《徐鉉集校注》卷二〇，北京：中華書局，2018 年版，第 884 頁。按：東都洛陽可能是當時醫療條件較好的地區，不僅傳世典籍中多有官員因爲疾病移疾分司東都的實例，如白居易、劉禹錫等；新出石刻中也屢見患者赴洛就醫的記録，如《唐故鄉貢進士潁川陳君(宣魯)墓誌》中云：“君在長安疾困，肩輿來洛陽，投孀姊韋氏家累月，極醫藥救療。”(周紹良主編：《唐代墓誌彙編》，第 2198 頁。)這都影響到了他們的人生歷程。

④ 周紹良、趙超主編：《唐代墓誌彙編續集》，第 1028 頁。

多,熊兕交横,百城煙絶。君幽巖飲啄,退耕不仕。"[①]然而唐興以後,却數任要職,甚至一度成爲李世民心腹并"參預機衡",後雖因故被貶,但也一直生活到貞觀八年。《大唐故郭府君(敬善)墓誌銘》中也説大業年間,郭敬善起家右衛親衛,但因當時"君子明夷,小人道長",故而"歸賦閉門謝疾,終於有隋"。唐朝建立之後,却又擔任司農寺丞、京城已西營田敕使等職。[②] 此外,易代之際或動亂之時也有因拒絶再仕新朝或接受僞職而稱病辭官,并憂憤成疾而亡者。如《大唐故秘書少監劉府君(應道)墓誌》記載他的祖父劉會曾任高齊濮陽郡太守,"强仕之歲,而周人滅齊,乃挂冠還鄉里,有終焉之志。周武帝甄訪亡齊人物,以公爲徵辟之首,特降綸璽,至於再三。公以爲食人之禄而不能死人之難,豈復靦容革面,仕二姓□朝,固以疾辭,杜門不交人事。其年以憂憤卒"。[③] 再如盧子獻因逢龐勳之亂,而拒絶接受僞職:"堅託風痺,移于再三。"并想盡辦法與敵周旋,闔族性命得以保全。然而事後他却罹患不治之症,其疾:"以下之多,幾可飄杵。良醫目而歎之曰:此忠孝之病,由膏肓之不可爲也。憤激於心,憂纏於内。力盡鍬臿,血肉崩傷。是人也,不食新穀矣。果以其年九月七日,啓手足於鄂州武昌縣行次。"[④]與之類似,《李暐墓誌銘》記載:"去歲朱泚大逆,俶亂京華。公時寢疾綿綿,且乖出從羈靮,撫牀慟哭,籲天見志。"等到情況略有好轉,却又爲賊徵求,他只能"託卧沉痾",最終"懷忠飲恨,乃中膏肓"。[⑤]

由新出石刻資料中的記録來看,唐代也有很多官員乃是卒於赴任途中,或者直接歿於任所,從而結束了人生旅程。如《裴謡墓誌銘》

---

① 周紹良主編:《唐代墓誌彙編》,第 40 頁。

② 周紹良、趙超主編:《唐代墓誌彙編續集》,第 116 頁。

③ 周紹良、趙超主編:《唐代墓誌彙編續集》,第 250 頁。

④ 吴鋼主編:《全唐文補遺》第八輯,第 212～213 頁。

⑤ 《唐故寶應功臣開府儀同三司試太常卿上柱國隴西郡開國公兼射生使李府君(暐)墓誌銘》。見周紹良、趙超主編:《唐代墓誌彙編續集》,第 733～734 頁。

記載傳主："到任未幾，爲疾疹所侵。嗚呼！醫藥無徵，元良斯逝……以天復三年十二月十三日，有事于河南里之官舍。"[①]《吕渭墓誌》也説他卒於湖南觀察使任："公夙尚清静，久懷止足，累表辭官，艤舟待命。不圖遘痁疾，以十六年七月一日薨於鎮。享年六十有六。"[②]與他們相比，那些患病以後，能够退隱林泉，頤攝私第，在家人的陪伴下走完生命最後一程的人則顯得極其幸運。

三、醫療過程凸顯出的人性關懷

除了記載傳主患病原因以外，許多墓誌銘還詳細記録了傳主及其家屬求醫和侍疾的經過，有的甚至不遠千里聘請名醫或移家就醫，醫藥無效則求之釋道乃至巫蠱。爲了治療傳主的疾病，家屬們可謂想盡一切辦法，恰如《唐故河間劉府君(仲)墓銘》中所言："公年六十，忽染沉瘥，枕席之間，纏綿日月，尋醫問卜，禱廟祈祠，無所不爲。"[③]王建的《病中早春》也將家人爲救治患者所付出的各種努力和盤托出："日日春風階下起，不吹光彩上寒株。師教絳服禳衰月，妻許青衣侍病夫。健羨人家多力子，祈求道士有神符。世間方法從誰問，卧處還看藥草圖。"[④]救治過程中湧現出的感人場景，對於凸顯傳主與家屬的親密關係頗有幫助。

魏晋時期，醫療水準較低，人們極易感染疾病，某些疾病還有較强的傳染性，故而常出現"若一人有疾，即闔家避之，父子夫妻不相看

---

① 吴鋼主編：《全唐文補遺》第八輯，第 234 頁。

② 周紹良、趙超主編：《唐代墓誌彙編續集》，第 778 頁。

③ 周紹良、趙超主編：《唐代墓誌彙編續集》，第 1150 頁。值得注意的是唐代的全部醫療手段幾乎都出現在了劉仲的求醫過程之中，其先後次序也符合唐人療疾的基本觀念：先求諸醫藥，醫治無效再轉求釋道或者巫祝。

④ 王建著，王宗堂校注：《王建詩集校注》卷八，鄭州：中州古籍出版社，2006 年版，第 421～422 頁。

養,孝義道絶,由是病者多死"[1]的情況。《晋書・孝友傳》記載:"咸寧中,大疫,(庾衮)二兄俱亡,次兄毗復殆,癘氣方熾。"不僅"父母諸弟皆出次於外",還强迫本想留下來照料其兄的庾衮離開。[2] 唐代則呈現另外一種狀態,不僅正史中較少出現家人對患者棄養不顧的現象,新出墓誌銘中還極力渲染親屬間的密切關係,主要體現在以下幾個方面。

首先是求醫問藥。就新出石刻中反映的情況看來,傳主往往罹患重病,本人很難親自去求醫,所以求醫問藥工作主要是由家屬完成的。不僅要花費重金和付出辛勞,有時爲了求得醫生出診,家屬們還要做出各種努力甚至自降身份。《唐故清河張氏夫人墓誌銘》中記載張氏:"洎乾符四年二月寢疾,飲食失節,動静多艱。公憂軫刃心,徵諸良藥。而又廣祈方士,朗設佛像,焚燎香火,不缺晝夜。飯僧薦神,而不有應。"[3]《唐故徵事郎前守同州澄城縣尉衛府君(景弘)墓誌銘》亦云:"明年再來,君已抱疾。逾月醫效,厥狀又遷。若風中心,痛毒難語。相顧流泫,啓之莫知。醫師集門,見而潛退。告之仙釋,又無亟功。"[4]醫師集門、廣祈方士、告之仙釋、飯僧薦神等活動自然花費巨大,親朋間的憂軫刃心、相顧流泫更是反映出傳主的疾病給他們造成的精神壓力和他們對患者的關愛與悲憫之情。

唐代詩人杜牧對此應該有非常深切的體會。他的弟弟杜顗患有先天性白内障,杜牧在《唐故淮南支使試大理評事兼監察御史杜君(顗)墓誌銘》中説:"君幼孤多疾,目視昏近。"而"開成二年春,目益昏,冬遂喪明"[5],杜牧從此走上了爲其尋醫問診之路。不僅不遠千里"以重幣卑詞"先後從馮翊聘請眼醫石公集、周師達等人到淮南、蘄州

---

① 魏徵、令狐德棻:《隋書》卷七三《辛公義傳》,第 1682 頁。
② 房玄齡等:《晋書》卷八八《孝友傳》,北京:中華書局,1974 年版,第 2280 頁。
③ 周紹良、趙超主編:《唐代墓誌彙編續集》,第 1124 頁。
④ 吴鋼主編:《全唐文補遺》第八輯,第 191 頁。
⑤ 杜牧:《樊川文集》卷九,第 138～139 頁。

等地爲杜顗施針診治。等到救治無效、杜牧赴京任職之前還跟杜顗説："此行也必祈大郡東來,謀汝醫藥衣食,庶幾如志。"[①]爾後他在《上宰相求湖州第一啓》《第二啓》《第三啓》《上宰相求杭州啓》中再三提到杜顗"喪明廢棄""目無所睹""不幸得痼疾,坐廢十三年"等等。杜牧之所以頻求上州,希望外放湖州、杭州等地,其中一個很重要的原因就是爲其弟杜顗治療眼疾,正所謂"得一郡以飽其衣食,盡其醫藥"。諸啓之中所用之言辭和語氣雖近乎卑,但透過其文辭,特别是"某今生可以見顗,而顗不能復見某矣,此天也,無可奈何","念病弟望某東來之心,察某欲見病弟之志"等語句所反映出兄弟之間的手足情深,也足以令讀者動容。杜牧年未五十而"髮已半白,顏面衰改","耳聾牙落"而"意氣錯寞",爲杜顗的眼疾過度操勞亦當是其中的重要因素之一。

其次是親自侍疾。對於罹患重疾的病人來説,一旦求得良方,或經初步救治之後,通常需要經過較長時間的調養方能康復。在此期間,家屬們要承擔照料他們飲食起居的任務。特别是那些不良於行的病人,家屬所要付出的努力更爲巨大。唐代墓誌銘中多有傳主家屬,特别是子女、妻子親自侍疾乃至試藥的記録。

韋濟在爲其妻子劉茂所撰的墓誌銘中説:"夫人母太原王氏,中年嬰疾,早歲嫠居,夫人痛提嬰之無能,感曾參之闕養,衣不解帶,藥必親嘗,葷血誓心,飲食乖節,累足惕息,綿歷寒暑,結憂生疾,積疹傷年。"[②]劉茂精心侍奉其母,甚至到了"衣不解帶,藥必親嘗"的程度,最終導致自己飲食失節、結憂生疾而英年早逝。"夙遭閔凶,鮮終兄弟"固然是劉茂獨立照料其母的直接原因,但墓誌銘所要著重表現的是劉茂爲侍奉其母而承受的艱辛。再如《唐故宣德郎行内侍省内府局丞□□楊府君(居實)墓銘》也詳細記載了傳主二子的侍疾經歷:"自

① 杜牧:《樊川文集》卷九,第246頁。

② 周紹良、趙超主編:《唐代墓誌彙編續集》,第551頁。

府君抱疾已來,令嗣昆仲,衣未嘗解,寢未嘗安。祈福求醫,無所不至。”[①]因此,唐代的墓誌銘中常用“人子之義,俱見於斯”等語句來概括子女的侍疾行爲。

妻子侍奉丈夫的實例,以韓愈所撰《唐故贈絳州刺史馬府君(彙)行狀》較爲典型,行狀中云:“夫人滎陽鄭氏,王屋縣令況之女,有賢行。侍君疾,逾年不下堂;食菜飲水,藥物必自擇,將進輒先嘗;方書《本草》,恒置左右。”[②]鄭氏不僅爲馬彙擇藥、嘗藥,連食菜、飲水也要親自驗看。爲了侍奉丈夫的飲食起居甚至“逾年不下堂”,且將方書、《本草》等基本醫典常置身邊,以便隨時查考。鄭氏爲了照顧其丈夫,可謂細緻入微,備盡婦道。新出土唐代墓誌銘中還有闔族照料患者的記録,如《唐守魏王府長史段璲亡室嚴氏玄堂銘》中記載:“(長史)離家日,夫人抱微恙。微恙中,長史親季□室内卧蓐蒼卒,夫人娣姒情切,尚爲扶持,主辦喪禮。告畢,夫人疾勢日增。長史公孝友仁愛,推服中外。姊妹弟姪,同心一家,求醫問藥,至於禱祀,俾夜作盡,知無不爲。及長史公迴,一日,夫人猶能力爲行坐,話説家事。更信宿,漸覺委頓。直至微息,語猶分明,更無亂昏,奄然長逝。長史遠歸,得旦夕侍疾。夫人可謂忍死相待矣。以其年正月廿六日,啓手足於萬年縣招國坊之私第。”[③]姊妹弟侄之所以齊心協力,共同照顧生病的嚴氏,固然是出於對段璲孝友仁愛的回報,但嚴氏曾抱病主持段璲兄弟的喪禮,此舉也赢得了段氏族人的尊敬,成爲他們“俾夜作盡,知無不爲”的動因之一。

杜牧熟諳《本草》,王建曾於卧病之時觀看藥草圖,馬彙之妻鄭氏則將方書、《本草》恒置左右,更是反映出患者本人及其家屬爲了療疾所做的深層努力。不僅如此,很多士人甚至自學醫道,如李逢吉、劉

① 周紹良、趙超主編:《唐代墓誌彙編續集》,第1040頁。
② 韓愈著,馬其昶校注:《韓昌黎文集校注》卷八,第592頁。
③ 周紹良、趙超主編:《唐代墓誌彙編續集》,第1053頁。

禹錫等。劉禹錫因年少多病，故而發奮學習醫術，垂三十年，并有《傳信方》留存。其醫術則達到“其術足以自衛。或行乎門内，疾輒良已。家之嬰兒未嘗詣醫門求治者”[①]的程度。

由上述分析可以看出，家人爲治療患者的疾病付出了多種努力，并可能舉辦一系列醫事活動。雖然罹患不治之症的傳主們最終無法逃脱命運的安排，但家人的努力，不僅會使他們在生命的最後時刻感受到來自親人的温暖，這些活動通常也有一定效果。即以劉仲而言，他并没像其他人那樣，一旦遘疾，即奄終天命，而最終享壽六十有三。段璲家族的努力也使嚴氏終於支撑到丈夫的遠足歸來，段璲亦能够親自陪她走完生命的最後一程。嚴氏的個案不僅體現了唐代社會同一家族内的互相扶持，其忍死相待的毅力、段璲旦夕侍疾的情義也將他們的伉儷情深展露無遺。

四、結　語

新出土的唐代墓誌銘對傳主的得病緣由和治療經過多有記載，這些記載爲我們考察疾病對傳主生命歷程造成的影響，提供了不可多得的原始材料。從唐代墓誌銘中所反映的現象來看，疾病對傳主生命歷程造成的影響是巨大的，不僅有人因之挂冠歸隱、移疾分司，從而造成仕歷上的遷轉，更多的人則因爲疾病直接喪亡，他們的人生就此終結。長期罹患疾病的人們雖然最終無法擺脱命運的安排，但家人爲挽救患者而進行的各種醫事活動，對於延長他們的人生歷程還是有一定幫助的。治療過程中所體現出親人之間的相互慰藉與關懷，對於凸顯患者及其家屬的形象和研究他們的傳記都有一定的借鑒意義。

---

① 劉禹錫：《答道州薛郎中論方書書》。見劉禹錫著，瞿蜕園箋證：《劉禹錫集箋證》卷一〇，第271頁。

第六章　喪葬觀念與唐人最後的囑託

隨著生命歷程漸趨終結，身後事宜的安排日益成爲唐人關注的焦點。唐代墓誌銘中對話的運用和傳主言行記載的增多，將唐人在臨終之際對身後事宜的安排作了全面展示，成爲研究唐人傳記不可多得的新材料。

由已出土的墓誌銘可以看出，唐人對身後事宜的安排主要是通過臨終前的遺言或遺令體現出來的。遺令産生的時間很早，現存先秦典籍中已有記載，川合康三認爲："瀕死者留給尚存者的話，即所謂遺言，先秦已有之。《左傳》等書中雖然只是片斷，但也時可寓目……因爲它們都是即將辭世者向生者的囑咐，不外乎葬禮的方式、死後的處置一類的話，是實用色彩濃厚、屬於現世的語言……説到底，它還是自己一息尚存時對身後事的展望。"[①]現代意義上的遺囑，也有許多内容是由以前的遺令發展而來的，可見身後事宜的安排是古往今來人們普遍關注的話題。但仔細閲讀傳世文獻中保存的遺令即可發

---

① ［日］川合康三著，蔡毅譯：《中國的自傳文學》，第118頁。關於遺言，可參［日］西脇常記：《古代中国の遺言——その形式面よりの的概観》，見氏著《唐代の思想と文化》，東京都：創文社，2000年版，第283～328頁。

現，其中絶大多數均爲遺令薄葬①，其他方面的内容保留得較少。即使是遺令薄葬者，有相當一部分文字已經過作者的概括或删減，在某種程度上偏離了古人遺令的真實面貌。新出土墓誌銘中所存的遺令不僅更接近唐代原貌，也更能體現出唐人遺令的多樣性。需要説明的是，遺令的出現與唐人對死亡的認識和當時的喪葬觀念密不可分，故而本章也將依據新出土的墓誌銘，對唐代社會普遍流行的喪葬觀念進行必要的探討。

唐人對喪葬事宜極爲重視，《唐故朝散大夫成都府犀浦縣令河東裴府君(友讓)墓誌銘》記載傳主只有四個女兒而終無一男，親戚多以"緒絶嗣泯"爲慮，其女兒則更多關心當下的喪葬問題："嘗謂人曰：某以不天，早無恃怙，且絶兄弟，喪事誰終？"并發願説："顧我眇身，生死克志。"②最終"緣流涉淵，登嶺越險"，歷盡艱辛，使其父之靈柩得以歸葬洛陽。新出墓誌銘中之所以多有這方面的記載，究其原由，也正是出於唐人對喪葬的重視。從新出土的墓誌銘來看，傳主臨終前較爲關心的問題，既有傳世文獻中留存最多的遺令薄葬，也有許多傳世文獻中較少甚至未曾提及的話題，如喪葬的安排、誌文的撰寫、子孫的訓誡等等。

一、遺令薄葬

提到唐代的喪葬習俗，人們首先想到的是厚葬之風的盛行。雖

① 自兩漢特别是東漢以來，許多官員士人都在遺令中要求薄葬，如《後漢書·崔駰列傳》記載其子崔瑗："臨終顧命子寔曰：'夫人稟天地之氣以生，及其終也，歸精於天，還骨於地。何地不可臧形骸，勿歸鄉里。其賵贈之物，羊豕之奠，一不得受。'寔奉遺令，遂留葬洛陽。"(范曄：《後漢書》卷五二，第1724頁。)姚崇也在遺令中説："昔楊震、趙咨、盧植、張奂，皆當代英達，通識今古，咸有遺言，屬以薄葬，或濯衣時服，或單帛幅巾，知真魂去身，貴於速朽。"他本人亦反復叮囑其子孫要求薄葬。

② 吴鋼主編：《全唐文補遺》第八輯，第82頁。

然唐政府高層有遺令薄葬的先例[①],唐王朝也曾多次下令禁止厚葬[②],但收效甚微,厚葬風氣愈演愈烈,甚至李唐宗室也未能免俗。據《杜陽雜編》記載,懿宗同昌公主的葬禮極盡奢華之能事:"及庭祭日,百司與内官皆用金玉飾車輿服玩以焚於韋氏之門,出内庫金玉、駞馬、鳳凰、麒麟,各高數尺,以爲威儀。其衣服玩具,悉與生人無異。一物已上,皆至一百二十舁,刻木爲樓、閣、宫、殿、龍鳳、花木、人、畜之象者,不可勝計。以絳羅多繡絡金銀瑟瑟爲帳幕者,亦各千隊。結爲幢節傘蓋,彌街翳日。旌旗珂佩,兵士鹵薄,率多加等。以賜紫尼及女道士爲侍從引翼,焚升霄降靈之香,擊歸天紫金之磬。繁華輝焕,殆二十餘里。上賜酒一百斛,餅餤三十駱駞,各徑闊二尺,飼役夫也。"[③]上行下效,此種習氣自然爲普通民眾所效仿,"厚葬之風愈來愈成爲一種民眾共同追求的時尚"。厚葬風氣之所以屢禁不止,除了唐代國力强盛、"海内殷贍"及部分官員與富豪"借助官勢及資財,使葬禮亦愈來愈成爲一種炫耀和展示,甚至本來埋於地下的明器等隨葬

① 如唐太宗長孫皇后臨終時云:"妾生既無益於時,今死不可厚費。且葬者藏也,欲人之不見。自古聖賢皆崇儉薄,惟無道之世,大起山陵,勞費天下,爲有識者笑。但請因山而葬,不須起墳,無用棺槨,所須器服,皆以木瓦,儉薄送終,則是不忘妾也。"(劉昫等:《舊唐書》卷五一,第1964頁。)

② 如貞觀年間厚葬成風:"勳戚之家多流遁於習俗,閭閻之内或侈靡而傷風,以厚葬爲奉終,以高墳爲行孝,遂使衣衾棺槨,極雕刻之華,靈輀明器,窮金玉之飾。"甚至到達了"富者越法度以相高,貧者破資産而不逮"的程度,故而唐太宗於十一年曾下詔:"其王公已下,爰及黎庶,自今已下送終之具有不依令式者,仰州府縣官明加檢察,隨狀科罪。在京五品已上及勳戚之家,乃録奏聞。"(吴兢撰,謝保成集校:《貞觀政要集校》,北京:中華書局,2009年版,第452~453頁。)其後,唐高宗又因連年饑儉,對雍州長史李義琛等人説:"庶人之徒,商賈雜類,竞爲厚葬,違越禮度,雍州列郡之首,四方取則,卿爲嚴禁,勿復使然也。"(李昉等:《太平御覽》,卷五五五,第2511頁。)然而厚葬的風氣依然屢禁不止,故而唐玄宗鑒於"近代以來,共行奢靡,遞相仿效,浸成風俗,既竭家産,多至凋弊"等現象,又於開元二年下令禁止厚葬:"宜令所司據品令高下,明爲節制:冥器等物,仍定色數及長短大小;園宅下帳,並宜禁絶;墳墓塋域,務遵簡儉;凡諸送終之具,並不得以金銀爲飾。如有違者,先決杖一百。州縣長官不能舉察。並貶授遠官。"(劉昫等:《舊唐書》卷八,第182頁。)

③ 蘇鶚:《杜陽雜編》卷下,《叢書集成初編》本,北京:中華書局,1985年版,第27頁。

品，也要擡舁招摇過市，並因路祭而顯示排場"[①]以外，秦漢以來即開始出現的"厚葬以明孝"傳統，也是重要原因之一。唐代有一位既無兄弟又無子嗣的縣尉盧文舉，死後實行野葬。後來，關係較爲疎遠的侄子盧弘宣發達以後，曾爲其舉行葬禮，崔眈在《唐故汝州龍興縣尉盧君（文舉）墓銘》中云："尚書盧公曰：官既高、禄既多者，雖落籍疎宗，仁亦及之，况吾緦之叔乎？遂命使賫金直數萬，越關山三千里，至則紉衣衾，作楄柎，闢泉扃，樌墓樹。"[②]新出土《唐故北海蔣處士（建）隴西李夫人墓記》亦云："嗣子號天而謂妹曰：昊天之重，罔極難報。不若竭力厚葬，以答陟岵陟屺之恩。"[③]甚至有傾盡家財，爲先人營葬者。

正因爲厚葬成爲一種時尚，薄葬反而變成小眾行爲，因此部分希望實行薄葬者在臨終之際需要向其後人作特别叮囑，如《大唐劉處士夫人安定梁氏墓銘》云："逮嬰綿瘵，自知□□□之日，命諸子弟而誡之曰：吾疾甚矣，必將終乎？夫生滅人之常□□□年過知命，不爲夭枉，汝勿深恨。吾殁之後，務從儉薄，以素棺時□□□古來厚葬，無益死生，汝宜慎之。夫人言訖而殁。"[④]《大唐故朝議郎京兆府功曹上柱□韋君（希損）墓誌銘》載韋希損："誡次子璞玉曰：昔有虞氏瓦棺，夏后氏堲周，逮德下衰，以寶玉崇窆，浮侈蒿目，我不忍爲也。不諱之日，爾其誌之。"[⑤]《唐故遂州刺史侍御史錢府君夫人万俟氏墓誌銘》亦云："夫人遘疾之初而誡子曰：吾殁已後，可殮以時服，棺以凡材。然珠玉而瘗之，是暴骸於中原也。"[⑥]作爲與主流相背的喪葬觀念，薄葬還是得到了部分士人，特别是遺令薄葬者家屬的認可。出於孝道方

---

① 吴麗娱：《終極之典——中古喪葬制度研究》，北京：中華書局，2013年版，第479頁。
② 吴鋼主編：《全唐文補遺・千唐誌齋新藏專輯》，第372頁。
③ 吴鋼主編：《全唐文補遺・千唐誌齋新藏專輯》，第391頁。
④ 周紹良主編：《唐代墓誌彙編》，第2272頁。
⑤ 周紹良主編：《唐代墓誌彙編》，第1219頁。
⑥ 吴鋼主編：《全唐文補遺》第八輯，第96頁。

面的考慮,上述傳主的子孫皆“追思遺誡”“祇遵先訓……櫬中唯貯紙筆古集六卷,設熬置銘”“嗣子執素,祇奉遺訓,不敢越諸”。這些遺令和家屬的實踐透露出唐人認爲厚葬純粹是“無益死生”的浪費行爲,“暴骸於中原”更是道出了厚葬可能引發盗墓行爲[①]。由新出土的唐代墓誌銘來看,另外一些主張薄葬者還與他們超脱的生死觀念有關。如《唐故東海徐氏(玉堂)墓誌銘》中説:“自遘疾之初,及彌留之際,嘗輟呻吟而念道。每謂其嗣曰:吾生四十八年,亦不爲過夭矣。殁侍泉下,我之夙志矣。人誰無往,此往豈復恨耶?言竟奄然。”[②]《大唐太子典設郎鄭公故夫人崔氏墓誌銘》記載崔氏疾亟,謂其夫曰:“死生天地之理,物之自然,奚可甚哀。多藏厚亡,聖師所誡……言未及終,溘然薪盡。”[③]她們均能平静地看待死亡,將生死看成類似於晝夜輪迴的恒理[④],并因此堅持薄葬甚至願意“速朽”,以便儘早回歸自然、返璞歸真。[⑤] 更有甚者,會認爲厚葬所用的華麗服飾、厚重的棺槨阻礙了其“速朽”的進程[⑥],而主張斂以時服、裹以素棺。[⑦]

---

① 姚崇即認爲自古以來“厚葬之家,至令亡者致戮屍暴骸之酷,存者陷不忠不孝之誚”。關於厚葬的鋪張浪費和由此引發的盗墓行爲,前人論述已詳,不贅。

② 周紹良主編:《唐代墓誌彙編》,第 2443 頁。

③ 周紹良、趙超主編:《唐代墓誌彙編續集》,第 663 頁。

④ 《大唐故處士賈君(德茂)墓誌銘》載德茂:“顯慶三年十二月九日,負杖興歎,自識云亡,乃誡其子曰:生者氣聚,死者氣散,聚散之間,天道常理。吾瞑目之後,稱家還葬,不用送死妨生,以取□□。”(周紹良主編:《唐代墓誌彙編》,第 331 頁。)更是秉承了莊子的看法,將生死當作是“氣”的聚散,具有樸素唯物主義思想。

⑤ 如《大唐寧遠將軍守右司禦率府率尊考陳君(智成)墓誌銘》載傳主臨終前:“顧謂諸子曰:吾不起矣。無厚葬,無危身。如是,則吾復真矣,爾存後焉。”(周紹良、趙超主編:《唐代墓誌彙編續集》,第 512 頁。)

⑥ 如《大周故正議大夫使持節許州諸軍事許州刺史武康縣開國男吴興沈府君(伯儀)墓誌銘》載傳主:“大漸之夕,顧命諸子曰:生將極矣,死其休矣。石槨三年,不如速朽;地席百日,如在安寄。芻靈之設,無異束茅;縩祥之儀,用終大練。念汝後事,無違先旨。”(吴鋼主編:《全唐文補遺・千唐誌齋新藏專輯》,第 87 頁。)

⑦ 如《大周故文林郎楊府君(訓)墓誌銘》載楊訓:“臨没誡子,令其儉葬。座唯瓦器,斂以時服,素棺黄壤,歸其速朽。”(周紹良主編:《唐代墓誌彙編》,第 830 頁。)

二、拒絶合葬

唐人相信夫妻合葬是中古[①]以來普遍流行且合乎禮制的現象，常在墓誌銘中有所反映，主要的表達方式有“合葬非古，取周公制焉，禮也”[②]、“合葬非古，行自周年，遵禮而循，流之唐日”[③]、“合葬非古，姬旦所存”[④]、“合葬非古，周公有之”[⑤]、“合葬非古，周公所從也”[⑥]、“合葬非古，肇乎姬旦，積習生常，因爲故實”[⑦]、“合葬非古，起自三王之前；死即同穴，還歸六義之始”[⑧]、“合葬非古，既見三王之前；死則同穴，實光六義之始”[⑨]等多種。因此，多數人均表示會遵從這種禮制：“雖合葬非古，而吾從於周”[⑩]、“願遵非古，奉安措於邙山之陽，礼也”[⑪]。

正是由於社會上普遍流行夫妻合葬觀念，故而出於特殊原因，身後不求合葬者才會在遺令中特爲申明。主要可分爲以下兩種情況：一是由宗教信仰所致。在佛教空前興盛的唐代，很多婦女守寡以後轉奉佛教，死後亦多遵從佛教的戒律和儀式入葬，如《唐故刑州任縣主簿王君夫人宋氏(尼子)之墓誌銘》：“臨終之際，謂諸子曰：吾心依

---

① 按：唐人所説的中古與今人不同，大約是指夏商周三代。另據考古資料發現，在距今六千年左右的母系氏族時代，男女是分别安葬的。而距今五千年左右的良渚文化時代，男女合葬的現象已開始出現。其後又經歷了數百年的演變，至周代才最終確定下來。

② 周紹良、趙超主編：《唐代墓誌彙編續集》，第 630 頁。

③ 周紹良主編：《唐代墓誌彙編》，第 506 頁。

④ 周紹良主編：《唐代墓誌彙編》，第 817 頁。

⑤ 周紹良主編：《唐代墓誌彙編》，第 962 頁。

⑥ 周紹良主編：《唐代墓誌彙編》，第 2015～2016 頁。

⑦ 周紹良主編：《唐代墓誌彙編》，第 966 頁。

⑧ 周紹良主編：《唐代墓誌彙編》，第 245 頁。

⑨ 周紹良主編：《唐代墓誌彙編》，第 1318 頁。

⑩ 周紹良主編：《唐代墓誌彙編》，第 1413 頁。

⑪ 吴鋼主編：《全唐文補遺・千唐誌齋新藏專輯》，第 38 頁。

釋教，情遠俗塵，雖匪出家，恒希入道。汝爲孝子，思吾理言。昔帝女賢妃，尚不從於蒼野；王孫達士，猶靡隔於黄墟。歸骸反真，合葬非古，與道而化，同穴何爲？棺周於身，衣足以斂，不奪其志，死亦無憂。"[①]傳主宋尼子不僅以信奉佛教爲由拒絶與亡夫合葬，且舉出古代聖賢，特别是舜帝不與二妃合葬的事例，爲自己的遺令尋求更大的支持。她最終得以"葬於洛陽之北邙，去夫塋五十步"，生前的志願得到了滿足。再如《唐故亳州真源縣令李君夫人（雲氏）墓誌銘》記載："初，夫人之將終也，命其子珦曰：吾聞合祔非古，不可從也。吾早履空門，懷歸净土，身殁之後，俯精舍以塔吾。使旦暮得聞鍾梵之音，死有歸矣。"雲氏也以信仰佛教爲由，不僅要求與其夫分葬，還希望按照佛教的習俗歸葬——亡後起塔，以便朝夕得聞梵音。李珦等亦"恭承遺命，不敢顛越。乃建塔於龍門之原……遵遺制也"。[②] 這種分葬的要求常在傳主臨終之際通過遺令得以申明，正體現了宗教信仰在傳主身後事宜安排過程中所起的重要作用。

二是出於對逝者的尊重。由於普遍相信冥界的存在，唐人對於神明往往懷有崇敬之意，墓誌銘中常有不應驚動鬼神的遺誡出現。如《唐故試右内率府長史軍器使推官天水郡趙府君墓誌銘》云："夫人辛氏，貞元十二年而殁，先公謝世五年矣。公嘗曰：合葬非古也，況年代深遠，鬼神好静，不須開發。今别塋焉，遵遺命也。"[③]《故彭城劉府君（談經）博陵崔夫人（達）墓誌銘》亦云："夫人……常謂蒙曰：神理好静，合葬非古道也。故不克啓祔。今次於評事府君塋之北，特建壽

① 周紹良主編：《唐代墓誌彙編》，第 840 頁。

② 吴鋼主編：《全唐文補遺・千唐誌齋新藏專輯》，第 260 頁。新出石刻中還有很多關於唐代婦女因信仰佛教而不與丈夫合葬的記載，詳參嚴耀中：《墓誌祭文中的唐代婦女佛教信仰》。鄧小南主編：《唐宋女性與社會》，上海：上海辭書出版社，2003 年版，第 467～492 頁。

③ 周紹良、趙超主編：《唐代墓誌彙編續集》，第 963 頁。

宫,邐迤相直。禮曰:衛人之祔也,離之幾是乎。”①二人均出於對鬼神的敬畏表示不應驚動亡者魂靈,從而採用别塋或者“衛人之祔”②的喪葬模式。另外還有人由此生發出若魂靈有知,自會於泉下相認,達到“精魂靡隔”的境界。如《大唐故杭州司士參軍趙府君(越賓)故夫人張氏(柔範)墓誌銘》載張氏:“臨終誡曰:若逝者有知,雖異穴而奚妨;如逝者無知,縱合防而豈益!我歿之後,勿祔先塋。”③韋承慶繼母王婉亦認爲:“生者必死,人之大端。葬之言藏,禮有恒制。魂而有識,何往不通?知或無知,合之何益?况合葬非古,前聖格言。”并因韋承慶生母崔氏亦創别墳,未與其夫合葬,而告誡韋承慶等:“若餘生就畢,啓手歸全,但於舊塋因地之便,别開幽室,以瘞殘骸。親屬子孫勿違吾意。”④既表現出了願遵從三代以前夫妻分葬的入葬方式,也傳達出了對死亡的看法和對亡者的尊重。《大唐故鎮軍大將軍行右驍衛大將軍上柱國岳陽郡開國公范公墓誌銘》更是反映了傳主以逝者爲尊,并以此拒絶合葬的喪葬觀念:“公之嫡室河東郡夫人裴氏……先公而歿,宅兆寧有歲年矣。公嘗誡諸子曰:合葬非古,厚葬不仁,先往者無擾其安,後亡者勿崇其侈,無違吾志,乃爲孝也。”⑤

① 吴鋼主編:《全唐文補遺·千唐誌齋新藏專輯》,第361頁。

② 所謂“衛人之祔”,語出《禮記·檀弓下》,孔子曰:“衛人之祔也,離之;魯人之祔也,合之,善夫。”《大唐故鄭州刺史源公(光俗)故夫人鄭氏誌銘》亦云夫妻二人:“同窆一塋,爲庚壬兩穴,斯亦衛人之祔焉。”(周紹良主編:《唐代墓誌彙編》,第1397頁。)陳弱水據此認定“衛人之祔”乃同墳異穴的代稱,不確。(氏著:《隱蔽的光景——唐代的婦女文化與家庭生活》,桂林:廣西師範大學出版社,2009年版,第240頁。)首先《禮記》中只是説明衛人之祔乃是夫妻分葬,而未言明分葬形式;《崔達墓誌銘》則云其“不克啓祔”,於其夫墳塋之北另立新墳,而兩墳“邐迤相直”,可見“衛人之祔”亦可指稱夫妻異墳異穴的埋葬形式。

③ 周紹良主編:《唐代墓誌彙編》,第1347頁。

④ 周紹良、趙超主編:《唐代墓誌彙編續集》,第350頁。

⑤ 周紹良、趙超主編:《唐代墓誌彙編續集》,第574～575頁。

三、歸祔祖塋

與崔瑗“何地不可臧形骸,勿歸鄉里”的曠達不同,唐人狐死首丘、歸祔祖塋的觀念極爲强烈。[①] 絶大多數亡於外地者,都有遺言要歸葬鄉里,如《唐故朝議郎試大理評事牛府君(浦)墓誌》載:“府君臨歿顧命,謂其子曰:吾平生好儉,後莫求豐。但送吾歸鄉,稱家爲禮。”[②]另一位士人李粲因安史之亂長期滯留南方,平時即常懷思鄉之意,墓誌銘中記載其:“每登高北嚮,極目鄉思。曰:悠哉悠哉,曷月余旋歸哉?”臨終時亦因不能歸葬故鄉而耿耿於懷,以橐中裝數百金對其長姬言道:“謹守此,洛陽無事,葬我於先人之塋,一棺之外,盡以與汝。”[③]牛浦的臨終顧命之言僅限於送其歸鄉,李粲寧肯爲歸祔祖塋而花費重金,均可看出歸葬鄉里在他們心目中的重要性。

由於道路阻隔,轉運不便,歸葬故鄉的路上可謂困難重重,需要耗費大量財力。財力不足者或“惡衣菲食,用積資費”[④],或“減常膳,節浣衣,俾營窀穸”[⑤],有的甚至需要經過幾代人的努力方能實現。[⑥]歸葬的路程中也充滿了艱難險阻,前揭《裴友讓墓誌銘》即對歸葬之難有具體描述:“西蜀東周相去萬里,中有連山疊嶂,重江峻湍,舟車

① 與夫妻合葬的觀念一致,歸祔祖塋的觀念也是上承周代而來。《禮記・檀弓》載:“大公封於營丘,比及五世,皆反葬於周。君子曰:樂,樂其所自生,禮不忘其本。古之人有言曰:狐死正丘首。仁也。”由新出土的材料來看,歸葬風氣幾乎是覆蓋了整個唐代社會的,即使死者生前没有遺令要求歸葬,多數子孫也會將其靈櫬歸祔祖塋。

② 吴鋼主編:《全唐文補遺》第八輯,第170頁。

③ 《唐故通議大夫守濮州刺史上柱國元氏縣開國男賜金魚袋李府君(粲)墓誌銘》。見吴鋼主編:《全唐文補遺》第八輯,第76頁。

④ 吴鋼主編:《全唐文補遺・千唐誌齋新藏專輯》,第326頁。

⑤ 周紹良主編:《唐代墓誌彙編》,第1915頁。

⑥ 如《唐故泗州司倉參軍諸道鹽鐵轉運等使巡覆官劉府君(茂貞)墓誌》中即對其爲了將祖、父兩代人合祔歸葬而做的努力有詳細記載。見周紹良主編:《唐代墓誌彙編》,第2118頁。

纔通，來往罕達。將欲啓柩歸祔，寧神故塋，謂無階也。”[①]一些户絶或兒子尚未成人之家，歸祔的遺令往往要靠女性來執行。裴友讓之女最終在衆人的幫襯下，歷盡險阻方將其父之靈柩運抵洛陽。[②] 若無親友支持，單憑女性一己之力，要想將家人歸葬，則是難上加難。據韋塤妻温瑗墓誌銘記載，韋塤生前常因父母尚未遷祔而憂心，而他本人又不幸終於明州刺史任上，温瑗爲了完成他的遺願而“自明州提孤護柩。號叫而歸。至蘇常閒，念亡夫遷奉之一言。大江之中，横波拄天。孑然一身，更無近親。截流忘生，下道累日。啓中丞之先世三棺并歸”。[③] 其“幾欲幾死”的艱辛更是令“行路之人，聞者悲歎”。寡妻稚子，萬里扶櫬將舅姑和亡夫的靈柩歸葬故鄉之難，可見一斑。

雖然歸祔的難度極大，但唐人依舊將歸葬看得極其重要，甚至將家人的歸葬當成最後的心願，在遺令中交代。郭儀臨終前對其弟妹未能歸祔祖塋而感到遺憾：“有弟之喪，寄在燕趙；有妹之墓，旅于江湖。時日未良，不及啓□，是其遺恨。”[④]另據《崔備墓誌銘》，崔備罹患重病，自度難以痊癒：“乃呼姪權中，命子景裕曰：祖妣未祔于舊塋，先人旅殯于江左。我志未就，今則殁也，當銜痛于九泉。吾平生親愛：相國裴公、給事張君，汝陳吾抱恨之懷，託未祔之禮，誠有望於不遺矣。言訖而終。”[⑤]將先人歸祔舊塋的願望最終也未能實現，崔備可謂含恨而終。他只能在臨終前再次囑託其子，希望他能實現自己的夙願。在部分人看來，家人一旦得以歸葬，其人生的使命似乎也將結束，歸葬

① 吴鋼主編：《全唐文補遺》第八輯，第 82 頁。

② 墓誌中將轉運的過程和親友的幫助記作：“緣流涉淵，登嶺越險。丹旐前舉，神輿不值。親識争賵，行路以賻。”見吴鋼主編：《全唐文補遺》第八輯，第 82 頁。

③ 吴鋼主編：《全唐文補遺》第八輯，第 173 頁。

④ 《唐前衛尉卿賜紫金魚袋張公（滂）夫人太原郡君郭氏（儀）墓誌銘》。見周紹良主編：《唐代墓誌彙編》，第 1902 頁。

⑤ 《唐故諫議大夫清河崔府君（備）墓誌銘》。見吴鋼主編：《全唐文補遺・千唐誌齋新藏專輯》，第 324～325 頁。

在其心目中的重要性可以想見,如《大唐故游擊將軍横海軍副使(李全禮)鄭夫人(慈柔)滎陽縣君墓誌銘》云:“夫人以天寶九載十一月廿四日,遷府君於偃師縣首陽之原,一子從父營也。前誌諸所備修,此故略言。夫人曰:我生事畢矣……俄而遘疾彌留……”[①]王修本寧可費掉一生的積蓄謀求歸葬,據其夫人的墓誌銘記載,王修本“屬纊猶能言,顧謂夫人曰:鬻其第,將我歸於洛師,啓遷我祖父伯仲女兄女弟凡七穴。夫人曰:未亡之人,何生生爲?”韋氏最終因“一如王府君之顧命”,爲王修本籌劃歸葬之事而陷於“夫之族無家可歸”[②]的境地。

四、指定墓誌銘作者

中國古代的墓誌銘具有獨特的紀實和頌美功用,唐人也十分注意墓誌的埋設和墓誌銘的撰寫。墓誌銘的作者既要熟悉傳主一生的行跡,又要適當傳達家屬的頌美之意,要找到恰當的人選,通常是頗費周折的。因此,唐代親屬撰文[③]乃至出於自撰的墓誌銘日漸增多,

① 吴鋼主編:《全唐文補遺》第八輯,第 69 頁。另據鄭慈柔所撰《李全禮墓誌銘》可知李全禮生於偃師縣官舍,亡於陸渾縣北荆里私第,天寶九載十一月廿四日葬於偃師縣首陽鄉西里村,其嫡子也在弱冠之年去世。與本文記載均合。見吴鋼主編:《全唐文補遺》第八輯,第 59～60 頁。

② 《唐故太原王府君(修本)夫人韋氏墓誌銘》。見周紹良主編:《唐代墓誌彙編》,第 2363 頁。

③ 即使是親屬,要找到最爲合適的人選,有時也得千里持書,再三請求,方能求得他們所撰的墓誌銘。個别情况下還得反復進行磋商,如段雍所撰《大唐故鄉貢進士段府君(庚)墓誌銘》云:“段氏將葬其季,事前十九日,其元兄新授温州刺史慶謂諸父弟雍曰:我亡弟窀穸有日矣。凡我弟所以立身行道,既不偶於時,轗軻以殁。我今安忍以吾弟之事輕語於他人耶!惟以是銘命汝。雍聞而伏且哭,不忍聽命。復謂雍曰:爾無以也。爾焉能以一不忍使尔兄弟不足於千秋萬歲歟?且爾苟有生平不盡語矣,今日得盡語,使幽陰有知,寧能不慰於下泉耶?雍再哭而受命。”其所以再哭而受命,乃是回憶起當年段庚曾事先將撰寫墓誌銘之事托付於他:“退而伏想兄昔居池陽時,嘗謂雍曰:吾前日病且亟矣,將從先人於地下。凡有生平始終之迹,衷心欲以爾爲託。噫!兄今殁矣,易簀之辰,而雍不克見也。得無前日池陽之言耶?惟是前日之事則雍非宜敢讓,含痛而書,用報池陽之意耳。”見周紹良、趙超主編:《唐代墓誌彙編續集》,第 1097 頁。

有的傳主甚至在彌留之際親自擇定爲其撰寫墓誌銘之人，如《唐故朝散大夫守陝州大都督府左司馬上柱國上谷寇公(章)墓誌銘》記載傳主："易簀前二日，命姪孫貢曰：爾將葬我，必乞崔耿文識我墓，我願也。貢護公喪歸東洛，來謁余，泣拜告叔祖臨歿言。耿承訃改服，哭於寢門。退念與公世舊，俱家金谷側，鄰居審教、毓德南北里，交情甚歡，而不失敬，燕游笑謔無間，益在其中，餘三十年，風雨不變，得全於有常耳。將序令猷，况辱遺託，遂直詞以紀成公志。"[①]《孔紓墓誌銘》亦云："(孔紓)疾益亟……左右皆泣。公曰……友人鄭休範多知我所執守，相視若親弟兄，我亦常以所爲悉道之。請以誌我。"[②]

另一位士人崔璘在彌留之際，依然對墓誌銘作者的人選問題做著最後的叮囑："公將絶之時，告其孤鉥曰：'爾與右司禦糾清河崔君，胤同叔乙，官接京曹，咸欲脱卑栖，聚盛事。况切磋之道，獨厚於他人，崔君又於七姓之中，究其善惡，必能揚我祖宗之德行也，欲誌吾之墓，無出於崔君。'於是其孤鉥叙公之道，執公之言，懇請撰述，至于三四。閲辭讓不獲，乃爲銘曰……"[③]崔璘臨終前親自指定崔閲爲其撰寫墓誌銘，不僅是因爲他與崔鉥乃同僚，熟悉崔璘的家庭狀况，還因爲崔璘想借崔閲之文弘揚其先祖的德行，可謂用心良苦。與崔璘相比，韓愈的同年進士張季友，説得更爲誇張。韓愈在爲張季友所撰的墓誌銘中，不僅對受託撰銘一事有所提及，對張季友形象的刻畫也極爲生動："前事，塗進韓氏門，伏哭庭下曰：'叔父且死，幾於不能言矣，張目而言曰："吾不可無告韓君别。藏而不得韓君記，猶不葬也。塗爲書致吾意。"已而自署其末與封，敢告以請。'"[④]張季友有此請求，固

① 周紹良主編：《唐代墓誌彙編》，第 2274 頁。

② 《唐故左拾遺魯國孔府君(紓)墓誌銘》。見周紹良主編：《唐代墓誌彙編》，第 2467 頁。

③ 《唐故通議大夫檢校國子祭酒行蔚州司馬兼侍御史上柱國博陵崔府君(璘)墓誌銘》。見周紹良主編：《唐代墓誌彙編》，第 2475 頁。

④ 《虞部員外郎張府君(季友)墓誌銘》。見韓愈著，劉真倫、岳珍校注：《韓愈文集彙校箋注》，第 2082 頁。

然是由於他們二人乃同年進士,相知頗深,但恐怕亦有借韓愈之文使自己的事跡流傳千古的打算。

與指定墓誌銘作者類似,還有人會在臨終之際立下遺令,親自指定主喪人。如城固縣丞韋識在氣絶之前,即指定其侄韋沼主持他的喪禮:“當屬纊之辰,命其左右曰:必以書召沼主歸計。”然而韋識去世後,却經歷了頗多周折:“沼奇寓,口食不暇,明年春,方以情素告於親戚。未果行,君之嬖,月宮盡貨,其已服用,躬率二女,徒行護其櫬至鮑陂。家貧,久不剋葬。居屋暴露,奠祀不時,爲聞聽者之所悲歎。季兄監察御史、知鹽鐵桂陽監諷,痛骨肉之彫零,憫二女之孤稚,附銀百兩,命沼主其營奉。”[①]據墓誌銘記載,韋識去世時雖有一子,但年僅七歲,且天生失明,妻子也已經去世,即將面臨無人主喪的困境。這在整個社會都非常重視喪葬的時代,是極其尷尬的,故而韋識直到臨終時,依然憂心忡忡,爲主喪人的選擇做著最後的囑託。

五、訓誡子孫

除却與喪葬有關的事宜外,子女的安排、家風的傳承也是唐人極爲關心的問題,因此也時常出現在他們的遺令中。

母子關係是人世間永恒的話題,也是人物傳記經常涉及的内容。出於對子女的關愛,很多人會在患病之際隱瞞其病情,如《唐故留守李大使夫人曲氏(麗卿)墓誌銘》中記載曲氏:“居無何,得寒熱之疾,伏枕兩月,迎醫萬方,從初至重,日誡其子及家人輩曰:慎無報吾女。吾女性和孝,必驚奔請視吾疾。吾疾不瘳,兼病吾女。由是寢疾累月,路遥莫聞。”[②]有人甚至在彌留之際,仍然放心不下年幼或者患病

---

① 《唐故興元府城固縣丞京兆韋府君(識)墓誌銘》。見吴鋼主編:《全唐文補遺》第八輯,191 頁。

② 周紹良主編:《唐代墓誌彙編》,第 2376 頁。

的子女，以至於在遺令中時時流露出對他們的不捨。如《唐北平田君故夫人隴西李氏（鵠）墓誌銘》載李鵠："殆寢疾彌留，便知必離人世，謂其夫曰：死者聖賢不能移，余命將盡於此。子必不得以往者滯念。孤墳宿草之後，則可以訪婚淑德，勿使兒女輩久無所恃。"[①]既表現了曠達的人生態度和婚姻觀念，也藉此傳達出對兒女的牽挂。孀妻弱女更是會在遺令中得到特別關懷，如李德裕之子李燁在臨終之時："遺誡二子，手疏數幅，且曰：必以餘貲厚於孀嫂孤女，爾輩無倫之。"[②]

在世家大族依然繁盛的時代，宗族的維繫和家風的傳承也是唐人非常看重的問題，這可通過唐代的各種家訓得到反映。新出土唐代墓誌銘中也多有這方面的記載，如《故蘇州司法參軍崔君（譒）墓誌銘》："就養之日，嘗從容謂之曰：聖人之道，未墜於地。有儒教可以揚名顯親，有玄釋可以去離嬰縛。苟有所奉，吾無恨焉。"[③]再如《唐故汝南周府君（徒）墓誌銘》："告其子曰：吾將去矣，爾等相善，無隳其志，勿廢先人之業，勿以小善小惡而不爲去之，賢則思齊，不我而見者相勵成矣。"[④]許多人甚至在彌留之際仍然不忘訓誡子孫，使其無墜家風，藉以維持家族的繁盛。如韋承慶繼母王琬墓誌銘中記載王氏："臨將屬纊，呼三子者而謂之曰：汝等宜善爲兄弟，深相友愛，吾今困惙，餘何所言。"[⑤]類似的實例還有很多，如《儲德充墓誌銘》中記載傳主臨終時仍囑託其子維繫素風："（德充）彌留之際，遺語丁寧，謂：今帝曰：聖人達於性，遂於命。汝等恭敬於禮，夙夜匪懈，無墜素風。"[⑥]據《大唐故慶州華池縣令杜陵龍府君（庭瑋）墓誌銘》記載，龍氏臨終前依然在諄諄教誨其子毋棄義、毋違道、毋諂佞、毋驕傲："開元之末，

① 周紹良、趙超主編：《唐代墓誌彙編續集》，第 1018 頁。
② 《唐故郴縣尉趙郡李君（燁）墓誌銘》。見周紹良主編：《唐代墓誌彙編》，第 2391 頁。
③ 吴鋼主編：《全唐文補遺》第八輯，第 91 頁。
④ 周紹良、趙超主編：《唐代墓誌彙編續集》，第 1088 頁。
⑤ 周紹良、趙超主編：《唐代墓誌彙編續集》，第 350 頁。
⑥ 吴鋼主編：《全唐文補遺》第八輯，第 237 頁。

謂其嗣子曦等曰：夫生死盛衰，天之常理。唯見性湛然者，乃能免之。吾今大運將終，故告汝以善教曰：毋棄義以求利，毋違道以縱欲，毋諂佞以取譽，毋驕傲以速禍。嗚呼小子，吾將逝矣，爾其志之。”[①]《唐故隴西郡李府君(元系)墓誌銘》中也説他在患病之後即訓誡諸子：“年前九月廿六日遘疾於家，痛瘏□□，乃命子撫曰：吾少趨庭，觀其志而立，思後觀其行。言尚未竟，奄息終于其城私第，未遂安厝，權櫬於訾。”[②]陳尚君先生在《唐柳玭〈柳氏敘訓〉研究》[③]中提到墓誌銘中訓誡子孫的例子與家訓中的内容頗有重疊之處，或許是由於他們深知世家大族維繫之不易，恰如《柳氏敘訓》所説“成立之難如升天，覆墜之易如燎毛”。從唐人臨終前所作的囑託中也可以看出世家大族爲維持家族之延續而作出的最後努力。

六、結　語

司馬光在談及遺令時説：“遺令者，世所謂遺囑也，必擇緊要言語付囑子孫，至若纖細不要緊之事，則不暇矣。”[④]現代意義上的遺囑在唐代已經較爲普遍，敦煌、吐魯番地區均出土了不少遺囑樣本。不過，由本章的分析可以看出，新出土唐人墓誌銘中的遺令，與傳世文獻和現代意義上的遺囑都有較大不同。現代意義上的遺囑重在利益財産分配。新出土敦煌、吐魯番文書中的唐代遺囑“樣文”(亦偏重財産分配)與墓誌銘也有不同。墓誌銘中的材料多爲亡者臨終前口授，最爲關注的則是喪葬安排。這有兩種可能：一是財産分配問題事先已有書面交代，類似於敦煌出土的遺書“樣文”，故而臨終時只交代眼

① 吴鋼主編：《全唐文補遺》第八輯，第 386 頁。

② 吴鋼主編：《全唐文補遺》第八輯，第 417 頁。

③ 陳尚君：《唐柳玭〈柳氏敘訓〉研究》，《國文學報》第五十一期，2012 年 6 月，第 147～178 頁。

④ 馬永卿：《元城語録解》，上海：商務印書館，1939 年版，第 21 頁。

下最爲關注之事，其他“則不暇矣”。二是墓誌銘中很多遺令均出自女性之口[①]，她們多數并無權力支配家族的財産。因此大部分女性在生命歷程即將終結之時，最爲關注的僅爲去世後私人空間的營造，部分遺令還涉及家族的延續和對子女的挂懷等，都屬於較爲私密的言論，與胡適提出的優秀的傳記文學作品要凸顯傳主私生活的主張有相通之處。錢南秀曾將古代女性傳記的書寫模式區分爲“列女”與“賢媛”兩種，由於墓誌銘固有的頌美功能，女性墓誌銘在書寫過程中也重在突出傳主“賢”的一方面。

遺令、遺囑之風的盛行，自然會對行狀和墓誌銘的撰寫者起到潛移默化作用，這也是墓誌銘時常記録傳主遺言的原因。墓誌銘作者記録傳主臨終前語録的形式，有助於人物形象的塑造和傳主個性的展示，也正是墓誌銘的傳記文學價值所在。

① 這是與其他材料最大的區别，傳世史料中雖偶有女性的遺令，但也是身份顯赫者，如唐太宗宇文皇后等。

下編　個案研究

第一章　王勃隱逸生活研究

——以新出土《王洛客墓誌銘》爲依據的考察

"初唐四傑"之一的王勃，生命歷程雖然較爲短暫，但他的人生閱歷却頗爲豐富曲折。據兩《唐書·王勃傳》記載，他曾任朝散郎、沛王府修撰、虢州參軍等職，又曾遊歷蜀中和經行交趾，所到之地涉及淮陰、江寧、洪州、虔州等。學術界對於王勃的立身行事致力頗深，成果卓著。然隨著新出土文獻的公佈，仍有重要的空間可以開拓，如其隱逸經歷即是如此。

一、問題的提出

近年來新出土的《王洛客墓誌銘》，爲王勃研究提供了新的增長點。誌云：

> （王洛客）五歲便受詩禮，誦數萬言，八歲能屬文，十一通經史……時有同郡王子安者，文場之宗匠也。力拔今古，氣覃詩學，吮其潤者，浮天而涸流；聞其風者，搏扶而飈起。君常與其朋遊焉，不應州郡賓命，乃同隱于黄頰山谷，後又遊白鹿山。每以松壑遁雲，樵歌捫月，圻行山溜乳精，蘇門長嘯，有松石意，無宦遊情。

這段文字首次揭出王勃曾隱居於黄頰山。2005年胡可先先生曾在《出土文獻與唐代文學史新視野》[①]中點出這一尚不爲人所知的隱居經歷,惜没有展開論述。2008 年黄清發在《〈王洛客墓誌〉考》[②]一文中亦曾論及此事,但黄文旨在考證王洛客的生平交遊,對於王勃的隱居問題著力不多。本章則以《王洛客墓誌銘》爲基礎,重點探討王勃隱逸的時間、隱逸的地點和隱逸期間的文學創作,試圖對代表初唐文人風尚,但長期以來又不爲人知的這一隱逸經歷進行較爲全面的考述。

二、隱逸的時間

《墓誌銘》記載王勃、王洛客曾一同隱居,但没有交代具體時間。黄清發《〈王洛客墓誌〉考》對王勃的隱逸時間作了如下推考:"故王勃隱居黄頰山,應爲麟德元年(664)(最早或可推定爲 663 年初離開長安回到龍門後,具體時日未能詳考,大概最遲於該年夏秋已回龍門。)至麟德二年(665)間之事。"[③]然而,這一結論疑點頗多。

其一,年齡不合。黄清發將王勃的隱逸時間定在麟德元年(664)前後,年齡上似乎不妥。《墓誌銘》云:"(洛客)以延和元年五月十五日遘疾,終於洛陽之遵教里私第,春秋六十。"據此推知王洛客生於永徽四年(653)。麟德元年時王洛客僅有十二歲。習慣上認爲王勃生於永徽元年(650),此時也不過十五歲。麟德元年,劉祥道巡行風俗時,見王勃而驚異,尚稱其爲"神童"。劉祥道仍以孩童視之,表示他尚無獨立生活的能力。試想一個十二歲、一個十五歲的孩童一起在山中隱居,是否符合常理?《墓誌銘》又云:"不應州郡賓命,乃同隱於

① 胡可先:《出土文獻與唐代文學史新視野》,《文學遺産》,2005 年第 1 期,第 49 頁。
② 載西安碑林博物館編:《紀念西安碑林九百二十周年華誕國際學術研討會論文集》,北京:文物出版社,2008 年版,第 375～384 頁。
③ 黄清發:《〈王洛客墓誌〉考》,第 384 頁。

黄頰山谷。”既稱“同隱”，當就王勃和王洛客二人而言，而且是在“不應州郡賓命”之後。若隱逸果真發生在麟德元年，則王洛客被州郡徵召當在十歲左右，難道州郡會起用一個十歲的兒童當幕賓嗎？這顯然不符合古代徵辟制度的常規。

其二，地位不至。《墓誌銘》稱王勃爲“文場之宗匠”。王勃雖然少有才名，六歲即善文辭，九歲讀顔師古注《漢書》，曾作《指瑕》以擿顔氏之失，後又因反對“上官體”而名聲大振。但這用楊炯所説的“年十有四，時譽斯歸”來形容尚算得體，對一名兒童而言，用“宗匠”二字，未免稍過。

其三，地理懸隔。祁縣至龍門有六百里之遥[①]，一個十一二歲的兒童何以至此，而又在此隱居？《墓誌銘》又云：“君常與其朋遊焉”“後又遊白鹿山……蘇門長嘯，有松石意，無宦遊情”。無論是從“常與其朋遊”還是從蘇門長嘯的典故看，王勃和王洛客二人曾共同遊歷白鹿山。而白鹿山離他們歸隱之地也有五百多里的路程，更何況途中群山連綿，崎嶇難行，幼年時期的王洛客能否有此閲歷？且將“有松石意，無宦遊情”用在兩個十幾歲的兒童身上顯然不合邏輯。

此外，從王勃自身的經歷來看，他也不可能在麟德元年前後隱居。早年的王勃還是積極追求入仕的，曾經上書給時任右相的劉祥道，請求他的汲引。《舊唐書·高宗本紀下》載：龍朔三年(663)八月“命司元太常伯竇德玄、司刑太常伯劉祥道等九人爲持節大使，分行天下”。[②]《新唐書·劉祥道傳》云：“(祥道)稍遷司刑太常伯……詔巡察關内道，多振冤滯。”[③]王勃在《上劉右相書》中，曾自陳心迹，表達入仕的意願：“借如勃者，眇小之一書生耳，曾無擊鐘鼎食之榮，非有南隘北閣之援。山野悖其心迹，煙露養其神爽。未嘗降身摧氣，逡巡於

① 此參嚴耕望：《唐代交通圖考》，上海：上海古籍出版社，2007年版，第109～124頁。

② 劉昫等：《舊唐書》卷四，第85頁。

③ 歐陽修、宋祁：《新唐書》卷一〇六，第4050頁。

列相之門；竊譽干時，匍匐於羣公之室。所以慷慨於君侯者，有氣存乎心耳。”[①]他所陳述的内容中既有涉及征伐高麗之戰者：“伏見遼陽未靖，大軍頻進，有識寒心，羣黎破膽。”[②]也有反映民生疾苦和官吏失職者：“伏見邊凶尚梗，殊恩屢發。亡命山澤者，日月相趨，朝脱桎梏，夕還囹圄。姦徒抱袂，因時立僥倖之謀；頑夫頓足，中路紆吁嗟之慘。皆由寬勝於猛，人迷所習，勸沮不彰，廉恥相冒。亦有公卿失職，恥受珪符之任；郎官有釁，俯捨銅墨之榮。又焉可以弘張風流，抑揚衆務者也？”[③]上述吐露心跡之言，無不顯示出王勃關心朝政，同情生民遭遇的情懷。其兄王勵在爲王勃《倬彼我系》所作的序文中說：“（王勃）傷迫乎家貧。道未成而受禄，不得如古之君子四十强而仕也。”[④]强調的也是王勃早年入仕的情形。

青年時期的王勃還曾極力反對“上官體”。楊炯《王子安集序》稱：“（王勃）嘗以龍朔初載，文場變體，爭構纖微，競爲雕刻。糅之金玉龍鳳，亂之朱紫青黄。影帶以徇其功，假對以稱其美。骨氣都盡，剛健不聞。思革其弊，用光志業……遂使繁綜淺術，無藩籬之固；紛績小才，失金湯之險。積年綺碎，一朝清廓。”[⑤]按：楊炯此處所言乃王勃因反對“上官體”而名聲大振之事。衆所周知，“上官體”大致形成於唐高宗龍朔二年（662）[⑥]，而上官儀於麟德元年十二月被殺，故而王勃反對“上官體”的時間當在龍朔二年以後，麟德元年十二月之前，此時王勃尚在長安，這與黄清發所説的隱居時間也頗爲齟齬。

① 王勃著，蔣清翊注：《王子安集注》卷五，上海：上海古籍出版社，1995 年版，第 150～151 頁。

② 王勃著，蔣清翊注：《王子安集注》卷五，第 152～153 頁。

③ 王勃著，蔣清翊注：《王子安集注》卷五，第 156～157 頁。

④ 王勃著，蔣清翊注：《王子安集注》卷三，第 65 頁。

⑤ 王勃著，蔣清翊注：《王子安集注》卷首，第 69～70 頁。

⑥ 《舊唐書·上官儀傳》：“龍朔二年，加銀青光禄大夫、西臺侍郎、同東西臺三品，兼弘文館學士如故。本以詞彩自達，工於五言詩，好以綺錯婉媚爲本。儀既顯貴，故當時多有效其體者，時人謂爲‘上官體’。”劉昫等：《舊唐書》卷八〇，第 2743 頁。

由上述情況可以看出王勃早年的求仕和爲學態度還是非常積極進取的，他也想在政壇和文壇上有所作爲。因此，我們認爲，王勃麟德年間没有隱逸的可能性，其隱逸的時間應該在遇赦除名之後。楊炯《王子安集序》説："（王勃）咸亨之初，乃參時選，三府交辟，遇疾辭焉。友人陸季友，時爲虢州司法，盛稱弘農藥物，乃求補虢州參軍。坐免歲餘，尋復舊職。棄官沈迹，就養於交趾焉。"[①]所謂"坐免"，當指殺官奴曹達一事。據《舊唐書・王勃傳》："勃恃才傲物，爲同僚所嫉。有官奴曹達犯罪，勃匿之，又懼事洩，乃殺達以塞口。事發，當誅，會赦除名。"[②]《新唐書・王勃傳》亦云："倚才陵藉，爲僚吏共嫉。官奴曹達抵罪，匿勃所，懼事洩，輒殺之。事覺當誅，會赦除名。"[③]幸運的是，曹達被殺的當年，亦即咸亨五年（674）八月唐高宗下令改元上元元年，大赦天下，王勃的遇赦除名當在此時。此後的一年多時間，也就是楊炯所説的"歲餘"，王勃的行跡不明。我們認爲，王勃回龍門隱居當在此間，即上元元年（674）秋至上元二年（675）秋之間，王洛客應該也在此時與王勃同隱。其時王勃二十五歲，王洛客二十二歲，各個方面都與情理無違。

三、隱逸的地點

《墓誌銘》稱王洛客和王勃"同隱於黄頰山谷，後又遊白鹿山"，可知隱黄頰山谷和遊白鹿山是二人退隱過程所涉及的兩個關鍵地點，而其隱居地點和隱居原因也都需要進一步挖掘。

"隱於黄頰山谷"主要與其家世因素相關。黄頰山地處龍門縣，是王勃的家鄉所在，也是王勃的祖父王通隱居授徒和叔祖王績隱居

---

① 王勃著，蔣清翊注：《王子安集注》卷首，第 68 頁。

② 劉昫等：《舊唐書》卷一九〇上，第 5005 頁。

③ 歐陽修、宋祁：《新唐書》卷二〇一上，第 5739 頁。

之地。據《光緒河津縣志》載:"黄頰山,在縣東北三十五里,即文中子、東皋子隱居之處……池水流石間,循峪出爲白牛溪……即文中子授經地也。有東皋子《黄頰山詩》石刻……有文中子洞,洞北百武繇佛殿。陟石梯而上,又架木梁,梁西爲王績洞。峪外土壤廣衍,或云即東皋也。"[①]黄頰山在河津縣,清代的河津縣即唐代的絳州龍門。而《舊唐書·王勃傳》云:"王勃字子安,絳州龍門人。"[②]龍門正是王勃的出生之地。他的祖父王通和叔祖王績都有隱居龍門的經歷。先看王通,楊炯《王子安集序》云:"祖父通,隋秀才高第,蜀郡司户書佐,蜀王侍讀。大業末,退講藝於龍門。其卒也,門人謚之曰文中子。"[③]《舊唐書·王勃傳》也説:"祖通,隋蜀郡司户書佐。大業末,棄官歸,以著書講學爲業。"[④]王績《負苓者傳》言及王通:"昔者,文中子講道於白牛之溪。弟子捧書北面,環堂成列。"[⑤]又其《遊北山賦》云:"白牛溪裏,崗巒四峙。信兹山之奥域,昔吾兄之所止。"自注:"吾兄通,字仲淹。生於隋末,守道不仕。大業中隱於此溪,續孔子六經,近百餘卷。門人弟子相趨成市,故溪今號王孔子之溪也。"[⑥]再看王績,他曾於貞觀三年(629)因疾罷歸龍門,後又移居河渚,"不與悠悠閑人相唱和"。其《答處士馮子華書》云:"吾河渚間,元有先人故田十五六頃……近復都盧棄家,獨坐河渚,結構茅屋,並厨厩,總十餘間……牀頭素書三帙,《老》《莊》及《易》而已……忽憶兄弟,則渡河歸家。維舟岸側,興盡便返……或時與舟人漁子分潭並釣。俛仰極樂,戴星而歸。題歌

① 鳳凰出版社編選:《中國地方志集成·山西府縣志輯》第62册,南京:鳳凰出版社,2005年版,第31頁。
② 劉昫等:《舊唐書》卷一九〇上,第5004頁。
③ 王勃著,蔣清翊注:《王子安集注》卷首,第64頁。
④ 劉昫等:《舊唐書》卷一九〇上,第5004頁。
⑤ 王績:《王無功文集》卷五,上海:上海古籍出版社,1987年版,第174頁。
⑥ 王績:《王無功文集》卷一,第5頁。

賦詩，以會意爲功。不必與夫悠悠閑人相唱和也。”[1]王績還有《望黄頰山》詩，是其隱逸黄頰山的直接表述。綜合起來看，王勃家族中的王通和王績之所以都隱居於此，説明其家族在黄頰山中有一定的田産，能給隱居生活提供足够的保障。不僅如此，王通還在此授徒講學，王績也曾在河渚上吟詩作賦，説明這一隱居環境有著較好的文化底藴，故而成爲王氏家族頗爲崇尚的隱居之所，王勃與王洛客隱逸於此，對於文學修養的提升也會産生潛移默化的作用。

“遊白鹿山”則説明其遊歷與退隱主要受自然環境影響。墓誌銘云：“後又遊白鹿山。每以松壑遁雲，樵歌捫月，圻行山溜乳精，蘇門長嘯，有松石意，無宦遊情。”唐代白鹿山非止一處，故爲王勃所遊歷的白鹿山確定地點，就是首先需要考證的問題。《元和郡縣圖志》中記載了三處白鹿山，它們分别位於衛州共城縣、彭州九隴縣和廣州浛洭縣。黄清發考證衛州共城縣白鹿山（位於今河南省新鄉市）是王勃、王洛客的遊歷之地[2]，結論是正確的。墓誌銘中言：“爰下明制，使中書侍郎、河東薛元超求遺材於天下。君（按：指王洛客）乃迫時命而應徵焉。”據《資治通鑒》記載：儀鳳元年（676）十二月戊午，以“薛元超爲河北道大使……分道巡撫”。[3] 王洛客受薛元超徵求而應徵當在儀鳳元年十二月以後，由此可以進一步佐證上文論證王勃、王洛客隱逸的時間爲 674 至 675 年。否則若真如黄清發所説，將隱逸時間繫於 664 至 665 年，距儀鳳元年尚有十餘年時間，王洛客自可從容遊玩其他兩座白鹿山，只要在儀鳳元年回到河北道即可。

二人所遊歷的白鹿山位於共城縣，還可從墓誌銘中所用“蘇門長嘯”的典故得到證明。據《世説新語・棲逸》記載：“阮步兵嘯聞數百步。蘇門山中，忽有真人，樵伐者咸共傳説。阮籍往觀，見其人擁膝

---

① 王績：《王無功文集》卷四，第 148 頁。

② 黄清發：《〈王洛客墓誌〉考》，第 380 頁。

③ 司馬光編著：《資治通鑒》卷二〇二，第 6382 頁。

巖側,籍登嶺就之,箕踞相對。籍商略終古,上陳黃、農玄寂之道,下考三代盛德之美以問之,仡然不應。復叙有爲之教、棲神導氣之術以觀之,彼猶如前,凝矚不轉。籍因對之長嘯。良久,乃笑曰:'可更作。'籍復嘯。意盡,退還半嶺許,聞上唒然有聲,如數部鼓吹,林谷傳響,顧看,廼向人嘯也。"劉孝標引《魏氏春秋》注曰:"阮籍常率意獨駕,不由徑路,車跡所窮,輒慟哭而反。嘗遊蘇門山,有隱者,莫知姓名,有竹實數斛、杵臼而已。籍聞而從之。談太古無爲之道,論五帝、三王之義,蘇門先生翛然曾不眄之。籍乃嘐然長嘯,韻響寥亮。蘇門先生乃逌爾而笑。籍既降,先生喟然高嘯,有如鳳音。籍素知音,乃假蘇門先生之論以寄所懷。"[①]這一典故説明,阮籍的長嘯得到了别人的回應。墓誌銘運用這一典故,旨在表明王勃同王洛客確曾共同到過蘇門山。蘇門山亦在衛州,《元和郡縣圖志》於衛縣條下記載:"蘇門山,在縣西北十一里。孫登所隱,阮籍、嵇康所造之處。"[②]此山雖屬衛縣所轄,却位於衛縣邊陲,與共城縣縣城毗鄰。蘇門山自來就是隱士聚集的場所,王勃和王洛客在隱居期間遊歷白鹿山,自然不會落下近在咫尺的隱逸勝地。這也更加證明了他們遊歷的只能是位於共城縣的白鹿山。

四、隱逸期間的文學創作

王勃在隱逸期間還創作了不少作品。這些作品除了反映他的隱居生活經歷,還時時表現出官卑職微、顛沛流離的情狀。這一時期的作品主要是詩序,可以確定者有:《夏日登韓城門樓寓望序》《冬日羈游汾陰送韋少府入洛序》《上百里昌言疏》《感興奉送王少府序》等等。

《夏日登韓城門樓寓望序》中云:"下官狂走不調,東西南北之人

① 徐震堮:《世説新語校箋》卷下,北京:中華書局,1984年版,第355頁。
② 李吉甫:《元和郡縣圖志》卷一六,北京:中華書局,1983年版,第461頁。

也。流離歲月，羈旅山川。輟仙駕於殊鄉，遇良朋於異縣。面勝地，陟危樓，放曠懷抱，驅馳耳目。"[①]考《元和郡縣圖志》卷二《關内道》："韓城縣，古韓國及梁國……隋文帝分部陽於此置韓城縣，春秋秦、晋戰於韓原，即此地也。龍門山，在縣北五十里。"[②]韓城縣與王勃隱逸之處龍門縣毗鄰，證知此文當爲隱居期間的遊歷之作。序有"流離歲月，羈旅山川"語，正是其隱居身份的表露；又有"狂走不調，東西南北之人""放曠懷抱，驅馳耳目"等語，則爲懷才不遇的抒寫，是隱逸未達情懷的流露。

《冬日羈游汾陰送韋少府入洛序》云："下官詩書拓落，羽翮摧頹。朝廷無立錐之處，丘園有括囊之所。山中事業，暫到漁樵；天下棲遲，少留城闕。忽逢萍水，對雲雨以無聊；倍切窮途，撫形骸而何託。"[③]考《元和郡縣圖志》卷一二《河東道》："寶鼎縣，次畿。西南至府一百一十里。本漢汾陰縣也，屬河東郡。劉元海時廢汾陰縣入蒲坂縣。後魏孝文帝復置汾陰縣，開元十一年，改爲寶鼎縣。"[④]唐高宗時，該縣尚未改名，仍稱汾陰。汾陰縣雖歸蒲州管轄，却與龍門臨近，王勃隱逸期間自可前往遊賞。序文所言"朝廷無立錐之地，丘園有括囊之所"，正是王勃遇赦除名後歸隱龍門的情形；"暫到漁樵""少留城闕"，也從側面透露出其隱逸狀態；"詩書拓落，羽翮摧頹"，"倍切窮途，撫形骸而何託"雖屬自謙之詞，但都隱含著對自己雖有才名却沉跡下僚的哀鳴。

《感興奉送王少府序》[⑤]一文雖作於隱逸結束以後，却尤其值得注意，筆者以爲這一"王少府"當指王洛客。《墓誌銘》稱："至儀鳳年，属帝道文明，海内貞觀，求材而理，野無遺賢。爰下明制，使中書侍郎、

---

① 王勃著，蔣清翊注：《王子安集注》卷六，第 196 頁。
② 李吉甫：《元和郡縣圖志》卷二，第 38 頁。
③ 王勃著，蔣清翊注：《王子安集注》卷八，第 241 頁。
④ 李吉甫：《元和郡縣圖志》卷一二，第 327 頁。
⑤ 王勃著，蔣清翊注：《王子安集注》卷八，第 244～246 頁。

河東薛元超求遺材於天下。君（王洛客）乃迫時命而應徵焉。從下筆成章舉，解褐敕授許州長社尉。”此後又歷任桑泉尉、雲陽尉、合宫尉等職。唐人常用少府代指縣尉，王勃既稱對方爲少府，此文當寫於王洛客離任合宫尉之前，亦即永昌年間，此時距二人結束隱逸生活時間尚短。序中稱王少府：“過我貧居，飲吾清酒。一談經史，亞比孔先生；再讀詞章，何如曹子建。”與《墓誌銘》所載王洛客文采高絶，幼而多敏，早通經史的情形正相契合。序文又言“山岳藏其迹，川澤隱其形”，恰符合二人一同歸隱的經歷。尤其是序末所言“王少府乃可畏後生，學問人也”一語，與王勃長於王洛客的情況亦相符。序文中還説：“鳥衆多而無辨鳳，馬羣雜而不分龍。荆山看刖足之夫，湘水聞離騷之客。人貧材富，罔窺卿相之門；貌弱骨剛，豈入王侯之宅。”既是説王少府，也是一種自况，是借古人懷才不遇、因讒遭貶的事實來説明自己仕途的偃蹇和命運的多舛。

正因有了與王洛客同隱黄頬山并遊歷白鹿山的經歷，王勃才逐漸拋却入仕情結。白鹿山與蘇門山的自然風光更使他們的隱居之意彌堅而出仕之情稍減。《資治通鑒》記載：上元二年“六月，戊寅，立雍王賢爲皇太子，赦天下”。[①] 此時擅殺官奴的風波已然平息，王勃當在此後不久即“復舊職”，但他早已拋却仕宦之意，而自甘“棄官沉跡”，開始了南下遊歷和交趾省親之行。他那絶意仕宦的情懷在南行途中撰寫的詩文裏也有所反映，如作於上元二年秋季的《採蓮賦》：“且爲歌曰：榮華息，功名惻。”[②]

綜上所述，隱逸是王勃生平中的重要經歷。他在上元元年夏秋之際因擅殺官奴曹達案東窗事發而當處極刑，後雖遇赦却被革職除名，不得已而回到祖父、叔祖曾經的歸隱之地黄頬山隱居。此時尚有

① 司馬光編著：《資治通鑒》卷二〇二，第 6377 頁。
② 王勃著，蔣清翊注：《王子安集注》卷二，第 58 頁。

比自己小三歲的王洛客與之同隱，二人一起遊歷了白鹿山、蘇門山等地。在隱逸期間，王勃撰寫了不少文學作品，表現自己的隱居生活和情懷，如極具特色的詩序等等。此後的王勃更是無意仕宦，而“棄官沉跡，就養於交趾”，南下侍奉遠貶蠻荒之地的父親。隨著上元二年秋王勃的南下，他那短暫的隱逸生涯也宣告結束。同隱於黄頰山谷的王洛客也在第二年“迫時命而應徵”，并於儀鳳二年（677）應下筆成章舉，開始了生活中的新篇章。

附録：

《王洛客墓誌銘》原石現藏香港中文大學文物館，墓誌銘拓片原刊於《中國古代碑帖拓本》，香港中文大學文物館 2001 年版，第 105 頁；又見《書法叢刊》2002 年第 3 期，第 84 頁。但因該誌文字較多，原石較大，而二書所刊拓片圖版，均縮小太過，以至於很多字難以辨認。香港中文大學林成川君以原石拓片見惠，原拓字跡清晰，前人録文中的大多數闕字均可辨認，故又據原拓重新加以釋文、標點。加之該墓誌銘爲大型工具書《唐代墓誌彙編》《續集》以及《全唐文補遺》《全唐文補編》所失收，故將釋文附録於此，以便學界參考利用。

□唐正議大夫試大著作上柱國太原王君墓誌銘并序

正議大夫試秘書丞上輕車都尉扶風馬克麾撰

□諱洛客，字炅，太原祁人也。昔靈擁川鬪，吹鸞伊洛，王子則三年上賓，漢宫流血，駐馬門外；王生則一日千里，□是水，士登魏祀。拔台司淮海，殄吳渾驍武，將大矣哉。太原王氏，于今爲天下冠族者。君之門胄，代則有人。曾祖傑，隋任徐州刺史。海岱惟徐，蒙羽其藝；聲潤浮磬，德光蠙珠。載三公之車，上以耆舊；露朝廷之服，詔揚君子。祖信，皇朝任蒲州安邑縣令。三異有童子之仁，百里非大賢之路。宫寄不用，脣齒云亡；閔叔薄遊，口腹無累。俄遷太學博士。馮獨不坐，義高於説經；當代言詩，無出於漢者。父表，皇朝丹州、汾川、瀛州、文安等歷四縣令。夜星不戴,堂琴自鳴。還河汾之寶,行滄瀛之郡。豈惟外户不閉,浚儀生祠;盛德在人,弘農死祭而已。君即文安之第六子也。幼而多敏,弱不好弄,撫塵兒戲,司隸動容。如月之初,郡守驚對。五歲便受詩禮,誦數萬言,八歲能屬文,十一通經史。班固之七歲能文,楊烏之九齡言易,方君之慧,彼獨何□。時有同郡王子安者,文場之宗匠也。力拔今古,氣罩詩學,吮其潤者,浮天而涸流;聞其風者,摶扶而飈起。君常與其朋遊焉,不應州郡賓命,乃同隱于黄頰山谷,後又遊白鹿山。每以松壑遁雲,樵歌捫月,圻行山溜乳精,蘇門長嘯,有松石意,無宦遊情。至儀鳳年,屬帝道文明,海内貞觀,求材而理,野無遺賢。爰下明制,使中書侍郎、河東薛元超求遺材於天下。君乃迫時命而應徵焉。從下筆成章舉,解褐敕授許州長社尉,充定襄軍管記。戎書露檄,皆君之詞,人幕之賓,君實稱最。雖復袁宏倚馬,未速臨戎機事;王粲鳴鶏,徒佞從軍苦樂,方君蔑如也。以軍功敕授蒲州□[①]泉尉。秩滿,選授雍州雲陽尉。永昌年,應大禮舉,授合宫尉。又應器均卓魯科,敕授左臺監察御史。豈惟貴戚斂手,則亦書訶截角。登封年,恩授朝散大夫。以母憂去職,骨立有聞,杖而後起。俄丁父憂,苴麻是擗,几筵增慕,雖苦塊有過而笙歌切切。服闋,授中散大夫行并州司兵。神龍年,宣勞使舉應□高位下科,墨制授長寧府記室。簫鳳聞曲,常挹秦樓歌舞;白鳫爲池,有富梁園詞學。豈惟背淮千里,更是□湯媵臣者也。俄試大著作郎,仍借魚袋。若乃著作之稱,文儒是修,張華以司空而領,陳壽以佐郎遷大,則惟父子典校,更得鳳凰將雛,以君參之,實耀邦册。君二在郎局,四載不遷。當漢武時,不遇同乎顔駟;讀汲黯傳,巧宦慚乎司馬。雖復濛池説賦,太僕車迎,帝録增撰,承天已者。嗚呼哀哉!以延和元年五月十五日遘疾,終于洛陽之遵教里私第,春秋六十。四部分作,雖有煩乎李充;十

---

① 按:原字殘泐,當爲"桑"字。

典未成，忽延悲乎子暢。君牆嶷爲仞，風潭自色；崖谷曠□，湖島寬量。霜利甌劍，潤□和精；口筆成鋒，謙恭爲敬。其學也，溟渤浩溔，而蓬萊沸海；其鑒也，湯泉曈曨，而扶柯洗日；繫詞彖易，巽爲天風，□誥雅重，篇浩秋水。事親以孝，寒苫而悲；鞠弟以慈，冬衾爲愛。猶復潛著韜略，暗合孫吴。往在并州，常慨虜鄣有塵，胡沙風海，遂著《軍要》十篇，以示天兵中軍大使、南陽公張亶，公覽而行焉。雖天子納侯應之謀，公卿賴楊雄之册，亦何以過也。君在長寧府，時公主奢僭，窮極邸第，乃上《西亭賦》以諷，公主納焉。君又深洞法門，探入佛海，究涅盤於常樂，證金剛爲不壞。每居喪齋寂，嘗誦《金剛波若》數萬遍，豈止禪僧頂讖，有倍殘年；名流傳讀，鬱煩江左而已。君平日風懷，尤重文詠。每至春朋花鳥，秋當水石，閑夜坐琴，凉天愛酒，何嘗不體物成興，緣情而作。志有所務，霞月爲之告勞；精有所專，溟荒以之奔命。凡所著述成卅卷。君又雅尚居處，氣深園壑；通澗入庭，□渥周舍；雜樹紛布，繁花亂飛。豈期上天不吊，此焉而逝。子猷門宇，竹樹仍存；子敬祠筵，人琴俱盡。嗚呼哀哉！夫人博陵郡君崔氏，北州著姓，西晋冠冕。如鷹有族，□鳳而歸；琴瑟以和，詩騷起詠。有郝夫人之德，行鍾夫人之禮。嗚呼！鶯春桃李，未始襛華；龍門之桐，先半生死。景雲二年十二月嬰疾而終，遂權殯於城傍之近原。君鰥惟終夜，遺□猶在。尔容不覩，空照南端明月；佳人難再，終合北邙墳土。以今先天元年十月十三日合葬於河南之北原，禮也。尔其成周下都，房緯躔次；洛陽土中，河南帝城。豈止晋臣冢塋，西瞻宫闕；高陵四五，南望河山而已哉。嗣子之恒，哀疚增裂，羸瘠而潰；血淚有聲，水漿不入，猶以爲毁不滅性，霜露有零，廬于墓側，丘陵或變。君之弟景，衛尉丞；次弟昌，監察御史、薛王府録事，並珠玉符鑒，文章氣骨，痛鴒鳥原孤，泣棠花春落，以麾經儒舊好，圖籍官聯，不復旁求儒雅，思欲親其銘翰，豈筆札致辭，皆悲哀爲主，竊憤校文天禄。君從地下，修文草玄，爲郎我説，荒墳宿草。嗚呼哀哉！乃爲銘曰：

王子上賓，太原祁人。王者之後，公侯必親。凉州不赦，漢有忠臣。伐吴争長，功多水濱。代有賢子，衣冠舊里。作牧徐方，半年聞喜。鳴絃宰邑，説經環市。理亦有聲，人濟其美。挺生英靈，拾紫紆青。黄綬司職，繡衣惟□。秦樓書記，漢閣玄經。獨有楊子，鴻飛冥冥。人之云亡，邦國殄瘁。制葬哀挽，城旁冢地。鸞匣不孤，龍鐔雙閟。昔□文藉，今生壟隧。帝城車馬南洛陽，簫鼓風塵登北邙。中有漢家郡書郎，忽下蓬萊松柏行。胤子哀哀天昊蒼，悲風蕭蕭愁白楊。痛夫君兮聲芳，年河山兮夜長。

先天元年歲次壬子十月丁酉十三日己酉博陵崔處信書。

第二章　李白晚年交遊及行蹤新考

——以新出土《何昌浩墓誌銘》爲中心

2005年5月出土於河南省偃師市首陽山鎮的《何昌浩墓誌銘》(以下簡稱《墓誌銘》)，爲澄清學界對李白晚年交遊及行蹤中的一些懸疑提供了可信的材料。咸曉婷曾撰《李白贈何昌浩詩繫年》[①](以下簡稱《繫年》)一文，據新出土的《唐故鄧州司户參軍何府君(昌浩)墓誌銘》對李白贈何昌浩的兩首詩歌進行了新的解讀，有助於李白研究的拓展與深化。

然而《繫年》所考並非的論，加之未能充分發掘《墓誌銘》的價值，録文中的闕誤和標點未安之處亦復不少，故而本章將依據新出土的《墓誌銘》重新討論李白晚年的交遊和行蹤問題。爲求論述方便，首先參照拓片圖版將《墓誌銘》重新録文標點如下：

唐故鄧州司户參軍何府君墓誌銘并序

府君諱昌浩，字　[②]，廬江灊人也。曾王父武，婺州永康縣令，贈岱州都督。王父彦先，天官、地官侍郎。父鳳，越府都督。代襲文德，鬱爲儒族，蟬冕纓蕤，輝焕史諜，鼎門餘慶，生我府君。府君即都督第二子也，氣邁神朗，操履特達，早尚属文，兼志博

---

① 咸曉婷：《李白贈何昌浩詩繫年》，《文學遺産》，2010年第5期。

② 參照原石空。

覽。著《九流指要》十卷,事窮造化,義盡幽微。解褐澤州參軍。辭滿,調授本州録事參軍。督轄群曹,郡無留事,抵法犯禁者,糾劾不回,代不容直,且無知人。左遷光州定城縣丞,俄霑沛澤,移鄧州司户參軍。無何,二京覆没,遂潛跡江表,爲宣歙採訪使宋若斯辟署支使。天不憖遺,罔祐其善,官舍遇疾。以永泰二年薨,春秋五十二。夫人博陵崔氏,光禄卿通理之孫,隨州棗陽令珣之女,源流派深,柔德婉茂,享年六十六。嗣子士用,前試左衛率府兵曹參軍,旅寓江漢,不遑底寧,寔遵稱家之儀,將展充窮之思。以貞元癸酉歲十月　日合葬於河南府偃師縣首陽之原,禮也。述累世之徽猷,播繁祉之茂緒,恭承懿範,備闡前聞。銘曰:

慶集德門,季父温温。文學政事,景命不伸。博陵茂族,早結嘉姻。日落同歸,万古不春。首陽新塋,偃師故里。樹列松檟,兹明終始。①

一、李白交遊新考

《墓誌銘》云:"無何,二京覆没,遂潛跡江表,爲宣歙採訪使宋若斯辟署支使。"②此句中所涉及的宋若斯、何昌浩二人均與李白有交往,多數研究李白的學者雖然均措意於此,但對他們的身份有誤解,《墓誌銘》的出土,有助於我們糾正前人的一些錯誤看法。

1. 宋若斯(思)

宋若思乃李白故友宋之悌之子,對李白的晚年生活有較大影響。李白有《中丞宋公以吴兵三千赴河南,軍次尋陽,脱余之囚,參謀幕

① 拓片見周劍曙、趙振華、王竹林:《偃師新出土唐代墓誌跋五題》。載《河洛文化論叢》第三輯,鄭州:中州古籍出版社,2006 年版,第 323 頁。

② 關於宋若斯的名字,各種資料的記載頗不一致。然從其兄名"若水"來看,其名字當以"若思"爲正,此誌作"斯"乃同音而訛。

府，因贈之》《陪宋中丞武昌夜飲懷古》等詩歌記載了二人之間的交往。而《爲宋中丞自薦表》《爲宋中丞請都金陵表》《爲宋中丞祭九江文》等文章均爲李白代宋若思所作。

宋若思的事跡，多種史籍均有記載。《舊唐書・玄宗紀下》："（天寶十五載六月庚子）以監察御史宋若思爲御史中丞充置頓使。"[①]同書《房琯傳》云："（天寶十五載十月）琯請自選參佐，乃以御史中丞鄧景山爲副，户部侍郎李揖爲行軍司馬，中丞宋若思、起居郎知制誥賈至、右司郎中魏少遊爲判官，給事中劉秩爲參謀。"[②]《舊唐書・地理志三》"江州至德縣"條載："至德二年九月，中丞宋若思奏置。"[③]《太平寰宇記》卷一〇五"建德縣"條亦云："唐至德二年，採訪使、宣城郡太守宋若思奏以此地山水遥遠，因置縣邑，以遏寇攘，仍以年號爲名，屬潯陽郡。"[④]

由於上述諸書均未提及宋若思曾任何處採訪使，故以往的學者多根據《太平寰宇記》中所説的"潯陽郡"對其身份進行推測，認爲宋若思所任者乃江南西道採訪使。《墓誌銘》的出土，使我們對其職官的變化有了更加準確的認識。由《舊唐書・房琯傳》的記載可知，宋若思天寶十五載六月爲御史中丞，當年十月仍在靈武，其"專征出海隅"，由御史中丞出任宣歙採訪使兼宣城郡太守當在至德元載（756）十二月"策勳行賞"以後。

2. 何昌浩

李白曾寫過兩首寄贈何昌浩的詩歌——《贈何七判官昌浩》和《涇溪南藍山下有落星潭，可以卜築，余泊舟石上，寄何判官昌浩》。何昌浩其人却未見諸其他文獻，故吴汝煜、胡可先《全唐詩人名考》、

---

① 劉昫等：《舊唐書》卷九，第 233 頁。

② 劉昫等：《舊唐書》卷一一一，第 3321 頁。

③ 劉昫等：《舊唐書》卷四〇，第 1609 頁。

④ 樂史：《太平寰宇記》卷一〇五，北京：中華書局，2007 年版，第 2088 頁。

陶敏《全唐詩人名彙考》均未對其身份進行考證。其他學者則對何昌浩的身份有諸多猜測,有的學者認爲"此何昌浩當是西北面節度使之判官"[①],也有學者認爲他乃"幽州范陽節度使幕府判官"。[②] 由《墓誌銘》的記載可知何昌浩乃是宋若思任宣歙採訪使時的支使。

關於何昌浩在宋若思幕下任職的起止時間,《墓誌銘》没有明確記載。但由宋若思的仕歷來推斷,何昌浩擔任其支使應是至德二載(757)的事情了。乾元元年(758)五月,肅宗罷各地採訪使。《舊唐書·肅宗紀》載:"壬午,詔:'近緣狂寇亂常,諸道分置節度,蓋總管内徵發、文牒往來,仍加採訪,轉滋煩擾。其諸道先置採訪、黜陟二使宜停。'"[③]雖然乾元元年,鄭炅之接替宋若思任宣歙節度使[④],但何昌浩却仍在宣歙節度使幕。《墓誌銘》對其仕歷遷轉記載甚詳,而止於宣歙採訪使支使一職,并言其乃"官舍遇疾",由此可見何昌浩自至德二載入宋若思幕以後,便一直爲宣歙採訪使、節度使的幕僚。

二、李白贈何昌浩詩撰作時地質疑

李白曾寫過兩首贈何昌浩的詩歌:

贈何七判官昌浩

有時忽惆悵,匡坐至夜分。平明空嘯咤,思欲解世紛。心隨長風去,吹散萬里雲。羞作濟南生,九十誦古文。不然拂劍起,沙漠收奇勳。老死阡陌間,何因揚清芬。夫子今管樂,英才冠三軍。終與同出處,豈將沮溺羣。[⑤]

---

① 李白撰,瞿蜕園、朱金城校注:《李白集校注》卷九,上海:上海古籍出版社,1980 年版,第 621 頁。

② 李白撰,安旗主編:《新版李白全集編年注釋》,成都:巴蜀書社,2000 年版,第 870 頁。

③ 劉昫等:《舊唐書》卷一〇,第 252 頁。

④ 吴廷燮:《唐方鎮年表》,北京:中華書局,1980 年版,第 797 頁。

⑤ 李白撰,王琦注:《李太白全集》卷九,北京:中華書局,1977 年版,第 482 頁。

涇溪南藍山下有落星潭，可以卜築，余泊舟石上，寄何判官昌浩

藍岑聳天壁，突兀如鯨額。奔虁横澄潭，勢呑落星石。沙帶秋月明，水摇寒山碧。佳境宜緩棹，清輝能留客。恨君阻歡遊，使我自驚惕。所期俱卜築，結茅鍊金液。[①]

前人對此二詩寫作時間的諸多誤解，咸曉婷已在《繫年》中進行了糾正。她主張《贈何七判官昌浩》一詩作於至德二載秋，甚確。但她認爲李白寄贈何昌浩的兩首詩乃同一年所作，并云："不過現在看來，李白在卧病宿松之前尚有涇溪之行，《涇溪南藍山下有落星潭，可以卜築，余泊舟石上，寄何判官昌浩》即作於此時，爾後才從涇溪前往宿松避難。"[②]則頗成問題。

瞿蜕園、朱金城於《贈何七判官昌浩》的注釋中説："卷十四有《涇溪南藍山下有落星潭可以卜築余泊舟石上寄何判官昌浩》詩，此云：'終與同出處，豈將沮溺羣？'彼云：'所期俱卜築，結茅鍊金液。'語意互相關顧。"[③]所謂的語意相關顧，乃是説這兩首詩都表現出李白希望能與何昌浩共同進退之意，而并不一定就是同一年所作。并且從内容來看，兩首詩所表現出的詩風和作者的心境完全不一致。前者反映了李白積極進取，希望能與何昌浩共同爲國殺敵立功的昂揚之情，後者所表現的却是作者退隱求仙之意，與前者相比，意志消沉了許多。因此這兩首詩恐非同時所作。

至於這兩首詩的寫作地點，《繫年》并未專作介紹，但從文意來看，作者似乎認爲它們都寫於宣州。《涇溪南藍山下有落星潭，可以卜築，余泊舟石上，寄何判官昌浩》乃作於宣州，殆無疑問。但《贈何七判官昌浩》無論從何種角度看，都無作於宣州的可能。

---

① 李白撰，王琦注：《李太白全集》卷一四，第695～696頁。

② 咸曉婷：《李白贈何昌浩詩繫年》，第151頁。

③ 李白撰，瞿蜕園、朱金城校注：《李白集校注》卷九，第621頁。

筆者以爲只有對李白尋陽出獄後的行蹤進行詳細考察之後，才可以解決這些問題。

三、李白尋陽出獄後的行蹤及二詩撰作時地釋疑

松浦友久認爲："李白出獄的時間當在至德二載（757）八月以前。"[①]而此後李白的行蹤甚明。由《中丞宋公以吴兵三千赴河南，軍次尋陽，脱余之囚，參謀幕府，因贈之》詩題中的三千吴兵，再加上詩歌中所説："組練明秋浦，樓船入郢都。"即可看出宋若思赴河南的行程。由宣歙採訪使駐地宣州至河南，可由水路溯長江而上，途經秋浦、尋陽、武昌等地，至沔陽由漢水北上或繼續沿長江上行至江陵，然後北上[②]。正因爲如此，他才有機會在尋陽解救李白出獄。"郢都"即江陵，由此可見宋若思軍隊預設的行程乃是由江陵北上進入河南道。

由《中丞宋公以吴兵三千赴河南，軍次尋陽，脱余之囚，參謀幕府，因贈之》詩題以及詩中所説的"自憐非劇孟，何以佐良圖"還可看出，李白自出獄以後，便留在宋若思軍中參贊軍務。而何昌浩此前即已入宋若思幕擔任支使，此次亦當隨軍北上，故與李白有酬唱、贈答。試想，李白與何昌浩素未謀面，若何昌浩不在赴河南的軍中，李白又怎會與其有所往來？由此可以斷定《贈何七判官昌浩》乃寫於赴河南途中。《中丞宋公以吴兵三千赴河南，軍次尋陽，脱余之囚，參謀幕府，因贈之》中的"風高初選將，月滿欲平胡"與《贈何七判官昌浩》中所説的"不然拂劍起，沙漠收奇勳"，實際上表達的是同一層意思——即要立功沙場，儘快剿滅安禄山叛軍。可見，李白雖剛經歷了永王李璘兵敗被囚一事，却未影響到他從軍抗敵、報效國家的决心，故在此

---

① ［日］松浦友久撰，劉維治、尚永亮、劉崇德譯：《李白的客寓意識及其詩思》，北京：中華書局，2001 年版，第 222 頁。

② 參嚴耕望：《唐代交通圖考》第四卷，第二十八篇《荆襄驛道與大堤豔曲》及圖十五。

二詩中再次抒發他慷慨激昂的意氣。

本年秋天，李白隨宋若思的軍隊沿長江西行，還可以由《陪宋中丞武昌夜飲懷古》得到佐證：

> 清景南樓夜，風流在武昌。庾公愛秋月，乘興坐胡牀。
> 龍笛吟寒水，天河落曉霜。我心還不淺，懷古醉餘觴。[①]

詩中所言處處皆秋景，自然是作於至德二載秋無疑。且從所用之“寒水”“曉霜”等詞來看，寫作此詩時已非初秋，而是仲秋甚至深秋時節。而以宋若思軍隊的行程計算，此時也已是農曆八九月份甚至更遲了。此後不久由於某種原因，李白爲避難而離開了宋若思幕[②]，途中又因爲生病而在宿松安頓了下來。

李白卧病宿松以後，作有《贈張相鎬二首》。此二詩的寫作時間較爲明確。《資治通鑒》載：“（至德二載八月）以張鎬兼河南節度使、采訪等使，代賀蘭進明。”[③]同年十月，“張鎬聞睢陽圍急，倍道亟進，檄浙東、浙西、淮南、北海諸節度及譙郡太守閭丘曉，使共救之。”[④]而且由詩中所言“誓欲斬鯨鯢，澄清洛陽水”，也可斷定此乃“聽到洛陽收復（十月壬戌＝十八日）捷報以前的作品。”[⑤]因此，自王琦《李太白年譜》以來，諸本皆將此詩的寫作時間繫於至德二載九、十月間。而武昌距離宣州路途遥遠，一去一回非旬月之間可達。故從時間上來講，

---

① 李白撰，王琦注：《李太白全集》卷二二，第1043頁。

② 關於李白離開宋若思幕的原因，學界迄無定論，松浦友久認爲乃是其所作的《爲宋中丞請都金陵表》强烈刺激了局促不安的肅宗朝廷，使得他們要徹底追究李白的罪行。（[日]松浦友久撰，劉維治、尚永亮、劉崇德譯：《李白的客寓意識及其詩思》，第235～236頁。）郁賢皓認爲朝廷之所以又要徹查永王李璘案，乃是由李白所撰《爲宋中丞自薦表》所致：“也許正是這個李白的《自薦表》，才使朝廷又重新處理永王事件。宋若思也可能聽到朝廷的議論，才讓李白離開幕府，到宿松‘逃難’。”見郁賢皓：《李白與唐代文史考論》，南京：南京師範大學出版社，2008年版，第129頁。

③ 司馬光編著：《資治通鑒》卷二一九，第7029頁。

④ 司馬光編著：《資治通鑒》卷二二〇，第7039頁。

⑤ [日]松浦友久撰，劉維治、尚永亮、劉崇德譯：《李白的客寓意識及其詩思》，第234頁。

李白是無論如何不可能由武昌先返回宣州,再逃至宿松的。只能是由武昌沿江而下,止於宿松避難。

綜合上述材料來看,李白自尋陽出獄到卧病宿松的幾個月間,根本没有時間回到涇溪。而且從《涇溪南藍山下有落星潭,可以卜築,余泊舟石上,寄何判官昌浩》所反映的内容來看,此詩也絶無作於至德二載的可能。"恨君阻歡遊,使我自驚惕",抒發的是何昌浩雖近在咫尺,却不能一同前來卜築的遺憾之情。退一步講,即使李白至德二載秋曾回過涇溪,但何昌浩此時却尚在前往河南的途中,怎會同時出現在宣州?再者,李白九月份尚在武昌,回到涇溪之後當是深秋時節,而此詩所用之"澄潭""山碧",展現出的却是一幅清新明快的初秋景象。況且,李白是因爲逃難才離開宋若思幕的,其心情定當是驚惶、悲涼的,這也可由他逃難至宿松時即憂鬱成疾推知。他又怎會有"卜築""鍊金液"之客觀環境?而且詩中時云"佳境""清輝",時云"歡遊""卜築",作者的心情無疑是愜意和悠閒的,與李白處於逃難途中的情形更不契合。因此無論是從李白的行蹤還是詩歌的内容來説,此詩都不可能作於至德二載。

筆者認爲,《涇溪南藍山下有落星潭,可以卜築,余泊舟石上,寄何判官昌浩》當作於上元二年(761)李白再遊宣州之時。李白對宣州一直情有獨鐘,即便在流放途中還寫有《憶秋浦桃花舊遊時竄夜郎》,説明他一直眷戀著宣州的人和事。然而自被定罪長流夜郎的至德二載冬到被赦免後的幾年之間,李白的行蹤較爲明確,他一直没有機會回到"從氣質和體質方面都極有好感"[①]的宣州。李白得以再返宣州,乃是上元二年的秋天,并有《贈劉都使》《宣城送劉副使入秦》等詩作。此段時間,李白一直在宣城、南陵一帶活動。《何昌浩墓誌銘》中説他"官舍遇疾",李白詩中所云"恨君阻歡遊",當即指此。可見此時何昌

① 參[日]松浦友久撰,劉維治、尚永亮、劉崇德譯:《李白的客寓意識及其詩思》,第252頁。

浩已然病情加重,不良於行了。故末句中的"結茅鍊金液",一方面是爲了安慰好友何昌浩,希望道家的仙藥能够治療他的疾病。另一方面也是李白退隱求仙之意的流露,因爲此時的宣州已非故友之子宋若思的轄地,李白自然也不能够受到他的庇佑了。

第三章　長安新出于汝錫夫婦墓誌銘的傳記文學價值

朱東潤先生認爲："傳叙文學底價值，全靠牠的真實。無論是個人事蹟的叙述，或是人類通性的描繪，假如失去了真實性，便成爲没有價值的作品。真是傳叙文學底生命。"[①]除了真實以外，一篇好的人物傳記，應當包括傳主的生卒年月、他的世系乃至心理發展。[②] 絶大多數墓誌銘在傳主心理發展方面的描寫均較爲欠缺，千年以後，今人也難以臆測，但在傳主的世系、生平的叙寫方面却有較高的真實性，甚至可以用來糾正傳世文獻對其世系與生平的誤載。部分墓誌銘在文章結構和遣詞用語方面也顯得較有特色，一反程式化的創作模式，因此仍不失爲優秀的傳記文學作品。

2009 年，西安市大唐西市博物館新入藏《唐故浙江東道觀察支使試太常寺協律郎雲騎尉河南于公（汝錫）墓誌銘》及其夫人《唐故琅邪顔夫人（憲）墓誌銘》二方，對于汝錫的家世、婚姻、科考、仕歷、文學創作等方面的記載均較有特色，值得專門加以論述。

---

① 朱東潤：《八代傳叙文學述論》，第 5 頁。

② 《晏子春秋》之所以僅可稱爲傳叙文學的"一個狠寒傖的祖宗"，其根源就在於《晏子春秋》中"看不到整個的體系，看不到傳主生卒年月，看不到他底世系，看不到他底心理發展"。朱東潤：《八代傳叙文學述論》，第 39 頁。

一、録　文

唐故浙江東道觀察支使試太常寺協律郎雲騎尉河南于公墓誌銘并序①

姪山南東道節度推官徵事郎試太常寺協律郎德舊譔并書

季父諱汝錫,字元福。有嗣子德充自餘杭護其喪歸,時猶子德舊自漢南奉長院世母之喪事且至,會德充都城南,哭既,言曰:“天禍先君。先君始得疾將篤,命某曰:‘我不幸即世塗中,尔齒尚幼,而吾五十七年之事遂泯滅矣。’迺不復言。某伏念不可殞盡,願一睹叙述而没。又無以藉手於名公鉅人,以兄通於詞章,庶幾能成先君之志,得不勉歟?”德舊持其手哭,遂不敢辭,即謹著其世系本末云。季父先七世相後周,史氏叙碩臣爲稱首,是曰燕公,由公下二世,咸至大官。高祖諱玄英,長鄮縣。曾祖諱濟,劍州司馬,贈禮部正郎。大父諱抱誠,守同谷郡,贈工部尚書。自高、曾世,位不顯大,或者天將隆其家聲而萃于司空府君。府君諱邵,愍其宗不振將墜,講業飭行,遂闡以興,其功德不下於先燕公。建中初,爲小宗伯,實兼書命,天子寵且相之。以淳誠篤厚,爲權臣所中,左遷至江州長史,始有季父。嘗抱以語諸父曰:“汝曹必名於時,異日獨不念吾所以屬此子耶?”季父數歲而孤,長育諸父間,皆親授經旨,彫琢章句,每筆落天得,諸父奇異之,若不及者。慈而不驕,磨礱大成。年二十餘,試藝春官。始一戰,丞相韋公將拔與之,嫌其世家子且甚少,故不就。其後餘二十年,至開成四年,今左轄崔公主貢事,方上第。季父少知名,尤工詩賦,賦累百、詩至千首。京師人喜傚有司意,每歲採時事聲

① 于汝錫、顔憲墓誌銘的原石均藏大唐西市博物館,録文及拓片圖版分别見胡戟、榮新江主編:《大唐西市博物館藏墓誌》,第898～899頁、第880～881頁。

稱,私第貢士名,以季父爲唱,十八九焉。季父高簡夷淡,脱略時勢,洞然無所蓄。嘗治城外小墅,與子弟講磨議論,或時引水移竹,嘯歌終日,盡忘其所趨。秋至,及期方來,不第輒復去,未嘗以得失動於色,士流樂推之。諫大夫李公署爲山陽從事。府移制東,表授秘省校書。當事無所顧避,政之細大,一以咨之。元桂州來爲觀察使,未至,藉其名已熟,虚支使職以請,轉協律郎。道直言從,功利興行。廉帥罷去,今丞相白公方召使校理集賢殿中。既而言旋,以大中元年九月乙酉,捐館於錢唐云。世母,前姑臧李氏,族之望也;後琅琊顔氏,魯公孫也。婦儀母範,同德異時。四子,長則德充,次曰德嵩,皆未冠。次曰環郎、五保。明年四月將會顔夫人,卜兆不利,乃用癸卯窆于先塋之次,權也。異日暨通歲,繄四子其有終乎。銘曰:

赫赫吾門,祖宗堂構。家世簪紱,蕃衍胤胄。慶源引派,靈根擢秀。季父是生,宜嗣宜守。幼而絶特,長乃博厚。器業混成,詞華天就。既睦宗親,淑行孔彰。爰好朋友,聲問載揚。始趨一名,極否而伸。聿來三府,遂止從軍。孰有斯理,顛倒糾紛。天宜相之,而有後人。

唐故琅邪顔夫人墓誌銘并叙

夫前鄉貢進士于汝錫撰

魯公太師之季子、殿中御史碩,娶盧氏,生三男二女。男之長曰淙,終同州韓城令。次曰知權,進士擢第,終秘書省正字。次曰逷,終金吾衛佐。女之長適博陵崔鈞,而夫人歸于我。同氣之在,唯今崔氏孀姊。家于淮楚間,撫孤恤下,崔族茂理。夫人七歲而殿中歿,明年,盧夫人終,乃就育于伯母崔氏。崔母爲人甚嚴整,而長年疑聽於賞愛,凡事多不能叩其實。夫人性寡默,有不可未嘗啓言,有侵嫌未嘗辨析。洎崔母即世,哀毁如子。虔奉襄事,罄運身力。昆弟敬畏,皆不能阻其施爲。其他處身莅事,必合經制。蓋天假明敏,以濟賢淑。亦既爲婦,休譽日滋。動息以禮爲防,憲令行而人不敢忤;撫接以和爲貴,恩意洽而人不敢踰。守道安貧,熙熙然表範於吾門者,十四年于兹矣。嗚呼!世人以文誌於妻之墓,將極其説,必齊姜焉、宋子焉。過如不足,寧止其分而已也。余欲播夫人之令德,具夫人之懿行,寫其分尚不能足,將既詞以及何必哉。已而已而,知乃知,不知無以畢説也。夫人名憲,别號玄一,以開成四年五月十四日,終于興平縣湯臺鄉□陽坊,享年卌一。即以明年正月廿五日,葬于長安縣萬春鄉神禾原,祔吾之先塋,禮也。長男德充與女子一人,汝錫未娶而有。夫人之出,見在者四男:小字曰劉五,曰阿重,曰玉環,曰殊郎。劉五始十一歲,重亞于劉一年,其下小未有知,皆孥抱臨穴,以列于次。悲夫!銘曰:

室爲賢女,歸爲賢婦。理爲賢妻,撫爲賢母。壼闈令範,禮樂規矩。蘭艾俱焚,懿善誰主。合巹爲今,共穴爲古。指此同歸,先後何苦。

二、家世與婚姻

于汝錫夫婦墓誌銘的傳記文學價值首先體現在對于汝錫家世的叙寫方面。于汝錫之名僅見於《新唐書》和王建的詩集之中。《新唐書·宰相世系表》二下“于氏”記載于邵有六子,居其首者即于汝錫,但介紹得極爲簡單,僅云:“汝錫,字元福。”[1]王建詩集中也僅存于汝錫姓名,對於了解其生平和身份均無裨益,故《于汝錫墓誌銘》的出土爲我們考察其生平,解决于氏世系中一些懸而未决的問題均具有較

---

① 歐陽修、宋祁:《新唐書》卷七二下,第2827頁。

高的價值。

中古時期的于姓可謂顯赫一時的大族，自于謹隨魏孝武帝入關以來，世居長安，日漸興旺，文人政客輩出。僅唐代躋身相位者即有于志寧、于頔、于琮三人，後梁時期出任宰相的于兢也是于志寧的後人。文人之中較爲知名的則有于濆、于邵、于公異等多位。兩《唐書》中爲于氏家族成員立傳者更是多達十數人。

唐代于氏的世系，特别是于邵一支，傳世文獻中的記載向有分歧，主要集中在于邵與于筠的關係上。《舊唐書・于邵傳》云："于邵字相門，其先家於代，今爲京兆萬年人。曾祖筠，户部尚書。"[①]《新唐書・宰相世系表》二下列于邵的世系爲：

于翼—于筠—□—□—□—于抱誠—于邵

據此，于筠當爲于邵之五代祖。《元和姓纂》所載于邵的世系爲："翼，周常山公、隋太尉，生璽、筠……筠，太僕卿；元孫抱誠，成州刺史，生邵、郢。"岑仲勉認爲《元和姓纂》的記載可信，于邵爲于筠五世孫。[②]《于汝錫墓誌銘》記其世系本末云："先七世相後周，史氏叙碩臣爲稱首，是曰燕公，由公下二世，咸至大官。高祖諱玄英……曾祖諱濟……大父諱抱誠……自高、曾世，位不顯大……府君諱邵。"墓誌銘雖未記載于筠其人，但明確指出于汝錫高祖，亦即于邵曾祖名玄英，且"位不顯大"，可以確定于筠絶非于邵之曾祖，可見《舊唐書》的記載失實。《新唐書・宰相世系表》和《元和姓纂》均記于筠的官職爲太僕卿，與《于汝錫墓誌銘》所云自燕公而下二世"咸至大官"的説法頗爲一致，因此可以確定于筠當爲于邵之五世祖。《于汝錫墓誌銘》的出土不僅證實了《新唐書》及《元和姓纂》的説法，糾正了《舊唐書》的訛誤，也使得于邵一支的世系更加清楚。

---

① 劉昫等：《舊唐書》卷一三七，第 3765 頁。

② 林寶撰，岑仲勉校記：《元和姓纂（附四校記）》卷二，第 237～238 頁。

另據墓誌銘記載，于汝錫乃于邵被貶江州長史後所生，且"數歲而孤，長育諸父間"，文章的作者于德舊也稱傳主爲季父，故其當爲于邵幼子，《新唐書·宰相世系表》誤將其列爲長子，應移正。

《于汝錫墓誌銘》的撰者于德舊，其名亦見於新出土《唐故朝請大夫使持節金州諸軍事守金州刺史上柱國張府君（知實）墓誌銘》，墓誌銘記載張知實有女五人，第三女"適襄州節度推官、協律郎于德舊"。[①] 張知實生於貞元五年（789），與于汝錫同時，其女之年齡亦當與于汝錫的侄子相當，故可斷定張知實之女婿與《于汝錫墓誌銘》的作者于德舊應爲同一人，曾任襄州節度推官、協律郎等職。《新唐書·宰相世系表》所載于邵六子之中，唯于人文名下詳列其三子的姓名、職官。訢、誠二人事跡未見文獻記載，皋謨則因貪瀆而被殺於流貶途中（詳下文），疑德舊乃尹躬之子。

至於于汝錫的子嗣，于汝錫、顏憲二人墓誌銘中的記載略有出入。《顏憲墓誌銘》記載于汝錫有五個兒子，四人爲顏氏所出："長男德充與女子一人，汝錫未娶而有。夫人之出，見在者四男：小字曰劉五，曰阿重，曰玉環，曰殊郎。"《于汝錫墓誌銘》則云僅有四子："四子，長則德充，次曰德嵩，皆未冠。次曰環郎、五保。"德嵩、環郎、五保三人爲顏氏所出。《顏憲墓誌銘》乃于汝錫親撰，當不至於誤記。不過顏憲去世時，其所生四子尚幼，"劉五始十一歲，重亞於劉一年，其下小未有知"。因此，極有可能有一位在于汝錫去世前夭折，當以《于汝錫墓誌銘》所載爲准。由兩篇墓誌銘所載四人名字的次序對應關係上看，德嵩即阿重，環郎即玉環，去世者爲劉五的可能性較大。據此可將于汝錫的世系訂補如下：

---

① 吴鋼主編：《全唐文補遺》第九輯，西安：三秦出版社，2007年版，第410頁。

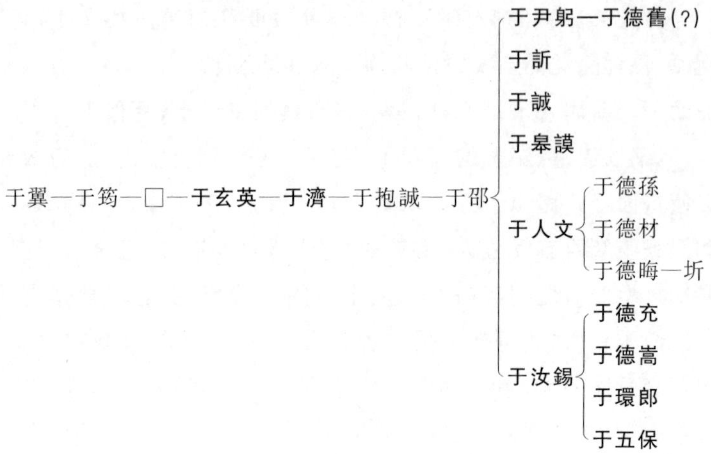

(訂補之處用粗體表示)

兩篇墓誌銘對于汝錫婚姻方面的記載也很有特色,尤其是于汝錫親自執筆的《顔憲墓誌銘》,既將顔憲一生中的重要事情,如世系、婚姻、子嗣等都交待得極爲清楚,行文也相當簡潔,没有過多的套話,真正做到了于汝錫所提倡的"過如不足,寧止其分而已也"的寫作宗旨。據墓誌銘記載,顔憲生於貞元十五年(799),卒於開成四年(839)。文中雖然没有指出他們結婚的具體過程,但由"熙熙然表範於吾門者,十四年于兹矣"一句可推知二人結婚乃在寶曆二年(826),其時于汝錫三十六歲,顔憲二十八歲。由于汝錫的年齡來判斷,顔憲當爲續娶。于汝錫在文中雖然没有直接説明,但通過對其子嗣的婉轉介紹,我們可以推知:"長男德充與女子一人,汝錫未娶而有。"點明了于汝錫此前曾有過一段婚姻的事實。《于汝錫墓誌銘》也明確記載傳主曾經有過兩次婚姻:"世母,前姑臧李氏,族之望也;後琅琊顔氏,魯公孫也。"墓誌銘開頭也説:"有嗣子德充自餘杭護其喪歸",以德充爲嗣子,可知德充爲李氏所出,與《顔憲墓誌銘》的記載略同。

于汝錫對妻族的介紹也同樣體現出了上述特點,《顔憲墓誌銘》開篇即云:"魯公太師之季子、殿中御史碩,娶盧氏,生三男二女。男之長曰淙，終同州韓城令。次曰知權，進士擢第，終秘書省正字。次曰遏，終金吾衛佐。女之長適博陵崔鈞，而夫人歸于我。同氣之在，唯今崔氏孀姊。"寥寥數語即將顔碩的家庭構成情況交待完畢，舉凡兒子的姓名、職官，女兒的婚媾情形、見在與否，均無一漏列。顔真卿所撰《顔氏家廟碑》的流行，使得顔氏到顔真卿爲止的世系保存得較爲完整，但其後人的情况却不明朗。顔真卿兒子的數量、行第均有歧説，孫輩的情形則因《元和姓纂》、兩《唐書・顔真卿傳》等史書均未作説明，更是難以確考。《顔憲墓誌銘》明確記載顔碩爲顔真卿之季子，可證兩《唐書・顔真卿傳》的記載不誤而《元和姓纂》所記失實。墓誌銘又云"夫人七歲而殿中歿"，可由顔憲的生年推知顔碩去世於貞元二十一年(805)。顔碩所生三子依次爲：淙、知權、遏，可補顔氏世系之闕。

三、科考與仕途

《于汝錫墓誌銘》記載于汝錫"以大中元年九月乙酉捐館於錢唐"，其臨終之前不無恐懼地稱："吾五十七年之事遂泯滅矣。"故可確定其生卒年爲：貞元七年(791)至大中元年(847)。年僅五十七歲而歿，享壽不可謂高。加之于汝錫科考不順，直到四十九歲時方進士及第，八年之後旋即去世，因此墓誌銘中對其職官遷轉的記載也較爲簡略。而這一切都與其兄于皋謨的貪瀆事件有關。

于皋謨，憲宗時爲行營糧料使，元和六年(811)五月，因貪没軍資而被流配春州(今廣東陽春)，一同被流放的還有前糧料使、太師董晋之子董谿。二人行至潭州後，被憲宗派出的中使所殺。《册府元龜》記載："于皋謨，憲宗時爲行營糧料使。元和六年五月，坐犯諸色贓，計錢四千二百貫，并前糧料使董谿犯諸色贓，計四千三百貫。又於正額供軍市糴錢物數内，抽充羨餘、公廨諸色給用，計錢四萬一千三百貫。敕:于皋謨、董谿等……肆意貪求,曾無忌憚,擅請時服,乾没軍資,負恩敗法,一至於此。據其罪狀,合寘極刑。以其嘗列班行,皆承門序,弘以好生之澤,免其殊死之辜。是俾投荒,期於勿齒。皋謨除名配流春州,董谿除名配流封州。其判官……薛巽……等並貶嶺外。皋謨、谿行至潭州,並專遣中使賜死。"[①]

于皋謨的案件,給于邵家族造成了重大影響,其兄于尹躬因此遭貶。《唐詩紀事》記載:"尹躬,大曆進士,元和間爲中書舍人,坐其弟皋漢以贓獲罪,左授洋州刺史。"[②]白居易《貶于尹躬洋州刺史制》云:"中書舍人于尹躬:其弟皋謨,贓汙狼籍。雖無從坐之法,合當失教之責。然以典職詔命,恭勤五年,我即念勞,爾宜思過。俾居近郡,玆謂得中。"[③]

于汝錫在科場上的蹭蹬,應該也與此有關。墓誌銘記載于汝錫初次應舉時的情形云:"年二十餘,試藝春官。始一戰,丞相韋公將拔與之,嫌其世家子且甚少,故不就。"丞相韋公指韋貫之,據《登科記考》,韋貫之元和八年(813)、九年連續兩次知貢舉。關於韋貫之的取士標準及爲人,傳世典籍中多有記載。《舊唐書·韋貫之傳》中説:"(貫之)拜中書舍人,改禮部侍郎。凡二年,所選士大抵抑浮華,先行實,由是趨竞者稍息。"[④]白居易在《中書舍人韋貫之授禮部侍郎制》中也稱讚他説:"中書舍人韋貫之,沈實賢峻,文以禮樂。行成於内,移用於官。公直之聲,滿於臺閣。頃以詞藻,選登禁掖。秉筆書命,時稱得人。久積勤勞,宜有遷轉。可使典禮,以和神人。可使考文,以

① 王欽若等:《册府元龜》卷五一一,第6127頁。《舊唐書·權德輿傳》記載二人被殺之後,權德輿曾上書指出憲宗的做法失當。韓愈《唐故朝散大夫商州刺史除名徙封州董府君(谿)墓誌銘》,柳宗元《朗州員外司户薛君(巽)妻崔氏(媛)墓誌》對董谿、薛巽被貶及遇赦詔許歸葬的情形記載甚詳,于皋謨的情况當與此大致相同,可參看。

② 計有功輯撰:《唐詩紀事》卷三二,第501頁。"皋漢"當爲"皋謨"之訛。

③ 白居易著,朱金城箋校:《白居易集箋校》卷五四,第3141頁。

④ 劉昫等:《舊唐書》卷一五八,第4174頁。

第俊秀。儀曹之選,僉議所歸。往修乃官,無替厥問。可禮部侍郎,餘如故。"[①]若果真如白居易所説,韋貫之"沈實賢峻""公直之聲,滿於臺閣",則墓誌銘所説"將拔與之"當爲實寫,只不過礙於兩三年前剛剛發生的于皋謨事件而作罷,所謂"世家子且甚少"云云乃是諱詞。在這之後的歲月裏,于汝錫爲科考付出了巨大的努力,墓誌銘記載,應舉的士子們爲了對付考試,每年都會根據時事擬定科考的試題,于汝錫每每參與其中:"京師人喜倣有司意,每歲採時事聲稱,私第貢士名,以季父爲唱,十八九焉。"平日則住在城外的别墅,與子弟議論、吟詠不輟,每至科考時間臨近即進城應舉:"秋至,及期方來,不第輒復去,未嘗以得失動於色。"如此循環往復,却遲遲未能中第。直到二十多年以後的開成四年(839),或許于皋謨事件造成的惡劣影響逐漸被世人淡忘,于汝錫才終於在崔蠡門下進士及第,從此進入了仕途。但對於年近半百的于汝錫而言,顯然來得太遲,他已經没有太多的升遷機會了。

墓誌銘對于汝錫仕歷的記載較爲簡略,僅云:"諫大夫李公署爲山陽從事。府移制東,表授秘省校書……元桂州來爲觀察使……虚支使職以請,轉協律郎……廉帥罷去,今丞相白公方召使校理集賢殿中。既而言旋。"于汝錫得到的第一任官職爲山陽從事。山陽乃唐代楚州的治所(現江蘇淮安),諫議大夫李公爲李師稷,據《唐刺史考全編》,李師稷開成四年至會昌二年(842)任楚州刺史。[②] 會昌二年,李師稷調任浙東觀察使,于汝錫又隨之赴杭州,任其僚佐,直至府罷。"元桂州來爲觀察使"當指元晦由桂管觀察使轉任浙東觀察使一事。《會稽掇英總集》記載:"元晦,會昌五年七月授,大中元年五月追赴闕。"[③]自會昌五年(845)起,于汝錫仍在浙東觀察使幕,擔任其觀察支

① 白居易著,朱金城箋校:《白居易集箋校》卷五五,第3156頁。

② 郁賢皓:《唐刺史考全編》,第1698頁。

③ 孔延之編:《會稽掇英總集》卷一八,北京:人民出版社,2006年版,第270頁。

使。大中元年五月，元晦罷浙東觀察使之後，宰相白敏中曾推薦于汝錫入朝擔任集賢校理，但墓誌銘云“既而言旋”，誌題記其終官爲“浙江東道觀察支使試太常寺協律郎”，可見于汝錫并未赴任，於當年九月卒於杭州。

時過境遷之後，于汝錫的子侄輩也重新有了出任清要之職的機會。大中、咸通年間于德晦歷任工部侍郎、中書舍人、吏部侍郎等職，還曾出任歙州、杭州、同州刺史。于德孫也在咸通年間擔任過鄂州刺史。[①]

四、文學觀念與文學家傳

傳世文獻中雖然没有于汝錫的文學作品留存，但他與中唐時期的重要詩人王建交往較爲頻繁，二人之間也多有詩歌往還。王建詩集中所存與于汝錫的酬唱之作尚有《同于汝錫賞白牡丹》《同于汝錫遊降聖觀》《酬于汝錫曉雪見寄》等多首，[②]可以想見當年二人唱和的盛況。惜于汝錫的相關詩作均已佚失，我們無法得見其詩歌創作的真實面貌。于汝錫夫婦墓誌銘的出土，可以使我們略窺其文學創作理念及創作實績。

于汝錫認爲墓誌銘中應該對傳主作出恰如其分的評價，不應該過分誇大其品行，丈夫在爲妻子撰寫墓誌銘時動輒即用齊姜、宋子的典故來比擬妻子的品德，實際所達到的可能是一種過猶不及的效果：“世人以文誌於妻之墓，將極其説，必齊姜焉、宋子焉。過如不足，寧止其分而已也。余欲播夫人之令德，具夫人之懿行，寫其分尚不能

---

① 于德晦、于德孫任各州刺史的詳情，可參郁賢皓《唐刺史考全編》相關部分。

② 王建著，尹占華校注：《王建詩集校注》卷五、卷六，成都：巴蜀書社，2006 年版，第 182、255、263 頁。張耕認爲王建《寄石寺翁二秀才》等詩寄贈的對象也是于汝錫，見張耕：《王建生平考論》，《唐代文學研究》第九輯，桂林：廣西師範大學出版社，2002 年版，第 554 頁。

足，將既詞以及何必哉。已而已而，知乃知，不知無以畢説也。”因于汝錫現存的作品僅此一篇，我們不知這一觀念是否在其他作品中得到了很好的執行。但前文講到，韋貫之曾想讓于汝錫進士及第，而他的取士標準爲“抑浮華，先行實”，説明于汝錫的爲人、爲文頗符合韋貫之的選取標準。此或可證明于汝錫在《顔憲墓誌銘》中表現出的質實而不虚浮的文風正是他一貫堅持的創作原則。墓誌銘中的這種不誇大、不虚美，實事求是的做法與傳記文學的創作精神也是不謀而合的。

除了《顔憲墓誌銘》以外，于汝錫本人的墓誌銘還記載他“少知名，尤工詩賦，賦累百、詩至千首”。他在文學創作方面之所以有這樣的成績，與于邵家族濃厚的文學氛圍是密不可分的。于邵一系在政治上的表現雖不如于志寧、于頔兩支，但在文學創作方面却有著較好的表現。于邵及其三子尹躬、皋謨、汝錫，諸孫德晦、德舊等皆有文學。

于邵本人天寶末年即進士及第，以書判超絶，授崇文館校書郎，代宗、德宗時期的詔令多出其手。于邵文兼衆體，頌、贊、表、狀、書、判、箴、記無不擅長，有文集四十卷流傳一時。《全唐文》現仍存于邵文一百多篇，編爲七卷。此外尚有《李翰林墓碑》①和《大唐贈兵部侍郎樊公(泳)墓誌銘》②兩篇。于邵在詩歌方面的成就雖然稍遜，但《唐詩紀事》記載:“貞元四年九月，(唐德宗)賜宴曲江亭，帝爲詩……由是百僚皆和。上自考其詩，以劉太真及李紓等四人爲上等，鮑防、于邵等四人爲次等，張蒙、殷亮等二十三人爲下等，而李晟、馬燧、李泌三宰相之詩，不加考第。”③可見其詩歌創作之一斑。《全唐詩》卷二五

---

① 《李翰林墓碑》僅存寥寥數語，見陳尚君輯校:《全唐文補編》卷五五，第668頁。

② 周紹良、趙超主編:《唐代墓誌彙編續編》，第753頁。本文撰於貞元九年(793)，署“金紫光禄大夫上柱國常山郡開國公于劭撰”，對於考察于邵的生平較有幫助。

③ 計有功輯撰:《唐詩紀事》卷二，第17～18頁。

二仍存于邵《釋奠武成王樂章》組詩共五首。

據《于汝錫墓誌銘》記載,于邵雖然對于汝錫鍾愛有加,但于汝錫年僅數歲時于邵便去世,因此于汝錫主要是在于尹躬等人的照料下長大的。于尹躬,大曆進士,元和六年以中書舍人知貢舉。《全唐詩》卷三〇五存其《南至日太史登臺書雲物》詩一首。《全唐文》卷四五五存其《進賢冠賦》一篇。于皋謨雖無文學作品流傳,但《寶刻叢編》卷一三引《復齋碑録》云:"《唐徐偃王廟記》,唐于皋謨撰,正書,无姓名,貞元十年秋八月立。"[①]又,《文苑英華》卷六六九所存于邵《與裴諫議虬書》云:"閣下:昨日愚子皋謩起居迴,蒙以《放鷹》《度隴》二賦及《宗儒銘》《自發東甌至安南》諸作見示……所得四卷,繕寫已畢,致之篋笥爲藏馳,遣皋謩送本,不復一一。"[②]于皋謨、裴虬二人的作品往還均通過于皋謨之手傳遞,可見他也是頗涉文藝之士。于尹躬還"親授經旨,彫琢章句"。于汝錫之所以"每筆落天得",終能在文學方面有所成就,與于邵、于尹躬、于皋謨等人的影響是密不可分的。

通過言傳身教來影響、帶動後人的傳統在于汝錫身上依然得到了繼承和發揚,墓誌銘記載:"京師人喜僦有司意,每歲採時事聲稱,私第貢士名,以季父爲唱,十八九焉。季父高簡夷淡,脱略時勢,洞然無所蓄。嘗治城外小墅,與子弟講磨議論,或時引水移竹,嘯歌終日,盡忘其所趨。"胡可先先生認爲:"這樣的文字,無疑是唐代詩人詩歌創作過程的原生態記録。我們閱讀唐詩文本,通常少見作詩過程的記述。這篇墓誌儘管没有具體寫出誌主所吟誦唱酬的具體詩作,但對其作詩過程的叙述、詩歌交往的記載和詩歌數量的呈現,已經將這位詩人展現在讀者的眼前。"[③]"與子弟講磨議論""嘯歌終日"也反映

---

① 陳思編著:《寶刻叢編》卷一三,杭州:浙江古籍出版社,2012年版,第847頁。

② 李昉等編:《文苑英華》卷六六九,第3443~3444頁。

③ 胡可先:《新出墓誌與唐代文學研究的拓展》,《北京大學學報》(哲學社會科學版),2013年第4期,第44頁。

出作詩的過程之中少不了子侄的參與。于汝錫之侄于德晦、于德舊等人也頗有文才，應當與家族内部的這種傳承有較大的關聯。

于人文之子德晦，與方干等人爲詩友，方干尚有《寄杭州于郎中詩》留存。《全唐詩補逸》卷六收其《歙郡有黄山樓北瞰黄山山勢中拆若巨門狀因題一絶》一首。《全唐文補編》録其《華嶽題名》一則。另，《新修大正藏》本《廬山記》卷五載："《有唐廬山簡寂觀熊君尊師碣》，門人三洞弟子朝散大夫使持節杭州諸軍事守杭州刺史于德晦撰，范商皓書。"文已不存。

于德舊更是承襲了于汝錫的行文風格，語言簡潔、活潑。如描寫于汝錫的應試時用："試藝春官。始一戰，丞相韋公將拔與之。"連用的幾個動詞，"試""戰""拔"極爲生動地將考場比作戰場，用攻城拔地來形容科考之不易。因此，當于汝錫臨終前表達恐怕死後事跡泯滅的憂慮時，其子即因于德舊"通於詞章"，才將撰寫墓誌銘的任務托付給他。

五、身後事宜的安排

上編第六章曾及，唐人對身後事宜的安排看得極重，諸如歸祔祖塋、墓誌銘撰寫等等，都是傳主臨終前念念不忘的話題。即使傳主生前没有明確要求歸葬，多數子孫也會將其靈柩歸祔祖塋。《于汝錫墓誌銘》中也體現了傳主家屬在這方面的努力。

想盡一切辦法使亡歿於外地的家人歸祔祖塋，似乎是亡者家屬畢生致力的方向。《唐故朝散大夫檢校金部郎中韶州刺史裴公(札)誌銘》[①]記載興元元年(784)裴札卒於洪州私第，故而就近權窆。據其妻路氏的墓誌銘記載，如何使裴札的靈柩歸祔洛陽萬安山祖塋成爲她的一大心病。爲籌集歸葬的費用，路氏在長達八九年的時間中一

① 吴鋼主編:《全唐文補遺・千唐誌齋新藏專輯》，第279～280頁。

直省吃儉用:“又以韶州旅櫬,權窆他土,嘗用慼慼于懷,遂度謀於中,節用於外,歷八九稔,財力方集。”終於在貞元九年(793)湊齊營葬之費用,并卜得吉時,率領幼子,歷盡艱辛,將裴札的靈柩迎歸萬安山祖塋:“貞元九年歲協吉,卜將領幼子護喪而歸。泛江浮淮,自河達洛。險阻艱難,備嘗之矣。歸葬先塋,禮實無闕。”[①]據裴札之女《河東裴氏幼女(道生)墓表》記載,裴道生亦於興元元年卒於洪州私第,與其父裴札同。而其靈柩却一直等到二十一年之後方才由其妹“於洪州啓殯,營護而歸”。[②] 裴道生之所以没有與其父一起於貞元九年歸葬洛陽,最主要的原因可能還是費用問題,按理來説,父女二人一道歸葬,費用應該增加不了太多,但僅籌集裴札一人的歸葬費用,即需八九年之久,若再算上裴道生,則需要更長的時間,可能超出了路氏的預期,因此只能將裴札的靈柩先行歸祔,就中也可以看出路氏爲使亡夫歸祔祖塋的良苦用心以及籌措營葬費用的艱辛。

除了承擔爲于汝錫撰寫墓誌銘的任務以外,于德舊還負責將世母李氏的靈柩運歸祖塋。由《于汝錫墓誌銘》的記載可知,于汝錫及前夫人李氏均卒於外。于德充自杭州護其父汝錫之喪歸,母李氏之喪則由其堂兄德舊自漢南啓祔,於長安城南于氏祖塋所在地會合。[③]因德充諸弟尚未及弱冠之年,故而李氏的靈柩由于德舊護送。于德舊之所以在《于汝錫墓誌銘》一開篇即交待二人歸祔祖塋的情形,也可看出歸葬事宜在作者心目中的重要性。

《于汝錫墓誌銘》中雖然没有提及營葬費用問題,但也可由裴札的案例略窺一二。要分别將于汝錫和李氏二人的靈柩從杭州和漢南運歸長安,一路上所經歷的險阻艱難并不亞於路氏的“泛江浮淮”。

---

① 吴鋼主編:《全唐文補遺·千唐誌齋新藏專輯》,第303頁。
② 吴鋼主編:《全唐文補遺·千唐誌齋新藏專輯》,第302頁。
③ 于氏祖塋位於長安城南面的神禾原(今西安樊川之南),可由《顔憲墓誌銘》所云顔憲去世後“葬於長安縣萬春鄉神禾原,祔吾之先塋”的記載得到證明。

更爲重要的是靈柩運抵長安以後尚不能馬上下葬,需要像路氏那樣卜得吉時才能進行。因爲還需要與顔氏合葬,故而時間的選擇更爲嚴苛,最終因爲卜兆不利,而只能先行權葬於先塋之次,俟諸異日再行安葬。從中也可看出歸祔過程之艱辛、程式之繁雜以及唐人對歸葬事宜的重視程度。

第四章　《皇甫鉟墓誌銘》與中古皇甫氏譜系的重構

皇甫氏是中古時期較爲活躍的一族，自東漢時期的皇甫規、皇甫嵩叔侄奠定其家族的地位以後，皇甫氏就一直作爲世家大族出現在歷史舞臺上，湧現出眾多的文人政客，魏晋時期的著名文學家皇甫謐、韓愈的弟子皇甫湜以及唐憲宗時期的宰相皇甫鎛即是其中的典型代表。其他如唐代詩人皇甫冉、皇甫曾兄弟，皇甫澈、皇甫曙父子等皆爲皇甫家族中的佼佼者。

皇甫謐後人皇甫鉟的墓誌銘近年出土於河南洛陽，現存千唐誌齋博物館。皇甫鉟其人在歷史上并不算知名，僅杜牧《皇甫鉟除右司員外郎鄭濬除侍御史内供奉等制》等少數文獻中有所提及，故其墓誌銘雖出土有年，并未受到特别的關注，不僅至今尚未見專文論述，在各種出土文獻圖片資料加速彙集甚至不斷重複出版的今天，其拓片圖版也仍未公開，僅據《北京大學圖書館藏歷代墓誌拓片目録》知北京大學圖書館藏有其拓片，録文見《全唐文補遺・千唐誌齋新藏專輯》。筆者之所以選取《皇甫鉟墓誌銘》作專文論述，主要是因爲該墓誌銘實爲傳記文學的重要樣本，不僅記事詳贍，文學性也較强。更爲重要的是，本文提供的素材對於中古時期皇甫氏譜系的重構也有重要的意義。

一、録 文

唐故中散大夫守給事中柱國賜紫金魚袋贈刑部侍郎皇甫公(鉟)墓誌銘并序

正議大夫、守尚書刑部侍郎、上柱國、賜紫金魚袋鄭薰撰

睿文天子嗣位之四年,紀號咸通之三祀太歲直壬午四月孟夏廿有一日,給事中皇甫公薨于位。皇帝悼惜,詔贈刑部侍郎。朝之賢士大夫,莫不隕涕相弔。秋七月九日,啓殯于長安長興里私第。越翌日,引發出春明門,指東都,歸葬于河南府河南縣伊汭鄉尹樊里,祔于先塋,禮也。初,既啓,其嗣子前國子直講滋,與其諸弟,投杖號擗,哭拜其父友刑部侍郎鄭薰曰:伏惟先公碩德懿行,高文奥學,彰彰于時,宜得直筆清詞之士紀述鐫刻,以傳於後。矧丈人備睹其美,益可以爲信,敢固哀請。予念詞筆之託,則非所宜;詳悉文行,其何可讓! 乃爲誌曰:公諱鉟,字昭文,其先自宋戴公之子充石字皇父,爲宋司徒。生仲。仲生發。發以王父字爲族。漢興,改父爲甫,因氏焉。至武帝初,雍州牧鸞,始自魯國徙茂陵,故起鸞爲始祖。鸞生裒,舉至孝,爲彭城相,北徙安定,家三水。裒生儁,東漢復爲安定都尉。儁生稜,渡遼將軍,以永平初徙居安定朝那,爲郡著姓。稜有八子,爲八祖,墳墓皆在安定郡城之西石虎谷口。八祖之後,皆出安定,關中謂之望族,故世爲安定人。公即渡遼第六子旗之後也。旗生節,爲雁門太守。節生嵩,爲太尉,謚元。嵩曾孫謐,字士安,晋中庶子,後累徵不起,號玄晏先生。公即玄晏十七世孫。六代祖德參,隋監察御史。夫人渤海高氏。生寡過,皇朝洛陽縣丞,贈兵部尚書,夫人瑯琊王氏。生乾遂,皇朝唐州長史,贈越州都督,夫人吴興氏。生尚書左丞諱侁,即公之曾王父也,三歷御史,府領洪州採訪,贈兵部尚書,夫人博陵崔氏。生左散騎常侍諱政,即公之大王父也,歷壽州刺史、兵部郎中、御史大夫、宣越觀察使,夫人河

東薛氏。生華原縣主簿、集賢校理諱瑾,累贈吏部郎中,夫人清河崔氏。公即郎中第三子也。丱角沉静敏默,好學不倦。初邇筆硯,便能調理詞句,作爲文章。先郎中愛之,教以詩賦箴論。及弱冠,學問大成,落筆遒健,親友推許之。大和四年秋,就鄉里之舉考試官,考第等級在二百人之上,名居其三。明年春,禮部試,又出千人之上,名亦居其三,時論美之。楚州刺史鄭公復請爲從事,署營田巡官,奏授太子校書。府罷,今司空扶風公鎮許昌,奏改秘書省校書郎,充忠武軍節度巡官。扶風公入掌邦計,壽州刺史盧公簡辭,遽表請爲團練判官,轉太常寺協律郎。盧中丞遷鎮潭州,又隨爲觀察推官。既罷歸,故相國鄭公掌户部錢穀,奏署巡官,得試大理評事。鄭公出鎮襄陽,以公爲節度推官。鄭公入相,公以舊府得柄,避權退居。今右僕射裴公鎮理湘東,聞而重之,辟爲觀察推官,表遷監察御史。數月,真拜歸臺。月滿,遷殿中侍御史。累歲在憲府,繩糾簡肅,徑行不撓。屬畿内灾水,命公循撫閭井,大得民病,請加優復。旋以東臺不理,詔公分司東都。至止之日,適有大估干法,傍恃權力。公按劾具獄,斷之不疑。由是東人之奸猾者疊足屏氣,拜比部員外郎。鹽鐵使、刑部侍郎河東敬公晦出鎮朱方,表公爲副車,除檢校刑部郎中兼侍御史,賜緋魚袋。明年,徵拜右司員外郎。數月,兼史館修撰。裒貶詳直,謂之實録。尋轉司封員外郎,修史如故。又加集賢院修撰,續文選。官月滿,遷吏部員外郎。引拔寒素,揭發奸濫,時人稱其能。是時,詔三署清資當入兩掖者,不由牧宰,不得膺是選,公遂首塞。詔旨爲江州刺史,然而衆論稱其地遠爲屈。公唯以山水可樂,促裝到郡。愛人猶其母,詰奸如其讎,郡内大理。閭里憂其去,相約奔走,詣廉使府乞留,公固止之。秩滿,歸襄陽之宜城山居,耕漁嘯傲,有終焉之志。前府裴公鎮上黨,又奏爲副車,轉檢校兵部郎中兼御史中丞,賜金紫。公方樂農釣,輕騎謝之,旬日而歸。其年,拜吏部郎中,尋遷諫議大夫,又兼知匭使。御史大夫鄭公湜,請知御史臺雜事,遂以本官兼侍御史充職,非其好也。亟以煩劇,請於宰府,俄遷給事中。論駁謇直,山立玉色,凜凜然得正士之風彩。常謂親友曰:吾本書生,所傳者清白,望不及於此,但以婚嫁未畢,猶阻尚平之心。將俟外職,微求俸禄,以資家道,便可歸故山,追黄綺之樂矣!未幾,舊疹嬰迫,因及大病,時年六十有四。嗚呼哀哉!公澹静閑雅,不染氛雜。好古嗜學,手不釋卷。經史九流,文集記傳,暨方外著述山川草木之書,莫不畢覽。常以編策繁廣,學者難周,乃分諸事,條紀於簡牘,各以類聚,凡千餘卷。又集春秋三傳異同,凡一十二卷,歷代君臣名位鄉里,凡一十卷。其餘隨意纂録,三卷兩卷,未立名號者又數十卷。志矣哉,宜乎其不朽矣!夫人太原王氏,故河南府鞏縣令庇之女,故相國鄭公肅之甥。以婉淑事族姻,以莊敬承祭祀,恭儉内助,以大清門。生六子二女。長女適左街使判官、光禄寺主簿崔鍇。幼女未笄。長子曰滋,精經學,以明經入仕,前任國子直講。次曰潔、曰涣,皆明經及第。曰潁、曰盥、曰冰。六人者,悉相勉以孝養友愛、謹默退讓爲志,且又篤學安貧,率庸先訓。余聞盛德者必有後,其公之謂歟。銘曰:

皇甫之源,本出投殷。以字爲氏,遂成德門。歷世才賢,玄晏炯然。精識素行,翳公實傳。澹濘貞明,博雅淵玄。峻節奥學,清風茂焉。左掖道隆,巖夢宜先。晞露興歎,正人共冤。嗣子哀哀,啓壿潤漉。號踴攀擗,涕横流漣。萬古同歸,松楸結煙。刻石紀德,兹惟舊阡。嗚呼哀哉!

次子哀兒書　　從兒篆蓋

刻用其年十月七日葬[1]

① 吴鋼主編:《全唐文補遺·千唐誌齋新藏專輯》,第405～407頁。

二、傳主生平的别樣敘寫

《皇甫鉟墓誌銘》的紀事非常詳盡，皇甫鉟一生經歷的重大事件均在文中有所反映。據墓誌銘記載，皇甫鉟卒於咸通三年(862)，享年六十四，由此可推知其生於貞元十五年(799)。自大和四年(830)皇甫鉟應鄉試舉，至咸通三年去世的三十餘年時間里，他的官職曾發生過十餘次變動，每次變動都有詳細記録。雖然墓誌銘中記載傳主仕歷遷轉的情況并不罕見，但《皇甫鉟墓誌銘》的敘述方式却自有其獨到之處。

首先，《皇甫鉟墓誌銘》對傳主去世以及歸祔經過、撰文緣起的敘寫與一般的墓誌銘不同。在韓愈、柳宗元等人的大力倡導和切身實踐之下，古文運動於貞元、元和年間達到高潮。這一時期逐漸形成了一股用先秦兩漢時期質樸自然、散行單句爲特點的散文反對六朝以來盛行的講究對偶、聲律、辭藻雕琢的駢體文的潮流。古文逐漸壓倒駢文，成爲流行一時的新風尚。就墓誌銘的創作而言，古文家們也對其遣詞用語和行文方式進行了一系列改造，把多種創作手法和寫作技巧灌輸到了墓誌銘的寫作之中，并從多個方面突破了以往的常規，真正達到了"不師今，不師古，唯師是爾""能自樹立，不因循"和"文章語言，與事相稱"的境界。鄭薰生活的年代，正是古文運動的高潮時期，在文章寫法方面深受古文運動的影響。現存鄭薰撰文的墓誌銘雖然不多[1]，却各有特色，獨具風格，且多不遵循墓誌銘寫作的常規，如爲其姐夫楊漢公所撰的墓誌銘即未按照墓誌銘必備的"十三事"進行書寫。

---

① 除《皇甫鉟墓誌銘》以外，鄭薰撰文的墓碑文和墓誌銘尚有《内侍省監楚國公仇士良神道碑》(李昉等編：《文苑英華》卷九三二，第 4903～4906 頁)和新出土《楊漢公墓誌銘》(周紹良、趙超主編：《唐代墓誌彙編續集》，第 1036～1039 頁)兩篇。

一篇完整的墓誌銘,要交代傳主的諱、字、族出、鄉邑、壽年、卒葬年月等基本信息。且自墓誌文體成立以後,便逐漸形成了一種固定的敘述順序,文章開頭先要介紹傳主的姓名、籍貫和世系。雖然不同的墓誌銘之間會略有差異,但一般不會有太大的偏差。唐代中期以後,很多作者力圖擺脱這種程式化的寫作模式而採用新的敘述方式,鄭薰的《楊漢公墓誌銘》《皇甫鉟墓誌銘》均是如此。兩篇文章都未直接以"公諱某,字某。某某人也。其先出自某某"等程式化的語句起首,《楊漢公墓誌銘》開篇即發議論,强調人生在世之不易,意在凸顯傳主的高尚情操;《皇甫鉟墓誌銘》則先用大段文字介紹傳主去世情形及撰文緣由。雖然這種敘寫方式在中唐時期時有出現,但將傳主的去世時間、贈官經過、歸祔情形、撰文緣起一併於文章開頭交待完畢的,《皇甫鉟墓誌銘》還是第一次。

其次,一般的墓誌銘敘述傳主的仕歷遷轉,主要有兩種格式:一是先出列年份,再將相關事跡羅列於下。[①] 這種敘述方式將傳主每年的行止都做了記録,對了解傳主的生平較有幫助。但因其僅將傳主所任官職及其遷轉時間羅列了出來,與後世的年譜略爲接近,敘事性和文學性則顯得稍遜。二是備列傳主一生所任之官職,雖然有利於我們考察傳主的任職情況和仕歷遷轉次序,却因不出列年份,難免給人流水賬式的感覺,并且因爲文中所記只有官名,無任何時間、人物、

---

① 如李義府所撰《唐故特進芮定公(豆盧寬)之碑》記載豆盧寬仕歷的遷轉過程:"隋開皇□年,授南陳公世子。仁壽五年,以獻□挽郎授吏部驍騎尉。大業九年,授河池郡梁泉縣令……武德元年,遷秦王府司馬,加授儀同。二年正月,授兼攝陝東道行臺……三年,奉教檢校行臺左□。四年,拜南陳縣開國公……九年,授殿中監……貞觀二年,轉衛尉卿……三年,除禮部尚書……六年,授左衛大將軍……九年,□敕副皇太子□□於太極殿前留守……十二年,方遂所請,授鎮軍大將軍、芮國公……十六年,□□州刺史……廿三年,表請致事,授光禄大夫,禄賜同京官。"(吴鋼主編:《全唐文補遺》第六輯,西安:三秦出版社,1999年版,第6~7頁。)

事件,甚至會讓人懷疑其記載的真實性。①

《皇甫鉟墓誌銘》的叙事跳出了上述兩種模式的窠臼,作者很巧妙地將傳主仕歷的遷轉置於唐代人事變换的大環境之下,充分體現出幕主職官的變化對幕僚仕歷的影響,再益之以相關評論和具體描寫,展現傳主畢生的事跡,更好地表現墓誌銘求真、頌美之目的。

應該説,影響到皇甫鉟仕歷變化的相關人物,如"楚州刺史鄭公復""壽州刺史盧公簡辭""鹽鐵使、刑部侍郎河東敬公晦"等都在墓誌銘中逐個"出場"。雖然有的僅列其官職而未詳其姓名,如"今司空扶風公""故相國鄭公掌户部錢穀""今右僕射裴公鎮理湘東",爲我們解讀文意造成了一定的困擾,但通過查考兩《唐書》及相關的工具書都可以得到確考。他們任"楚州刺史""壽州刺史""鎮理湘東""出鎮朱

① 這方面最極端的例證莫過於崔慎由自撰的墓誌銘,文中將其一生所任之幾十餘任官職一一進行了羅列:"歷秘書省正字、試太常寺協律郎、劍南東川節度推官、浙江東道觀察判官、試大理評事、山南東道觀察推官。入臺爲監察御史、試秘書省秘書郎、兼殿中侍御史、義成軍節度判官。復入臺爲監察御史,轉殿中侍御史、兼集賢殿直學士、尚書户部員外郎、學士如故、吏部員外郎、考功員外郎、知制誥職方郎中、知制誥翰林學士、中書舍人、潭州刺史、兼御史中丞、湖南都團練觀察使、刑部侍郎、兵部侍郎。檢校禮部尚書、兼御史大夫、浙江西道都團練觀察使、吏部侍郎、户部侍郎、判户部事、工部尚書、同中書門下平章事、集賢殿大學士、中書侍郎、兼禮部尚書、同中書門下平章事、監修國史、檢校禮部尚書兼御史大夫、劍南東川節度觀察等使,就遷檢校兵部尚書、入拜刑部尚書、改御史大夫、檢校尚書右僕射兼太常卿、檢校尚書右僕射兼華州刺史、御史大夫、潼關防禦鎮國軍等使、檢校尚書左僕射兼御史大夫、河中節度觀察等使、檢校尚書左僕射兼吏部尚書、兵部尚書、太子太保、分司東都。階至銀青光禄大夫,勳至上柱國,爵至食邑三百户。"(周紹良、趙超主編:《唐代墓誌彙編續集》,第 1074～1075 頁。)

方”的時間也都可以確定,[①]甚至還可以由此糾正前人的一些錯誤認識。[②] 因此,墓誌銘雖然没有列出相關年份,但對於我們查考皇甫鉟擔任每種官職的時間并無太大影響。反倒是叙事方式的改變,使傳主職官的每一次變换都有了相關人物來佐證,更加體現了墓誌銘重在求真的創作理念,并大大加强了墓誌銘紀事的可靠性。此外,《皇甫鉟墓誌銘》在語言和筆法方面也顯得更加靈活、生動和新奇,真正達到了章法無定、隨心所欲但又不違背墓誌銘創作宗旨的境地。這些變化均使得文章結構與後世的傳記更加接近而與年譜區隔開來,文章的可讀性也大爲增强。

三、皇甫鉟家族譜系的構建

二十世紀後期,各項工程建設和考古工作次第展開,唐人墓誌也在加速出土,同一家族的墓誌陸續出土的情況也不鮮見,如韋應物家族、姚合家族、崔祐甫家族、皇甫鉟家族等,爲我們考察他們的譜系提供了重要依據。洛陽出土的皇甫鉟家族墓誌包括皇甫鉟及其族祖父

---

① 鄭復大和七年(833)至大和九年(835)任楚州刺史。盧簡辭會昌元年(841)出鎮潭州。鄭肅會昌四年(844)至五年(845)出鎮襄陽。裴休會昌三年(843)至大中元年(847)鎮理湘東、大中十一年(857)至十三年(859)出鎮上黨。敬晦大中五年(851)任浙西觀察使。以上均見郁賢皓《唐刺史考全編》相關部分。

② 如杜牧所撰《皇甫鉟除右司員外郎鄭濛除侍御史内供奉等制》一文,吴在慶先生《杜牧集繫年校注》未能確考其撰作時間,僅云:“本文撰於大中五年九月至大中六年(八五一至八五二)底之間,詳見本集卷一七《趙真齡除右散騎常侍制》注。”(杜牧撰,吴在慶校注:《杜牧集繫年校注》,第1035頁。)實際上,根據皇甫鉟的仕歷可以考定此文乃作於大中六年(852)。《皇甫鉟墓誌銘》記載:“鹽鐵使、刑部侍郎河東敬公晦出鎮朱方,表公爲副車,除檢校刑部郎中兼侍御史,賜緋魚袋。明年,征拜右司員外郎。”“朱方”乃丹徒縣的古稱,丹徒唐時隸屬潤州,爲浙西觀察使治所。所謂“敬公晦出鎮朱方”者,即指敬晦出任浙西觀察使,時間當在大中五年,皇甫鉟亦隨即加檢校刑部郎中兼侍御史銜。再參合墓誌銘中“明年,征拜右司員外郎”的記載可知,皇甫鉟任右司員外郎當在大中六年,杜牧《皇甫鉟除右司員外郎鄭濛除侍御史内供奉等制》亦應作於本年。

皇甫澈,澈弟皇甫敖,澈子皇甫映,孫皇甫燠、皇甫煒等多方。此外,《全唐文》中尚存《鄭州新鄭縣尉安定皇甫君墓誌銘》一文,雖佚傳主姓名,但可確定爲皇甫鉟曾祖皇甫侁之弟。這些墓誌銘的發現,對於皇甫鉟家族譜系的構建有著極大的幫助。

鄭薰在交待了撰文的緣起後,便對皇甫鉟家族的世系進行了詳細介紹,舉凡得姓緣由、譜系流傳以及六代以内的宗族情形都一一備列,且與史書的記載頗吻合[①],再次從側面證明了墓誌銘記載的可靠性。

皇甫鉟家族的世系,《新唐書·宰相世系表》《古今姓氏書辯證》等傳世典籍均無記載,唯《元和姓纂》卷五"樂陵"條云:"唐監察御史皇甫德參生宣過。宣生伯瓊、仲玉。主爵郎中。玉生侁,尚書左丞;生政,浙東觀察使,生教、敏、徹。教,工部員外郎。徹,蜀州刺史。"[②]然而這一記載與《皇甫鉟墓誌銘》的出入甚大,墓誌銘云:

> 六代祖德參,隋監察御史。夫人渤海高氏。生寡過,皇朝洛陽縣丞,贈兵部尚書,夫人瑯琊王氏。生乾遂,皇朝唐州長史,贈越州都督,夫人吴興氏。生尚書左丞諱侁,即公之曾王父也,三歷御史,府領洪州採訪,贈兵部尚書,夫人博陵崔氏。生左散騎常侍諱政,即公之大王父也,歷壽州刺史、兵部郎中、御史大夫、宣越觀察使,夫人河東薛氏。生華原縣主簿、集賢校理諱瑾,累贈吏部郎中,夫人清河崔氏。公即郎中第三子也。

① 如《新唐書·宰相世系表》卷七五下與《古今姓氏書辯證》均言皇甫氏出自子姓,宋戴公子充石,字皇父。充石孫以其字"皇父爲姓"。裔孫鸞,漢興,自魯徙茂陵,改父爲甫,爲皇甫氏之來源,與墓誌銘所載正合。墓誌銘所言稜生旗,旗生節,節生嵩亦與《後漢書》和《古今姓氏書辯證》所載相吻合。《後漢書·皇甫規傳》載:"皇甫規字威明,安定朝那人也。祖父稜,度遼將軍。父旗,扶風都尉。"《皇甫嵩傳》載:"皇甫嵩字義真,安定朝那人,度遼將軍規之兄子也。父節,雁門太守。"分别見范曄:《後漢書》卷六五、卷七一,第2129、2299頁。

② 林寶撰,岑仲勉校記:《元和姓纂(附四校記)》卷五,第616頁。

另據新出土《唐故劍南西川節度副使檢校尚書吏部郎中兼御史中丞安定皇甫公(澈)墓誌銘》:“公名澈,皇朝洛陽丞、贈兵部侍郎諱寡過之曾孫,唐州刺(長)史乾遂之孫,齊州刺史胤之少子。”①可知《元和姓纂》訛奪之處甚多,“宣過”乃“寡過”之訛,岑仲勉先生已有辯證:“《全文》三一三孫逖《王光晊碑》:‘初公娶於安定皇甫氏,即太子舍人德参之孫,洛陽縣丞寡過之女。’按光晊卒開元十六年,年八十四,始筮仕於儀鳳、調露之間,‘宣過’殆即‘寡過’,形近之訛。誠如是,則下文‘宣’字亦應正作‘寡’。”②岑説是。“伯瓊、仲玉”之“仲玉”或即“乾遂”。而皇甫胤一支的情況則完全奪去,據墓誌銘,“玉生侁,尚書左丞;生政,浙東觀察使,生教、敏、徹”的正確表述應爲:“玉生侁、胤。侁,尚書左丞,生政,浙東觀察使;胤生教、敏、徹。”皇甫徹當即皇甫澈。

再參合皇甫澈弟皇甫敖,子皇甫映,孫皇甫燠、皇甫煒的墓誌銘,可補皇甫胤一支的世系。新出土《故膳部郎中皇甫府君(敖)墓誌銘》云:“公諱敖,字敖,安定朝那人……曾祖寡過,皇洛陽丞,贈兵部侍郎。祖乾遂,唐州長史。父諱胤,皇齊州刺史……公即齊州府君之次子……嗣子瑀、次子寔。”③《皇甫澈墓誌銘》云澈爲胤之少子,皇甫敖爲次子,可知皇甫胤至少有三子:□、敖、澈。皇甫敖二子分别爲皇甫瑀、皇甫寔。

皇甫映自撰《唐樂知君自靖人君室石詩》云:“名映,字韜之。玄晏十七代孫,祖、父、兄皆二千石。貞元癸酉秋,生於蜀。映年七十二,太歲甲申終於洛。十歲而孤,母兄育訓。”④李獻奇曾考證皇甫映

① 吴鋼主編:《全唐文補遺》第八輯,第108頁。

② 林寶撰,岑仲勉校記:《元和姓纂(附四校記)》卷五,第616～617頁。

③ 毛陽光、余扶危主編:《洛陽流散唐代墓誌彙編》,北京:國家圖書館出版社,2013年版,第467頁。

④ 吴鋼主編:《全唐文補遺》第八輯,第204頁。

即皇甫澈之次子，誌文中的祖、父、兄分别代指皇甫鼐、皇甫澈、皇甫曙。①

《唐故福建都團練觀察處置等使中大夫使持節福州諸軍事守福州刺史兼御史中丞柱國安定縣開國男食邑三百户賜紫金魚袋贈左散騎常侍安定皇甫公(燠)墓誌銘》云："公諱燠，字廣煦，安定人也……曾大父鼐，皇齊州刺史。大父徹，皇蜀州刺史，贈右散騎常侍。父曙，皇汝州刺史，贈吏部尚書……公大冢宰之元子也……子一人，曰憑……公之愛弟，撫州刺史煒。"②《唐故朝議郎使持節撫州諸軍事守撫州刺史柱國皇甫公(煒)墓誌銘》記載："皇朝齊州刺史諱鼐……齊州生蜀州刺史諱徹……蜀州生汝州刺史、贈尚書右丞諱曙……公即右丞之第三子也。諱煒，字重光……兩娶太原白氏，並故中書令敏中之息女……以猶子爲嗣，曰合兒。有别出子一人，曰令孫……咸在孩孺，未有知識。其姪凝以其年七月三十日，泣奉公之帷裳，歸窆于河南縣伊汭鄉黄花原之先塋，禮也。"③由皇甫燠、皇甫煒的墓誌銘可知皇甫澈子名曙，曙有子燠、煒。燠子憑，煒子合兒、令孫。皇甫燠誌僅云其"子一人，曰憑"而未提及皇甫凝，疑凝乃皇甫曙次子所生。

另據梁肅所撰《鄭州新鄭縣尉安定皇甫君墓誌銘》可補皇甫攸一支。該墓誌銘載："君諱某，字某，皇朝監察御史某之曾孫，贈兵部侍郎某之孫，唐州長史某之第三子，尚書左丞侁之愛弟……夫人博陵崔氏，生一子曰攸，號慕哀敬，禮無違者。左丞嗣子兵部郎中政，實營護喪事。"④參合上述墓誌銘可知，傳主乃德參之曾孫、寡過之孫、乾遂之第三子。

由以上分析，可將皇甫鉟家族的世系列表於下：

① 李獻奇：《唐皇甫映石室詩考辨》。趙振華主編：《洛陽出土墓誌研究文集》，第 391 頁。

② 吴鋼主編：《全唐文補遺・千唐誌齋新藏專輯》，第 409～410 頁。

③ 吴鋼主編：《全唐文補遺》第四輯，第 233 頁。

④ 董誥等：《全唐文》卷五二一，第 2345 頁。

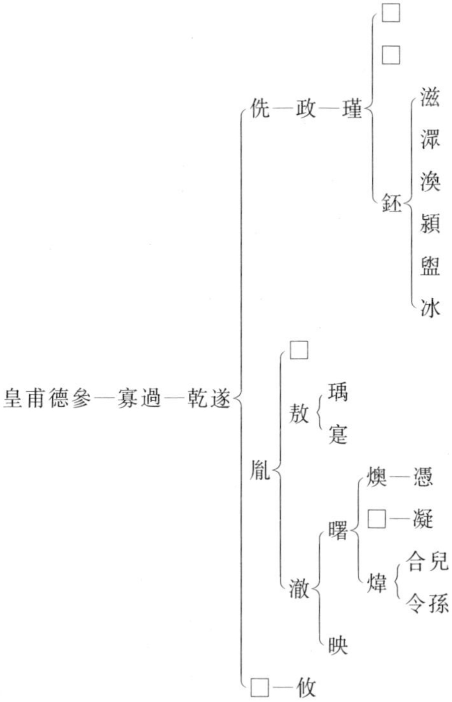

四、皇甫鉟家族的文學成就

皇甫鉟家族的成員，均自稱皇甫謐後人，雖然現有的材料尚無法將皇甫謐至皇甫德參之間的譜系勾勒出來，但皇甫謐的文學成就顯然對皇甫鉟家族有著相當的激勵作用，以至於屢屢被當作遠祖中的典型代表出現在家族成員的墓誌銘中。

唐代皇甫鉟家族涌現的文人衆多，烈祖德參、祖政、父瑾等皆有文學。皇甫德參、皇甫政尚有文章存世。[①]《皇甫鉟墓誌銘》稱"詩賦

① 陸心源《唐文拾遺》尚存皇甫政奏議一篇，陳尚君《全唐文補編》新輯得其所撰《東山懷一律師碑銘》一首以及皇甫德參《上太宗書》一則。

箴論”皆由其父皇甫瑾親自傳授，可見他應該也有較高的文學修養，整個家族的文學傳承情形也可由此窺見。皇甫鉟則“丱角沉静敏默，好學不倦。初邇筆硯，便能調理詞句，作爲文章……及弱冠，學問大成，落筆遒健，親友推許之。”他本人也以書生自許，“常謂親友曰：‘吾本書生……’”經史子集、九流三教之書，莫不畢覽。皇甫鉟一生著述宏富，不僅曾任集賢院修撰，參與《續文選》的工作，還大量纂録各類工具書達千餘卷之多，如《春秋三傳異同》《歷代君臣名位鄉里》等，惜均已亡佚，這些書若能流傳至今，唐人對前代文史研究所達到的廣度和深度當可得到更全面的反映。

皇甫胤一支更是出過多位知名文人。皇甫澈，中唐詩人，《皇甫澈墓誌銘》稱其“好古而家藏萬卷”，“景物可娱，奇韻間發”，《唐詩紀事》尚存其《四相詩》，可爲其頗尚吟詠之注脚。《唐詩紀事》云：“貞元十四年，澈刺蜀州，賦《四相詩》，序云：蜀州刺史廳壁記，居相位者前後四公，謨明弼諧，遷轉歷此。顧己無取，忝跡於斯，景行遺烈，嗟嘆之不足也。謹述其行事，詠其休美，庶將來君子，知聖朝之德云爾。”[①] 與墓誌銘中的記載亦相契合。據墓誌銘，皇甫澈貞元十八年(802)終於成都官舍，生前曾任硤、蜀二州刺史。墓誌銘中還稱讚其吏能：“其理二郡也，率己推誠，俾人觀我而化。始至而農桑勸，滿歲而頌聲作。”《唐詩紀事》所記乃皇甫澈去世前四年在蜀期間的文學創作活動，聯繫墓誌銘中的記載，他之所以創作《四相詩》，除了嗟歎前輩的景行遺烈之外，也是其政教手段之一。

皇甫曙，字朗之，中唐詩人，與白居易、劉禹錫、竇庠等人爲詩友。開成三年(838)，白居易在《醉吟先生傳》中稱：“與……彭城劉夢得爲詩友，安定皇甫朗之爲酒友。每一相見，欣然忘歸。”[②]實際上，詩與酒在古代通常是相伴而生的，無法嚴格地進行區隔，白居易雖稱與劉禹

---

① 計有功輯撰：《唐詩紀事》卷四八，第 735 頁。

② 白居易著，朱金城箋校：《白居易集箋校》卷七〇，第 3782 頁。

錫爲詩友、皇甫曙爲酒友，然白居易詩歌中提及與劉禹錫飲酒的在在多有，《白氏長慶集》中與皇甫曙贈答的詩歌亦尚存近三十首，可見此處的詩友、酒友也是相對而言的。由劉禹錫、白居易集中尚存的與皇甫曙的贈答詩來看，皇甫曙也應擅長此道，但皇甫曙留存下來的詩歌僅有《立春日呈宫傅侍郎》一首，賴《唐詩紀事》[①]收録而流傳至今，乃大和九年(835)白居易以太子少傅的身份分司東都以後，皇甫曙所贈的唱和之作。

曙子煒也擅長律賦創作，《皇甫煒墓誌銘》中稱其："爰在童丱，即躭典墳。下帷而園囿不窺，嗜學而螢雪助照。窮經暇日，工爲八韻。"并用"體物清新，屬詞雅正""瀏亮""麗則"等語彙來形容之，所指顯然爲律賦。皇甫煒因長於此道而中第，與晚唐科舉考試律賦、試詩律的興盛也是相一致的。皇甫煒這方面的創作雖有上百篇之多，惜未能流傳下來，僅能由尚存的《皇甫氏(煒)夫人(白氏)墓銘》略見其文學創作才能。

另外，陶敏先生曾根據白敏中以及皇甫煒妻白氏墓誌銘中的相關記載推測《三水小牘》的作者皇甫枚當爲皇甫煒之子，如果結論可靠，可爲皇甫鉟家族的文學傳承添上濃重的一筆。白敏中、皇甫煒、煒妻白氏三人的墓誌銘中雖然都清楚地交待了皇甫煒兩娶白敏中之女[②]，皇甫枚在《三水小牘》中也自稱是白敏中的外孫。但皇甫煒以及白氏的墓誌銘中均明確指出白敏中的兩個女兒皆無嗣續，《皇甫煒墓

---

① 計有功輯撰:《唐詩紀事》卷五二，第 787 頁。

② 白氏的墓誌銘乃皇甫煒親撰，對此事記載尤詳:"夫人姓白氏……父敏中，即今相國節制荆門司徒公也……大中二年，以長女歸于煒……大中七年二月八日前夫人歿於東都。及煒再齒人倫，從事分陝，九年十一月□假，匍匐訴于司徒公。公以煒早忝科第，柔而自立，遂繼姻好。十年二月廿五日，又以夫人歸于煒……十一年二月，司徒公移鎮荆門。八月遣長男著作徵，復迎夫人歸寧。夫人方娠，因道途得疾。明年正月十日誕一子，數日不育。夫人以悲傷疾篤，享年十九，二月十三日歿于荆南官舍正室之西策(側)。"(吴鋼主編:《全唐文補遺》第七輯，第 134 頁。)

誌銘》中也説他:"以猶子爲嗣,曰合兒。有别出子一人,曰令孫……咸在孩孺,未有知識。"皇甫枚《三水小牘》作於天祐庚午歲,即後梁開平四年(910)。皇甫煒去世於咸通六年(865),二子合兒、令孫均尚在童稚,若皇甫枚真爲皇甫煒之子,疑即合兒、令孫中之一人,開平四年時在五十歲上下,正是創作的高峰時期。

五、餘　論

需要附帶提及的是,皇甫家族自魏晋以後雖然分成若干支系,唐代也出現了不少著名詩人,如皇甫冉、皇甫曾兄弟,韓愈弟子皇甫湜及其子皇甫松等。但從唐代墓誌銘中的記載來看,除了少數幾支流落在外①,多數仍以安定朝那爲郡望,并將其始祖追蹤到皇甫嵩或者皇甫謐,如能將這些分支的世系梳理清楚,無疑會對皇甫家族的傳承情況具有重要意義。限於目前的資料,本章僅以出土墓誌銘較爲豐富的皇甫鏞一支的世系爲例加以説明。

《新唐書·宰相世系表》列有憲宗朝宰相皇甫鏞的世系,然舛誤甚多,《古今姓氏書辯證》沿之,云:"珍義生嵩陵令文亮、黄門侍郎文房。文亮生鏡幾、鄰幾、知常。鄰幾,太子洗馬,生憬、悰、愔、愉。愉生鏞,字和卿,太子少保;鎛,相憲宗,生珪,字德卿。珪生藴,字待價。"②趙超《新唐書宰相世系表集校》雖根據新出《皇甫慎墓誌銘》《皇甫鏡幾墓誌銘》作了部分校補,③然仍有訛誤,如文房、文亮的長幼次序、二人的子嗣情況等均可以通過近年出土的皇甫文亮、皇甫文房、皇甫恂等人的墓誌得到全新的認識。

① 據新出土墓誌銘,皇甫家族曾有幾支因戰亂流落江南,疑皇甫冉、皇甫湜等家族均是,惜無確證。傳世文獻中亦缺乏皇甫冉、皇甫湜世系的記載,要想確定他們的族系以及他們與其他分支間的關聯,尚有待於新的考古發現。

② 鄧名世:《古今姓氏書辯證》,第226頁。

③ 趙超編著:《新唐書宰相世系表集校》,第864～865頁。

新出土《唐故中散大夫楚鄧隴魏四州刺史鸞臺侍郎清平縣開國男皇甫公(文亮)墓誌銘》記載其世系云:“公諱文亮,字孔章,其先安定人,代爲西州著族……高祖望,梁南徐州刺史。曾祖明,梁豫章太守……祖仲延,隨南頓縣令……考珍義,隨右屯衛兵曹、壽州霍丘縣令。皇朝湖州司馬,資州長史……嗣子知常。”[①]可據以補皇甫文亮高祖、曾祖、祖父的信息,使之與《新唐書·宰相世系表》的記載相銜接。《大唐故朝散大夫洺州司馬皇甫公(文房)墓誌》所記世系與《皇甫文亮墓誌銘》相同,并云:“弟魏州刺史清平縣男文亮……”[②]明確指出文亮爲文房之弟。《皇甫文亮墓誌銘》記載文亮垂拱三年(687)去世,享年六十四,逆推之,可知其生於武德七年(624)。《皇甫文房墓誌銘》記載文房文明元年(684)去世,享年六十三,可推知其生年爲武德五年(622)。由此兩點,可確定文房爲兄,文亮爲弟,從而糾正《新唐書》《元和姓纂》《古今姓氏書辯證》等對其雁序的錯誤記載。

皇甫文房妻裴氏的墓誌銘與文房的墓誌銘同時出土,并云“有子鄰幾、知常、希莊等,孝道光備”。[③] 將知常系作文房之子,但《皇甫文亮墓誌銘》以及《皇甫慎墓誌銘》均記載知常乃文亮之子,不過二文均未記載文亮的婚媾情形,知常或爲文房之子,後過繼給文亮爲嗣。

皇甫文房夫婦二人的墓誌銘均隱去鏡幾之名,主要是因爲鏡幾早亡,但據《大唐故征士皇甫君(鏡幾)墓誌銘》及其子《唐故殿中少監錦州刺史皇甫公(恂)墓誌銘》均可證定鏡幾爲文房之子。特别是《皇甫恂墓誌銘》,還爲皇甫家族提供了新的成員:“惟唐六代,有錦州刺史安定皇甫公諱恂,字中孚。梁武陵内史、建安侯明五代孫,隋南頓令仲延玄孫,皇陵州刺史珍義曾孫,太子舍人、洺州司馬文房孫,征君

① 趙文成、趙君平選編:《新出唐墓誌百種》,杭州:西泠印社出版社,2010年版,第50~51頁。

② 齊運通編:《洛陽新獲七朝墓誌》,第103頁。

③ 齊運通編:《洛陽新獲七朝墓誌》,第107頁。

鏡幾子……嗣子曰嶽、曰巒、曰嵒、曰岊。”①

由上述分析,可以將皇甫文房家族的世系列表於下:

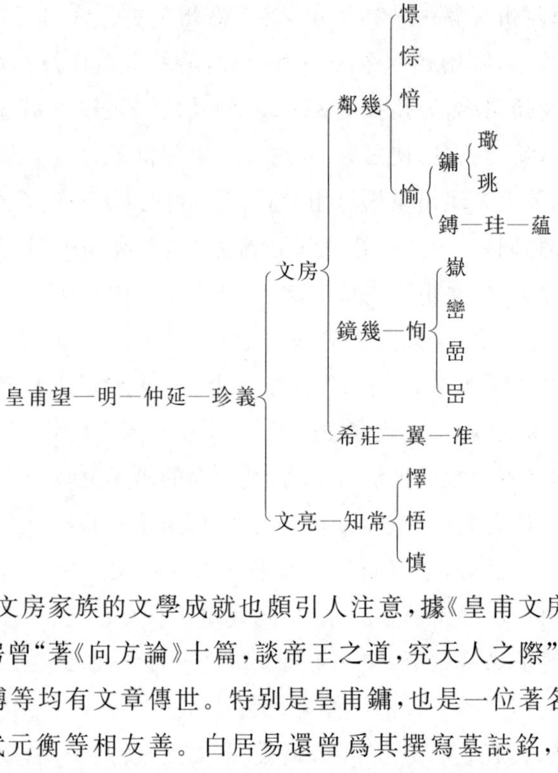

皇甫文房家族的文學成就也頗引人注意,據《皇甫文房墓誌銘》記載,文房曾“著《向方論》十篇,談帝王之道,究天人之際”。皇甫知常、皇甫鎛等均有文章傳世。特别是皇甫鏞,也是一位著名文士,與白居易、武元衡等相友善。白居易還曾爲其撰寫墓誌銘,稱其:“好學,善屬文,尤工五言七言詩,有集十八卷,又著《性言》十四篇。”②《舊唐書·皇甫鎛傳》所附皇甫鏞事跡也説:“鏞能文,尤工詩什,樂道自怡,不屑世務,當時名士皆與之交。有集十八卷,著《性言》十四篇。”③《全唐詩》尚存七言詩一首。

---

① 穆渭生、耿晨:《〈唐皇甫恂墓誌〉考述》。成建正主編:《陝西歷史博物館館刊》第十三輯,西安:三秦出版社,2006年版,第176～178頁。

② 白居易著,朱金城箋校:《白居易集箋校》卷七〇,第3773頁。

③ 劉昫等:《舊唐書》卷一三五,第3743頁。

附録　新出墓誌銘與唐人傳記資料新證

一、新出墓誌銘與唐人姓名的訂補

姓名、字號對於確定人物的身份和地位具有重要意義，只有準確掌握了它們的具體信息，才能給予傳主正確的評價和定位，達到知人論世之目的。然而古人的名字中却有許多問題尚待解决。歐陽修跋《唐顔勤禮神道碑》云："《唐書》云温大雅字彦宏，弟彦博字大臨，弟大有字彦將。兄弟義當一體，而名大者字彦，名彦者字大，不應如此。蓋唐世諸賢名字可疑者多，封德彝云名倫，房玄齡云名喬，高士廉云名儉，顔師古云名籀，而皆云以字行。倫、喬、儉、籀，在唐無所諱，不知何避字而行？"[①]歐陽修所處的時代去唐未遠，唐人名諱、字號已有如此多的疑問，千餘年後，唐代文人名字方面的問題更多。二十世紀以來，唐代墓誌銘的大量出土和公佈，爲我們考訂唐人名字中的訛誤提供了可信資料。

1. 薛維翰

《全唐詩》卷一四五作蔣維翰，注云："蔣一作薛。"存詩五首。《唐

---

① 歐陽修著，鄧寶劍、王怡琳注釋：《集古録跋尾》，第170頁。

詩紀事》作薛維翰，并云："維翰，登開元進士第。"[①]其墓誌銘已出土，可據以確定其姓名，并考訂其行止。河南偃師新出土《故晋陵郡武進縣尉薛公（維翰）墓誌銘》，墓誌蓋和誌題均明確記其姓爲薛，《全唐詩》作蔣，誤。墓誌銘中還稱讚其文學才能："文章炳絶世之奇，經史擅當時之譽。其新思佳句，有識者謂得古人風焉。"終其一生，均不廢吟詠，"散灑詠歌之際，優遊酒賦之間"。[②]

薛維翰進士及第的確切年份也可由墓誌銘考得。墓誌銘云："年卅二，舉秀才甲科擢第。"據墓誌銘記載，薛維翰卒於天寶七載（748），享年四十二，可推知其生於神龍三年（707），進士及第乃在開元二十六年（738），當年知貢舉者爲姚奕，可補《登科記考》以及《登科記考補正》之缺。

2. 薛頂

新出土《張知實墓誌銘》云："夫人河東薛氏，皇蓬州刺史頂之女。"[③]趙振華、王學春《唐張正則、張知實父子墓誌研究》云："知實之岳翁薛頂，不載於史籍。"實際不然，《新唐書・宰相世系表》三下"薛氏"西祖房載汝南太守薛願之侄爲薛頊，并云："頊，蓬州刺史。"[④]郁賢皓《唐刺史考全編》據録，并將其刺蓬時間繫爲"約大曆中"。張知實生於貞元五年（789），以年齡考之，《新唐書・宰相世系表》之"薛頊"當即張知實岳翁薛頂，"頊""頂"形近而訛，當據改。

3. 李縱

《全唐詩》卷七九四收李縱與皎然等人聯句四首，小傳僅云："駕部員外郎。"陶敏《全唐詩作者小傳補正》據《新唐書・宰相世系表》以

---

① 計有功輯撰：《唐詩紀事》卷二〇，第 294 頁。

② 趙君平、趙文成：《秦晋豫新出墓誌搜佚》，第 702 頁。

③ 趙振華、王學春：《唐張正則、張知實父子墓誌研究》。西安碑林博物館編：《碑林集刊》（十一），西安：陝西人民美術出版社，2005 年版，第 126 頁。

④ 歐陽修、宋祁：《新唐書》卷七三下，第 3032 頁。

及李縱與皎然等人的往還詩歌訂補爲:"李縱,字令從,趙郡人,李紓兄。永泰中,官延陵令。大曆中,官大理司直。後爲常州長史,加駕部員外郎。終官金州刺史。"[①]據新出土《唐故金州刺史贈吏部郎中高邑公(李縱)墓誌》可知,陶敏先生所補大致不差,唯誤將其字記作令從。

皎然有多首酬贈李縱的詩歌,均稱其爲"李司直縱",唯《七言與李司直令從荻塘聯句一首》出現"李令從"之名,陶先生受其影響而認爲:"令從當爲李縱之字。"墓誌銘云:"公諱縱,字佩弦。"[②]似當據墓誌加以改正。而"李司直令從"或另有其人。

墓誌銘還記載了李縱的文學才華、交遊情況和職官遷轉,爲我們了解其事跡提供了更詳盡的資料。李縱自幼即"□行而成文,深得詩人之旨"。"中州喪亂之後,人士多奔江浙間,遊公之門,稱爲食客者十餘人,皆名士也。公之所從,有若李公栖筠、韋公元甫、獨孤公及,皆賢侯也。公之與遊,有若崔太傅祐甫、楊中書炎、袁給事高、謝舍人良弼,皆人望也。莅一縣,撫二州……"可見其才情之高和交遊之廣。所謂"撫二州"者,除金州刺史以外,李縱還曾任房州刺史。墓誌銘云:"興元元年十二月詔以公爲房州刺史……遷金州刺史。在位三年而寢疾,以貞元六年八月三日薨。"由此可知其興元元年(784)至貞元三年(787)任房州刺史,貞元四年(788)至貞元六年(790)任金州刺史。墓誌銘明確記載其"以開元十七年生",故可確定其生卒年爲開元十七年(729)至貞元六年,享壽62。

4. 馬懷素

馬懷素是武后、玄宗時期的著名文人,現存詩12首,文1篇,兩《唐書》中有傳。《舊唐書·馬懷素傳》説他:"少師事李善。家貧無燈

---

① 陶敏:《全唐詩作者小傳補正》卷七九四,沈陽:遼海出版社,2010年版,第1451頁。

② 毛陽光、余扶危主編:《洛陽流散唐代墓誌彙編》,第543頁。

燭,晝採薪蘇,夜燃讀書,遂博覽經史,善屬文。舉進士,又應制舉,登文學優贍科",曾"三遷秘書監,兼昭文館學士。"[①]《新唐書》的記載與此略同。但史傳對其表字的記載有誤。

《舊唐書》未提及他的表字,僅云:"馬懷素,潤州丹徒人也。"《新唐書·馬懷素傳》云:"馬懷素,字惟白,潤州丹徒人。"《全唐文》小傳本此,云:"懷素,字惟白,潤州丹徒人。舉進士,又應制舉,登文學優贍科。開元初,爲户部侍郎,加銀青光禄大夫……卒年六十,贈潤州刺史,謚曰文。"[②]

但《故銀青光禄大夫秘書監兼昭文館學士侍讀上柱國常山縣開國公贈潤州刺史馬公(懷素)墓誌銘》却云:"公諱懷素,字貞規,本原扶風……十一代祖機……家南徐丹徒,故今爲郡人也。"誌文中還記載了懷素之所以取字爲貞規的原因:"京兆韋方直好學愛士,善飛白書,以公既及冠禮,未嘗立字,遂大署飛白云:懷素字貞規,扶風學士也。封以相遺。"[③]《金石録補》云:"則公决不改字,未知宋公何據,遽曰'惟白'?"[④]故懷素之表字當依《墓誌銘》作貞規爲是。

5. 尉遲敬德

《全唐文》小傳云:"敬德名恭,以字行,朔州善陽人,爲劉武周將軍,敗降秦王,爲右一府統軍,除右武侯大將軍,封鄂國公,授開府儀同三司,圖形凌煙閣。太宗征高麗,詔以本官行太常卿,爲左一馬軍總管。顯慶三年卒,年七十四。册贈司徒、并州都督。謚曰忠烈。"[⑤]

新出土《大唐故開府儀同三司鄂國公尉遲君墓誌》對其事跡的記載與傳世文獻幾無差别,甚至更具體一些。但對其名字和籍貫的記

---

① 劉昫等:《舊唐書》卷一〇二,第3163～3164頁。

② 董誥等編:《全唐文》卷二九六,第1324頁。

③ 周紹良主編:《唐代墓誌彙編》,第1205～1206頁。

④ 毛漢光:《唐代墓誌銘彙編附考》第十六册,第502頁。

⑤ 董誥等編:《全唐文》卷一五三,第689頁。

載，却與傳世文獻有很大區别。《墓誌》云："公諱融，字敬德，河南洛陽人也。"[①]檢許敬宗所撰《大唐故開府儀同三司特進户部尚書上柱國莒國公唐君（儉）墓誌銘》，其中記載唐儉勸其棄劉武周投李世民時云："唯尉遲敬德識量弘遠，説令擇主，理會其心。"[②]而此墓誌銘中提到的其他人，如宋老生、李靖等均稱其名，獨對敬德稱字，可見他早年即以字行，而其名反而不顯，史傳之説恐有失實之處，其本名當以墓誌銘作"融"爲是。

6.沈中黄

沈中黄事跡未見史料記載，《全唐詩》《全唐文》中也没有收録他的作品。但沈佐黄所撰《唐故承奉郎守大理司直沈府君（中黄）墓誌銘》却詳細記載了他的文學才能和創作情况："（中黄）童蒙聰悟，幼而能文。弱冠已後，窮經造聖，如抱飢渴……如此積廿年，故諷六籍如貫珠，話青史如指掌。文章一百首，考試三百場。爲《解言》上下各十九章，設賓主問答，析辨名理，不容秋毫。則揚子《解嘲》，士衡《連珠》，未足比也。《解言》既行於世，聲光震耀，卿士拭目……今禮部侍郎李公潘深知之，嘗謂人曰：沈生詞筆乃《河圖》《洛書》耳。"并云："夫人東平吕氏。父温，衡州刺史，時爲名人，文集行世。"[③]由此墓誌銘可知，沈中黄曾撰寫過不少文章，在當時也頗爲知名，這也許是他能够得到吕温的賞識而成爲其女婿的原因。然而墓誌銘中提及的作品均已亡佚，唯《唐故監察御史河南府登封縣令吴興沈公（師黄）墓誌》[④]見諸出土文獻，爲我們了解沈中黄的文學成就提供了文本依據。

在《沈中黄墓誌銘》出土以前，其姓名僅見於《元和姓纂》，該書卷七記吴興沈氏世系云："迪生竦，大曆六年進士，左庶子，生宗本、師

① 周紹良主編：《唐代墓誌彙編》，第291～292頁。

② 周紹良、趙超主編：《唐代墓誌彙編續集》，第89頁。

③ 吴鋼主編：《全唐文補遺》第一輯，第374～375頁。

④ 吴鋼主編：《全唐文補遺》第一輯，第360～361頁。

言、師黄、中黄、左黄……中黄,大理司直,生栖遠、栖逸。”[1]另外,《唐詩紀事》中有所謂沈黄中者:“高鍇奏曰:臣鍇昨日奉宣進,旨令將進士所試詩賦進來者……沈黄中《琴瑟合奏賦》,又似《文選》中《雪月賦》體格,臣與第三人。”[2]《沈中黄墓誌銘》云:“鄉薦神州,名在殊等。責於有司,第登甲科。宗伯高公鍇疏青蒲曰:沈某所試,《琴瑟合奏賦》有似《文選·雪賦》、《月賦》,臣與第三人。文藻之價,摇動内外。”與《唐詩紀事》所載正相契合,故知其所謂沈黄中,乃沈中黄之訛。墓誌銘又云:“皇考諱竦,大理正,贈左庶子……公即庶子府君第三子也。諱中黄,字中美。”不僅提供了他姓名、字號的準確信息,亦可糾正《唐詩紀事》對其名字的錯誤記載。

二、新出墓誌銘與唐人生平仕歷的訂正

一個人的生平信息,無論是其壽年和生卒年,還是其所任官職的高低和任職經過,都是關係其身份的重要問題。但是由於時代的懸隔和文獻的缺失,很多與唐文作者身份相關的信息都已被湮没,我們今天所能見到的不過是冰山一角。隨著大量新材料的陸續出土和刊布,越來越多的唐文作者的生平資料又重新進入了人們的視野,他們的生平事跡也正逐漸由模糊變得清晰起來。新出土墓誌銘對唐人生平、仕歷的訂正可從三個方面進行闡述。

(一)壽年正訛

1. 盛唐文人李峴壽年

李峴,字延鑒,乃李唐宗室,爲唐太宗第三子吴王恪之孫。一生

---

① 林寶撰,岑仲勉校記:《元和姓纂(附四校記)》卷七,第1142～1143頁。

② 計有功輯撰:《唐詩紀事》卷五二,第788頁。

閲歷豐富，曾兩度拜相，玄宗、肅宗、代宗時期的一些重大歷史事件都與其有一定的關聯。雖然李峴主要是以政治家的身份出現在人們的視野中，但他同時也是一位文人，傳世文獻中尚有《劍池》《請宥陷賊官僚奏》等作品留存，近年來又出土其所撰《唐將作監李峴故妻南華縣君獨孤氏（峻）墓誌銘》，而徐浩所撰《唐故光禄大夫檢校兵部尚書兼衢州刺史充本州團練使贈太子少師上柱國梁國公李公（峴）墓誌銘》[①]亦同時出土，不僅爲我們了解他的生平和仕宦情況提供了第一手材料，而且可以由此訂正史傳記載中的一些錯誤。

李峴的壽年，兩《唐書》均記作五十八，《舊唐書·李峴傳》云："永泰二年七月以疾終，時年五十八。"[②]《新唐書·李峴傳》也説他："卒年五十八。"[③]而《李峴墓誌銘》明確記載："（峴）以永泰二年七月八日薨於官舍，春秋五十五……粤以來歲二月十日歸葬於京兆長安縣高陽原。"可見《舊唐書》對李峴卒年的記載雖然不誤，但兩《唐書》對李峴壽年的記載失實，李峴壽年當以墓誌銘作五十五爲正，并可由此推知李峴生於先天元年（712）。

2. 中唐文人第五琦壽年

中唐文人第五琦，兩《唐書》中均有傳，但兩者對其壽年的記載却不一致。《舊唐書·第五琦傳》説他享年七十："上以其材，將復任用，召還京師，信宿而卒，年七十，贈太子少保。"[④]《新唐書·第五琦傳》云："會卒，年七十一。"[⑤]《第五琦墓誌銘》中明確記載："以建中三年八月戊午終於親仁里之私第，享年七十有一。"[⑥]由此可解決傳世文獻中

① 樊波、李舉綱：《西安新出土唐徐浩楷書〈李峴墓誌〉及〈李峴妻獨孤峻墓誌〉》，《書法叢刊》，2005 年第 4 期，第 11～13 頁。

② 劉昫等：《舊唐書》卷六〇，第 3347 頁。

③ 歐陽修、宋祁：《新唐書》卷一三一，第 4506 頁。

④ 劉昫等：《舊唐書》卷一二三，第 3518 頁。

⑤ 歐陽修、宋祁：《新唐書》卷一四九，第 4802 頁。

⑥ 李舉綱、王亮亮：《西安新見〈唐第五琦墓誌〉考疏》，第 19 頁。

對其享壽問題的紛爭,并可推知其生年爲先天元年。

(二)仕歷糾謬

1. 李峴天寶年間的仕歷及歷官經過訂誤

兩《唐書》對李峴仕歷及歷官經過的記載頗不一致。《舊唐書》記載李峴天寶年間的仕歷情況云:"特遷萬年令、河南少尹、魏郡太守;入爲金吾將軍,遷將作監,改京兆府尹,所在皆著聲績。天寶十三載,連雨六十餘日,宰臣楊國忠惡其不附己,以雨災歸咎京兆尹,乃出爲長沙郡太守。"[①]《新唐書·李峴傳》對其在天寶中仕宦情況的記載爲:"天寶時,累遷京兆尹……出峴爲零陵太守……尋徙長沙。"[②]并未提及李峴曾任左金吾將軍和魏郡太守事。而《獨孤峻墓誌銘》乃李峴親撰,墓誌中云:"天寶十二載,僕自左金吾將軍除魏郡守,到郡逾月,南華遘斯沉疾……其載十月十九日薨於魏郡之官舍。"而該誌誌題下署:"將作監賜紫金魚袋李峴撰。"可知李峴任左金吾將軍、遷將作監事均在任魏郡太守以前,應將任魏郡太守事繫於改任京兆府尹之前。這也正與《李峴墓誌銘》中所說的"遷河南少尹、左金吾將軍、將作監,出守魏郡"相吻合,《舊唐書》對峴歷官經過的記載有誤。唯《李峴墓誌銘》對其歷官經過只是匆匆帶過,未言明具體時間。據《獨孤峻墓誌銘》可知獨孤峻卒於天寶十二載十月,葬於次年五月。可見李峴任左金吾將軍、將作監、魏郡太守皆在天寶十二、十三載間。

2. 第五琦忠州所任官職辨正

關於第五琦被貶忠州以後所任的官職,傳世史籍有兩種説法:一説其所任爲長史;一説爲刺史。《舊唐書·肅宗本紀》云:"(乾元二年

---

① 劉昫等:《舊唐書》卷六〇,第3343頁。

② 歐陽修、宋祁:《新唐書》卷一三一,第4504頁。

十一月)庚午,户部侍郎、同平章事第五琦貶忠州長史。”[①]《資治通鑒》、兩《唐書》本傳亦稱爲“長史”。《新唐書·肅宗本紀》載:“(乾元二年)十一月庚午,貶第五琦爲忠州刺史。”[②]事又見《新唐書·宰相世系表》《册府元龜》卷四八三。《唐京兆抱玉傳》云:“宰臣第五琦與玉相善……琦乾元二年十月貶忠州刺史。寶應初入爲太子賓客,至京尹,玉皆預言榮貴轗軻相半,皆如其言。”[③]《唐刺史考全編》亦據此認爲第五琦曾於乾元二年(759)被貶爲忠州刺史[④]。《第五琦墓誌銘》云:“幸臣李輔國忌公之大勳,譖公以飛語,貶忠州長史。”[⑤]由此可證,第五琦忠州所任官職僅爲長史。

3. 中唐文人劉栖楚任桂管觀察使時間

劉栖楚是活躍於憲宗、穆宗時期的文人,兩《唐書》有傳。他與賈島等人均有酬唱之作,賈島尚有《寄劉栖楚》詩傳世。據《新唐書·藝文志》記載,劉栖楚有文集二十卷,今不傳。陸心源《唐文拾遺》輯得其佚文一篇,小傳云:“栖楚,其出寒鄙,爲州鎮小吏,王承宗奇之,薦於李逢吉……歷右拾遺、諫議大夫,授刑部侍郎。數月,改京兆尹……韋處厚惡之,出爲桂管觀察使,卒。”[⑥]記載其仕宦經歷與兩《唐書》略同。惟《舊唐書·劉栖楚傳》中記載了其出任桂管觀察使以及去世時間:“後恃權寵,常以詞氣凌宰相韋處厚,遂出爲桂州觀察使,逾年,卒於任,時大和元年九月。”[⑦]可見其將劉栖楚任桂州觀察使的時間繫於寶曆二年九月以前。然這一記載與新出土《唐故桂管都防禦觀察等使桂州刺史兼御史大夫賜紫金魚袋贈左散騎常侍劉公(栖

① 劉昫等:《舊唐書》卷一〇,第 257 頁。
② 歐陽修、宋祁:《新唐書》卷六,第 162 頁。
③ 贊寧:《宋高僧傳》卷一九,第 482 頁。
④ 郁賢皓:《唐刺史考全編》,第 2743 頁。
⑤ 李舉綱、王亮亮:《西安新見〈唐第五琦墓誌〉考疏》,第 18 頁。
⑥ 陸心源編:《唐文拾遺》卷二七,第 136 頁。
⑦ 劉昫等:《舊唐書》卷一五四,第 4107 頁。

楚)墓誌》中的描述并不吻合。《劉栖楚墓誌》云:“維大和丁未歲正月,桂管都防禦觀察等使桂州刺史兼御史大夫河間劉公栖楚字善保,始受命之桂林,八月廿五日公薨,時年五十二。”[①]此文乃李逢吉所撰,正是由於他的賞識和提拔,才使劉栖楚改變了州鎮小吏的身份,故其記載當可信。墓誌銘中所言大和丁未歲即大和元年,可見劉栖楚出任桂州觀察使乃在大和元年正月,而非《舊唐書》所謂的寶曆二年。而其去世亦在大和元年八月,其任職時間僅半年有餘,《舊唐書》認爲其任桂州觀察使時間在一年以上,并記其去世時間爲大和元年九月均不確。

(三)事跡新證

1. 李朋

李朋,《全唐詩》卷五六四收其詩一首。《小傳》僅云:“李朋,刑部員外郎。”徐松《登科記考》據鄭谷《谷丱(一作比)歲受同年丈人故川守李侍郎教諭衰晏龍鍾益用感歎遂以章句自貽》考得其當與鄭谷之父鄭史同爲開成元年(836)進士,而佚其名。陶敏《全唐詩人名彙考》則據鄭谷《雲臺編序》訂其名爲李朋,其餘事跡依然不詳。2011年西安大唐西市博物館新入藏李朋及其妻楊氏墓誌銘兩方,爲我們考察其生平提供了重要依據。

李朋墓誌銘全稱《唐故正議大夫守河南尹柱國賜紫金魚袋贈禮部尚書武陽李公墓誌銘》,妻兄楊知温撰。妻楊氏乃楊汝士之女,墓誌銘全稱《唐故河南尹贈禮部尚書李公夫人弘農郡君楊氏墓誌銘》,兄楊知遠撰。《李朋墓誌銘》云:“公諱朋,字子言……七歲能諷經典,善屬文句,有《石燕》《燈花》之什,爲時匠之所稱詠……洎故鄂渚高公鍇典司貢籍,務抑浮華,尚貞實,而公果以素履,遂擢高科。其明年,

① 周紹良主編:《唐代墓誌彙編》,第2105頁。

我貞公節制東蜀，署爲節度巡官，獎待益隆。”[①]《舊唐書・文宗紀》下云：“（開成元年十二月）癸丑，以兵部侍郎楊汝士檢校禮部尚書，充劍南東道節度使。”兩《唐書・楊汝士傳》略同。可見楊汝士“節制東蜀”當在開成二年（837），李朋進士及第正爲開成元年。墓誌銘還記載：“咸通皇帝嗣位之六年仲夏之六日，河南尹李公薨於位”，“享年六十二”，故而可定其生卒年爲貞元二十年（804）至咸通六年（865）。

2. 李潛

見《全唐詩》卷五五二。《小傳》僅云：“李潛，字德隱，宜春人。會昌三年進士第。詩一首。”陶敏《全唐詩人名彙考》已據李潛父李正卿的墓誌銘指出：“小傳云潛‘宜春人’，誤。”《洛陽流散唐代墓誌彙編》收其本人的墓誌銘，不僅證實陶敏先生的説法，并可進一步考察李潛的郡望及生平。

李潛墓誌銘全稱《唐故西川觀察推官監察御史裏行江夏李君（潛）墓誌銘》，墓誌蓋題作《唐故江夏李府君墓誌》，均稱其郡望爲江夏，文中更是對其始末做了詳細介紹。東漢初年，李左車之九代孫李就爲會稽太守：“其先派于趙郡，會稽与趙郡三祖昆弟指武昌江山相謂曰：‘邯鄲豈有是乎？’深慕之，遂徙家於此。就七代孫通，通孫顒，顒子翼，皆嗣封江夏公，故望歸江夏焉。”[②]可證李潛郡望爲江夏。但可能自李善開始甚至更早，其族人已經定居洛陽（即墓誌銘中所言之河南府河南縣）。據李潛墓誌銘記載，李正卿臨終還特別交代：“汝必大其門，無忘理故宅於鄭，盖大王父弘文學士注《文選》之所。又天寶中，大父北海公有懿德大節，尋續於文矣，汝無忘建豐碑。”可見自李善開始即在洛陽營有宅第，并一直延續到李潛時代。李氏的祖塋也建在北邙山，李潛父子卒後也均歸葬於此。李潛墓誌銘云：“歸櫬于

① 胡戟、榮新江主編：《大唐西市博物館藏墓誌》，第969頁。

② 毛陽光、余扶危主編：《洛陽流散唐代墓誌彙編》，第612頁。

河南府河南縣金谷鄉北邙原。以其年五月十三日祔先塋。"李潛父李正卿的墓誌銘中也説:"嗣子潛奉理命啓先夫人之窆合祔於河南縣金谷原。"①

據墓誌銘記載,"有奇文濬學者,争跳出進士科,故君果在會昌癸亥選中。"癸亥正爲會昌三年(843),可見《全唐詩》所載不誤。李潛"以大中九年春建寅月五日終于長安新昌里第","壽止四十六",故其生卒年可確定爲:元和五年(810)至大中九年(855)。

3. 李直方

中唐文人李直方爲唐宗室後裔,現尚有文章三篇留存,《全唐文》小傳云:"直方,德宗朝官左司員外郎,歷中書舍人,試太常卿。貞元二十一年自韶州刺史移贛州刺史,遷司勳郎中。"②對其仕歷遷轉有較爲詳細的記載,然據新出土文獻可知,李直方曾任太常少卿而非《小傳》所云"試太常卿"。

新出土《唐故劍南西川南道運糧使檢校尚書户部員外郎兼侍御史賜緋魚袋京兆韋府君博陵崔氏(成簡)合祔墓誌銘》題下署:"中散大夫、守太常少卿、上柱國李直方撰。"③崔成簡卒於元和十四年(819)正月,葬於當年五月,誌文當撰於此間,故知李直方於元和十四年正任太常少卿。

《唐九卿考》對李直方的記載則僅限於大理少卿一職:"約貞元中。《新唐書·宗室世系表上》定州刺史房:'大理少卿直方。'乃肅宗時宰相李麟之孫。"④由《崔成簡墓誌銘》可增補其曾任太常少卿一職。

另,新出土《故膳部郎中皇甫府君(敭)墓誌銘》也爲李直方所撰,

① 周紹良主編:《唐代墓誌彙編》,第 2240 頁。
② 董誥等編:《全唐文》卷六一八,第 2766 頁。
③ 胡明曌:《内容有涉大明宫的三方唐代墓誌》,《考古與文物》,2010 年第 5 期,第 80 頁。
④ 郁賢皓、胡可先:《唐九卿考》,第 411 頁。

結銜爲"將仕郎守監察御史"。[1] 傳主皇甫敖貞元十年(794)葬,文當撰於本年,由此亦可考知李直方早年曾任監察御史一職。

三、新出墓誌銘與唐人職官遷轉的重構

白居易在《大官乏人》中云:

> 臣伏見國家公卿將相之具選於丞郎給舍,丞郎給舍之材選於御史遺補郎官。御史遺補郎官之器選於秘著校正畿赤簿尉。雖未盡是,十常六七焉。然則畿赤之吏,不獨以府縣之用求之;秘著之官,不獨以校勘之用取之。其所責望者乃丞郎之椎輪,公卿之濫觴也。[2]

賴瑞和認爲將白居易所列之官職順序顛倒一下,由秘著校正畿赤簿尉→御史遺補郎官→丞郎給舍→公卿將相,即是唐代士人理想的升官圖。他還以張説、張九齡、李巽和李德裕四人的仕宦經歷總結唐代士人的任官規律,認爲一般的官吏在基層階段,約三十歲上下時,多任校書郎、州縣參軍和縣尉,以及幕府的掌書記等;當進身中層階段時,多在朝中任監察御史、拾遺或補闕、員外郎或郎中,或在地方上任縣令;而他們若能攀升至高層階段,則多任中書舍人、侍郎或都督、刺史以及節度使等職。[3]

一人所撰的多篇文章同時見諸新出石刻的情況也時有出現,我們正可通過作者結銜的變化考察其官職遷轉的經過,限於篇幅,本節僅以盛唐文人席豫和號稱燕許大手筆之一的蘇頲爲例加以説明:

《舊唐書·席豫傳》介紹其仕歷遷轉經過時云:"開元中,累官至

---

① 毛陽光、余扶危主編:《洛陽流散唐代墓誌彙編》,第467頁。

② 白居易著,朱金城箋注:《白居易集箋校》卷六三,第3490頁。

③ 賴瑞和:《唐代中層文官》,第26頁。按:本節對唐代基層、中層、高層文官的定義和分類,悉依賴瑞和《唐代基層文官》《唐代中層文官》二書所定之標準。

考功員外郎……三遷中書舍人……轉户部侍郎,充江南東道巡撫使,兼鄭州刺史。入爲吏部侍郎。"[①]新出石刻發現了席豫所撰的文章三篇:《大唐故通議大夫沂州司馬清苑縣開國子劉府君(敦行)神道記》(開元八年)[②]、《大唐故中散大夫守少府監上柱國趙郡李府君(述)墓誌銘》(開元十八年)[③]和《唐故京兆府雲陽縣尉李君(滔)墓誌銘》(開元二十三年)[④],而席豫所任官職分别爲大理寺丞、户部侍郎和吏部侍郎。新出石刻中的三篇文章正體現出了他從中層的大理寺丞升至高層的户部侍郎,再升遷爲更加顯要的吏部侍郎的過程。[⑤]《舊唐書》均未言及這幾次遷轉的具體時間,新出石刻則將其身份、地位的變化體現得更加明顯。

再如,新出石刻中尚存蘇頲所撰文章多篇,按時間先後排列,分别爲《盧行毅墓誌銘》(大足元年)、《杜并墓誌銘》(長安二年)、《爾朱杲妻韋氏墓誌銘》(長安三年)、《武懿宗墓誌銘》(景龍元年)、《崔日新墓誌銘》(景龍二年)、《丁元裕墓誌銘》(開元九年)、《衡守直墓誌銘》(開元九年)。而蘇頲結銜分别爲來庭縣尉、尚書考功員外郎、尚書考功郎中、合宫令[⑥]、禮部尚書。其官品分别爲從八品下、從六品上、從

---

① 劉昫等:《舊唐書》卷一九〇中,第5035～5036頁。

② 周紹良、趙超主編:《唐代墓誌彙編續集》,第475頁。

③ 周紹良、趙超主編:《唐代墓誌彙編續集》,第522頁。

④ 吴鋼主編:《全唐文補遺·千唐誌齋新藏專輯》,第170頁。

⑤ 按照唐人"前後行"的觀念,吏部最爲"前行",而户部屬於"中行"。另據《唐六典》,户部侍郎爲正四品下,吏部侍郎則爲正四品上。因此,席豫由户部侍郎至吏部侍郎並非平調而是一種升遷。

⑥ 合宫縣即河南縣,《唐會要》記載:"河南縣,永昌元年,改爲合宫縣……神龍元年正月,却爲河南縣。二年十一月五日,又改爲合宫縣,以蘇頌(頲)爲縣令。"(王溥:《唐會要》卷七〇,第1477頁。)據《唐六典》卷三〇可知河南縣乃京縣,縣令爲正五品上,高於考功郎中。實際上,郎官出宰京畿乃是唐人任官模式中的常例,詳參賴瑞和:《唐代中層文官》,第263頁。

五品上、正五品上、正三品。[①] 蘇頲在傳世文獻中并無墓誌銘留存，因此可以説，正是由於新出石刻中所存的這些文章，才使得我們對其身份提高的具體過程和時間有了詳細的了解。不僅席豫、蘇頲如此，新出墓誌銘中發現了很多同一作者所撰的不同文章，如盧商、徐浩、崔祐甫、賀知章等等，不同文章題署中結銜的變化，正體現出了職官遷轉的具體經過。

從作者在題署中的結銜情况來看，傳世文獻與新出墓誌銘並見的作者以中層文官居多，尤其是較爲清要的御史、遺補、郎官以及判官和少量重要州縣的縣令、縣尉、録事參軍。而僅見於新出墓誌銘的作者中除了少量的曾任御史、遺補和郎官以外，多數爲縣丞、縣尉以及推官、巡官和節度掌書記，甚至是普通士子或隱居不仕者，整體上要比傳世文獻與新出墓誌銘中並見的作者身份低一個層次，傳主的身份整體上也低於後者。就中也體現出了文章創作主體的身份與傳主身份之間存在著一定的對應關係。

---

① 需要説明的是，蘇頲並非直接由合宫縣令升至禮部尚書，其間蘇頲還任過工部侍郎、中書侍郎進同紫微黄門平章事等職，詳《新唐書・蘇頲傳》。

參考文獻

一、著作類

B

白居易著，朱金城箋校：《白居易集箋校》，上海：上海古籍出版社，1988 年。

班固：《漢書》，北京：中華書局，1962 年。

北京圖書館金石組編：《北京圖書館藏中國歷代石刻拓本匯編》，鄭州：中州古籍出版社，1989 年。

畢沅：《中州金石記》，《叢書集成初編》本，北京：中華書局，1985 年。

C

蔡儀主編：《文學概論》，北京：人民文學出版社，1979 年。

曹寅等編：《全唐詩》，北京：中華書局，1960 年。

岑仲勉：《金石論叢》，北京：中華書局，2004 年。

岑仲勉：《郎官石柱題名新考訂》，北京：中華書局，2004 年。

晁公武撰，孫猛校證：《郡齋讀書志校證》，上海：上海古籍出版社，1990 年。

陳長安主編：《隋唐五代墓誌匯編・洛陽卷》，天津：天津古籍出版社,1991年。

陳蘭村主編:《中國傳記文學發展史》,北京:語文出版社,2012年。

陳明:《印度梵文醫典〈醫理精華〉研究》,北京:中華書局,2002年。

陳弱水:《隱蔽的光景——唐代的婦女文化與家庭生活》,桂林:廣西師範大學出版社,2009年。

陳尚君:《陳尚君自選集》,桂林:廣西師範大學出版社,2000年。

陳尚君:《唐代文學叢考》,北京:中國社會科學出版社,1997年。

陳尚君編:《唐五代文作者索引》,北京:中華書局,2010年。

陳尚君輯校:《全唐詩補編》,北京:中華書局,1992年。

陳尚君輯校:《全唐文補編》,北京:中華書局,2005年。

陳壽撰,裴松之注:《三國志》,北京:中華書局,1982年。

陳思編著:《寶刻叢編》,杭州:浙江古籍出版社,2012年。

陳子昂:《陳子昂集》,上海:上海古籍出版社,2013年。

程章燦:《古刻新詮》,北京:中華書局,2009年。

程章燦:《石刻刻工研究》,上海:上海古籍出版社,2008年。

[日]川合康三著,蔡毅譯:《中國的自傳文學》,北京:中央編譯出版社,1999年。

D

大同北朝藝術研究院編著:《北朝藝術研究院藏品圖録·墓誌》,北京:文物出版社,2016年。

鄧名世:《古今姓氏書辯證》,南昌:江西人民出版社,2006年。

丁政:《碑帖書畫與詩歌文獻研究》,天津:天津人民美術出版社,2007年。

董誥等編:《全唐文》,上海:上海古籍出版社,1990年。

杜甫著,楊倫箋注:《杜詩鏡銓》,上海:上海古籍出版社,1998年。

杜牧:《樊川文集》,上海:上海古籍出版社,1978年。

杜牧著,馮集梧注:《樊川詩集注》,上海:上海古籍出版社,1978年。

杜牧撰,吴在慶校注:《杜牧集繫年校注》,北京:中華書局,2008年。

杜佑:《通典》,北京:中華書局,1988年。

F

范曄撰,李賢等注:《後漢書》,北京:中華書局,1965年。

房玄齡等:《晋書》,北京:中華書局,1974年。

封演撰,趙貞信校注:《封氏聞見記校注》,北京:中華書局,2005年。

傅璇琮、張忱石、許逸民編撰:《唐五代人物傳記資料綜合索引》,北京:中華書局,1982年。

傅璇琮:《唐代詩人叢考》,北京:中華書局,1980年。

傅璇琮主編:《唐才子傳校箋》,北京:中華書局,1987～1995年陸續出版。

G

顧炎武著,黄汝成集釋:《日知録集釋》,上海:上海古籍出版社,2006年。

郭茂倩編:《樂府詩集》,北京:中華書局,1979年。

國家圖書館善本金石組編:《隋唐五代石刻文獻全編》,北京:北京圖書館出版社,2003年。

H

韓理洲等輯校編年:《全北齊北周文補遺》,西安:三秦出版社,2008年。

韓理洲輯校編年:《全隋文補遺》,西安:三秦出版社,2004年。

韓愈:《韓昌黎文集》,上海:上海古籍出版社,1994年。

韓愈著,劉真倫、岳珍校注:《韓愈文集彙校箋注》,北京:中華書局,2010 年。

韓愈撰,馬其昶校注:《韓昌黎文集校注》,上海:上海古籍出版社,1987 年。

郝本性主編:《隋唐五代墓誌匯編・河南卷》,天津:天津古籍出版社,1991 年。

河南省文物研究所、河南省洛陽地區文管處編:《千唐誌齋藏誌》,北京:文物出版社,1984 年。

洪邁:《容齋隨筆》,上海:上海古籍出版社,1978 年。

胡可先:《出土文獻與唐代詩學研究》,北京:中華書局,2012 年。

胡可先、孟國棟、武曉紅:《考古發現與唐代文學研究》,杭州:浙江大學出版社,2014 年。

胡戟、榮新江主編:《大唐西市博物館藏墓誌》,北京:北京大學出版社,2012 年。

胡適:《藏暉室劄記》,上海:上海亞東圖書館, 1939 年。

[日]户崎哲彦:《桂林唐代石刻の研究》,東京都:白帝社,2005 年。

[日]户崎哲彦:《唐代嶺南文學與石刻考》,北京:中華書局,2014 年。

J

計有功輯撰:《唐詩紀事》,上海:上海古籍出版社,2008 年。

静筠二禪師編撰:《祖堂集》,北京:中華書局,2007 年。

K

孔延之編:《會稽掇英總集》,北京:人民出版社,2006 年。

L

賴瑞和:《唐代中層文官》,臺北:聯經出版事業股份有限公司,2008 年。

勞格、趙鉞:《唐尚書省郎官石柱題名考》,北京:中華書局,1992年。

李白著,瞿蜕園、朱金城校注:《李白集校注》,上海:上海古籍出版社,1980年。

李白著,王琦注:《李太白全集》,北京:中華書局,1977年。

李白撰,安旗主編:《新版李白全集編年注釋》,成都:巴蜀書社,2000年。

李百藥:《北齊書》,北京:中華書局,1972年。

李德裕撰,傅璇琮、周建國校箋:《李德裕文集校箋》,石家莊:河北教育出版社,2000年。

李調元:《蜀碑記補》,《叢書集成初編》本,北京:中華書局,1985年。

李昉等:《太平御覽》,北京:中華書局,1960年。

李昉等編:《太平廣記》,北京:中華書局,1961年。

李昉等編:《文苑英華》,北京:中華書局,1966年。

李吉甫:《元和郡縣圖志》,北京:中華書局,1983年。

李林甫等:《唐六典》,北京:中華書局,1992年。

李商隱著,馮浩箋注:《玉谿生詩集箋注》,上海:上海古籍出版社,1979年。

李商隱著,馮浩詳注,錢振倫、錢振常箋注:《樊南文集》,上海:上海古籍出版社,1988年。

李塗:《文章精義》,北京:人民文學出版社,1960年。

李希泌編:《曲石精廬藏唐墓誌》,濟南:齊魯書社,1986年。

李獻奇、郭引強編著:《洛陽新獲墓誌》,北京:文物出版社,1996年。

李延壽:《北史》,北京:中華書局,1974年。

梁遇春:《梁遇春文集》,北京:綫裝書局,2009年。

廖宜方:《唐代的母子關係》,板橋:稻鄉出版社,2009 年。

林寶撰,岑仲勉校記:《元和姓纂(附四校記)》,北京:中華書局,1994 年。

林大志:《蘇頲張説研究》,濟南:齊魯書社,2007 年。

令狐德棻等:《周書》,北京:中華書局,1971 年。

劉肅:《大唐新語》,北京:中華書局,1984 年。

劉勰著,詹鍈義證:《文心雕龍義證》,上海:上海古籍出版社,1989 年。

劉歆:《西京雜記》,《漢魏六朝筆記小説大觀》本,上海:上海古籍出版社,1999 年。

劉昫等:《舊唐書》,北京:中華書局,1975 年。

劉學鍇、余恕誠:《李商隱詩歌集解》,北京:中華書局,2004 年。

劉學鍇、余恕誠:《李商隱文編年校注》,北京:中華書局,2002 年。

劉義慶撰,徐震堮校箋:《世説新語校箋》,北京:中華書局,1984 年。

劉禹錫:《劉禹錫集》,北京:中華書局,1990 年。

劉禹錫著,瞿蜕園箋證:《劉禹錫集箋證》,上海:上海古籍出版社,1989 年。

柳宗元:《柳河東集》,上海:上海古籍出版社,2008 年。

柳宗元:《柳宗元集》,北京:中華書局,1979 年。

盧綸著,劉初棠校注:《盧綸詩集校注》,上海:上海古籍出版社,1989 年。

盧照鄰著,祝尚書箋注:《盧照鄰集箋注》,上海:上海古籍出版社,2011 年。

陸心源編:《唐文拾遺》,上海:上海古籍出版社,1990 年。

陸耀遹:《金石續編》,《續修四庫全書》本,上海:上海古籍出版社,2002 年。

陸增祥:《八瓊室金石補正》,《續修四庫全書》本,上海:上海古籍出版社,2002 年。

逯欽立輯校:《先秦漢魏晋南北朝詩》,北京:中華書局,1983 年。

羅新、葉煒:《新出魏晋南北朝墓誌疏證》(修訂本),北京:中華書局,2016 年。

羅振玉:《羅振玉學術論著集》,上海:上海古籍出版社,2010 年。

洛陽市文物局編:《洛陽出土北魏墓誌選編》,北京:科學出版社,2001 年。

M

馬衡:《凡將齋金石叢稿》,北京:中華書局,1977 年。

毛漢光:《唐代墓誌銘彙編附考》第一至十八册,臺北:"中央研究院"歷史語言研究所,1984～1994 年陸續出版。

毛漢光:《中國中古社會史論》,上海:上海書店出版社,2002 年。

毛陽光、余扶危主編:《洛陽流散唐代墓誌彙編》,北京:國家圖書館出版社,2013 年。

毛遠明:《碑刻文獻學通論》,北京:中華書局,2009 年。

毛遠明編著:《漢魏六朝碑刻校注》,北京:綫裝書局,2008 年。

O

歐陽修、宋祁:《新唐書》,北京:中華書局,1975 年。

歐陽修著,鄧寶劍、王怡琳注釋:《集古録跋尾》,北京:人民美術出版社,2010 年。

歐陽修著,洪本健校箋:《歐陽修詩文集校箋》,上海:上海古籍出版社,2009 年。

歐陽詢:《藝文類聚》,上海:上海古籍出版社,1982 年。

Q

齊運通編:《洛陽新獲七朝墓誌》,北京:中華書局,2012 年。

[日]氣賀澤保規編:《新編唐代墓誌所在總合目録》,東京都:汲古書院,2017 年。

錢大昕:《廿二史考異》,上海:上海古籍出版社,2004 年。

錢大昕:《潛研堂金石文跋尾》,《嘉定錢大昕全集》本,南京:江蘇古籍出版社,1997 年。

錢鍾書:《管錐編》,北京:生活·讀書·新知三聯書店,2001 年。

瞿兑之:《駢文概論》,海口:海南出版社,1994 年。

權德輿:《權德輿詩文集》,上海:上海古籍出版社,2008 年。

R

饒宗頤編著:《唐宋墓誌:遠東學院藏拓片圖録》,香港:香港中文大學出版社,1981 年。

榮新江主編:《唐研究》第十九卷,北京:北京大學出版社,2013 年。

阮元主編:《兩浙金石志》,杭州:浙江古籍出版社,2012 年。

S

沈約:《宋書》,北京:中華書局,1974 年。

司馬光編著:《資治通鑒》,北京:中華書局,1956 年。

司馬遷:《史記》,北京:中華書局,1982 年。

[日]松本肇、川合康三編:《中唐文學の視角》,東京都:創文社,1998 年。

[日]松浦友久撰,劉維治、尚永亮、劉崇德譯:《李白的客寓意識及其詩思》,北京:中華書局,2001 年。

蘇鶚:《杜陽雜編》,《叢書集成初編》本,北京:中華書局,1985 年。

孫光憲:《北夢瑣言》,北京:中華書局,2002 年。

孫蘭風、胡海帆主編:《隋唐五代墓誌匯編·北京大學卷》,天津:

天津古籍出版社,1991年。

孫星衍、邢澍:《寰宇訪碑録》,《叢書集成初編》本,北京:中華書局,1985年。

T

陶敏:《全唐詩人名彙考》,沈陽:遼海出版社,2006年。

陶敏:《全唐詩作者小傳補正》,沈陽:遼海出版社,2010年。

陶淵明撰,袁行霈箋注:《陶淵明集箋注》,北京:中華書局,2003年。

W

王勃著,蔣清翊注:《王子安集注》,上海:上海古籍出版社,1995年。

王昶輯:《金石萃編》,北京:北京市中國書店,1985年。

王績:《王無功文集》,上海:上海古籍出版社,1987年。

王建著,王宗堂校注:《王建詩集校注》,鄭州:中州古籍出版社,2006年。

王鳴盛:《十七史商榷》,上海:上海古籍出版社,2013年。

王溥:《唐會要》,上海:上海古籍出版社,2006年。

王欽若等編:《册府元龜》,北京:中華書局,1960年。

王仁波主編:《隋唐五代墓誌匯編·陝西卷》第一、二册,天津:天津古籍出版社,1991年。

王水照編:《歷代文話》,上海:復旦大學出版社,2007年。

王維撰,陳鐵民校注:《王維集校注》,北京:中華書局,1997年。

王象之:《輿地碑記目》,《叢書集成初編》本,北京:中華書局,1985年。

王象之:《輿地紀勝》,北京:中華書局,1992年。

魏收:《魏書》,北京:中華書局,2017年。

魏徵、令狐德棻:《隋書》,北京:中華書局,1973年。

吳鋼主編:《全唐文補遺》第八輯,西安:三秦出版社,2005 年。

吳鋼主編:《全唐文補遺》第二輯,西安:三秦出版社,1995 年。

吳鋼主編:《全唐文補遺》第九輯,西安:三秦出版社,2007 年。

吳鋼主編:《全唐文補遺》第六輯,西安:三秦出版社,1999 年。

吳鋼主編:《全唐文補遺》第七輯,西安:三秦出版社,2000 年。

吳鋼主編:《全唐文補遺》第三輯,西安:三秦出版社,1996 年。

吳鋼主編:《全唐文補遺》第四輯,西安:三秦出版社,1997 年。

吳鋼主編:《全唐文補遺》第五輯,西安:三秦出版社,1998 年。

吳鋼主編:《全唐文補遺》第一輯,西安:三秦出版社,1994 年。

吳鋼主編:《全唐文補遺・千唐誌齋新藏專輯》,西安:三秦出版社,2006 年。

吳鋼主編:《隋唐五代墓誌匯編・陝西卷》第三、四册,天津:天津古籍出版社,1991 年。

吳兢撰,謝保成集校:《貞觀政要集校》,北京:中華書局,2009 年。

吳麗娛:《終極之典——中古喪葬制度研究》,北京:中華書局,2013 年。

吳訥:《文章辨體序説》,北京:人民文學出版社,1962 年。

武億:《授堂金石跋》,鄭州:中州古籍出版社,1993 年。

X

西安碑林博物館編:《碑林集刊》(十一),西安:陝西人民美術出版社,2005 年。

西安碑林博物館編:《碑林集刊》(十九),西安:三秦出版社,2013 年。

西安碑林博物館編:《紀念西安碑林九百二十周年華誕國際學術研討會論文集》,北京:文物出版社,2008 年。

西安碑林博物館編:《西安碑林博物館新藏墓誌彙編》,北京:綫裝書局,2007年。

西安市長安博物館編:《長安新出墓誌》,北京:文物出版社,2011年。

蕭統編,李善注:《文選》,上海:上海古籍出版社,1986年。

謝無量:《駢文指南》,上海:中華書局,1918年。

新文豐出版公司編輯部編:《石刻史料新編》,臺北:新文豐出版公司,1977年。

新文豐出版公司編輯部編:《石刻史料新編第二輯》,臺北:新文豐出版公司,1979年。

新文豐出版公司編輯部編:《石刻史料新編第三輯》,臺北:新文豐出版公司,1986年。

新文豐出版公司編輯部編:《石刻史料新編第四輯》,臺北:新文豐出版公司,2006年。

邢義田:《畫爲心聲:畫像石、畫像磚與壁畫》,北京:中華書局,2011年。

徐師曾:《文體明辨序説》,北京:人民文學出版社,1962年。

徐松撰,孟二冬補正:《登科記考補正》,北京:北京燕山出版社,2003年。

許慎著,段玉裁注:《説文解字注》,上海:上海古籍出版社,1988年。

Y

嚴耕望:《唐代交通圖考》,上海:上海古籍出版社,2007年。

嚴可均輯:《全上古三代秦漢三國六朝文》,北京:中華書局,1958年。

顔師古撰,劉曉東平議:《匡謬正俗平議》,濟南:山東大學出版社,1999年。

顔真卿:《顔魯公集》,影印《文淵閣四庫全書》本,上海:上海古籍出版社，1987 年。

楊炯：《楊炯集》，北京：中華書局，1980 年。

楊衒之撰，周祖謨校釋：《洛陽伽藍記校釋》，北京：中華書局，2010 年。

楊作龍、趙水森等編著：《洛陽新出土墓誌釋録》，北京：北京圖書館出版社，2004 年。

葉昌熾撰，柯昌泗評：《語石・語石異同評》，北京：中華書局，1994 年。

葉國良：《石學蠡探》，臺北：大安出版社，1989 年。

葉國良：《石學續探》，臺北：大安出版社，1999 年。

[美]伊佩霞著，范兆飛譯：《早期中華帝國的貴族家庭》，上海：上海古籍出版社，2011 年。

[日]伊藤敏雄主編，中村圭爾、室山留美子編：《魏晋南北朝墓誌人名地名索引》，柏原：大阪教育大學，2008 年。

永瑢等：《四庫全書總目》，北京：中華書局，1965 年。

庾信撰，倪璠注：《庾子山集注》，北京：中華書局，1980 年。

郁賢皓、胡可先：《唐九卿考》，北京：中國社會科學出版社，2003 年。

郁賢皓：《李白與唐代文史考論》，南京：南京師範大學出版社，2008 年。

郁賢皓：《唐刺史考全編》，合肥：安徽大學出版社，2000 年。

元稹：《元稹集》，北京：中華書局，1982 年。

Z

贊寧：《宋高僧傳》，北京：中華書局，1987 年。

翟景運：《晚唐駢文研究》，北京：商務印書館，2010 年。

張忱石：《全唐詩作者索引》，北京：中華書局，1983 年。

張九齡撰，熊飛校注：《張九齡集校注》，北京：中華書局，2008 年。

張寧等主編:《隋唐五代墓誌匯編·北京卷》,天津:天津古籍出版社,1991年。

張説著,熊飛校注:《張説集校注》,北京:中華書局,2013年。

張志烈:《初唐四傑年譜》,成都:巴蜀書社,1993年。

趙超:《漢魏南北朝墓誌彙編》,天津:天津古籍出版社,1992年。

趙超編著:《新唐書宰相世系表集校》,北京:中華書局,1998年。

趙君平、趙文成編:《河洛墓刻拾零》,北京:北京圖書館出版社,2007年。

趙君平、趙文成編:《秦晋豫新出墓誌搜佚》,北京:國家圖書館出版社,2012年。

趙君平編:《邙洛墓誌三百種》,北京:中華書局,2004年。

趙明誠:《金石録》,《四部叢刊續編》本,上海:上海書店,1984年。

趙明誠撰,金文明校證:《金石録校證》,桂林:廣西師範大學出版社,2005年。

趙翼著,王樹民校證:《廿二史劄記校證》,北京:中華書局,1984年。

趙振華主編:《洛陽出土墓誌研究文集》,北京:朝華出版社,2002年。

中國社會科學院考古研究所編著:《偃師杏園唐墓》,北京:科學出版社,2001年。

中國文物研究所等編:《新中國出土墓誌·河南[貳]》,北京:文物出版社,2002年。

中國文物研究所等編:《新中國出土墓誌·河南[叁]千唐誌齋[壹]》,北京:文物出版社,2008年。

中國文物研究所等編:《新中國出土墓誌·河南[壹]》,北京:文物出版社,1994年。

中國文物研究所等編:《新中國出土墓誌·陝西[貳]》,北京:文物出版社,2003年。

中國文物研究所等編:《新中國出土墓誌·陝西[壹]》,北京:文物出版社,2000年。

周密:《齊東野語》,北京:中華書局,1983年。

周紹良、趙超主編:《唐代墓誌彙編續集》,上海:上海古籍出版社,2001年。

周紹良主編:《唐代墓誌彙編》,上海:上海古籍出版社,1992年。

朱東潤:《八代傳叙文學述論》,上海:復旦大學出版社,2006年。

朱東潤:《陸游傳》,上海:上海古籍出版社,1979年。

朱關田:《初果集》,北京:榮寶齋出版社,2008年。

朱關田:《唐代書法家年譜》,南京:江蘇教育出版社,2001年。

朱記榮輯:《金石全例》,北京:北京圖書館出版社,2008年。

朱文華:《傳記通論》,上海:復旦大學出版社,1993年。

朱翌:《猗覺寮雜記》,《叢書集成初編》本,北京:中華書局,1985年。

朱彝尊:《曝書亭全集》,長春:吉林文史出版社,2009年。

[日]佐藤一郎著,趙善嘉譯:《中國文章論》,上海:上海古籍出版社,1996年。

二、論文類

鮑虎欣:《河南偃師市出土郭虛己曾孫郭儋墓誌》,《華夏考古》2008年第2期。

卞兆明:《胡適最早使用"傳記文學"名稱的時間定位》,《蘇州大學學報》(哲學社會科學版)2002年第4期。

陳根遠:《唐〈韓秀實墓誌〉及其他》,《文博》2010年第4期。

陳尚君:《唐代的亡妻與亡妾墓誌》,《中華文史論叢》2006 年第 2 期。

陳尚君:《唐代石刻文獻的重要收穫》。西安碑林博物館編:《碑林集刊》第十二輯,西安:陝西人民美術出版社,2007 年。

陳尚君:《唐柳玭〈柳氏叙訓〉研究》,《國文學報》第五十一期,2012 年 6 月。

陳忠凱:《唐韋承慶及繼母王婉兩方墓誌銘文釋讀》。中國文物研究所編:《出土文獻研究》第七輯,上海:上海古籍出版社,2005 年。

程章燦:《"填寫"出來的人生——由〈亡宫墓誌〉談唐代宫女的命運》,《中國典籍與文化》1996 年第 1 期。

程章燦:《墓誌銘的結構與名目》,《古籍整理研究學刊》1997 年第 6 期。

程章燦:《墓誌文體起源新論》,《學術研究》2005 年第 6 期。

[英]崔瑞德,張書生譯,王毓銓校:《中國的傳記寫作》,《史學史研究》1985 年第 3 期。

鄧文寬:《敦煌寫本〈常何墓碑〉校詮》。中國敦煌吐魯番學會等主編:《敦煌吐魯番研究》第十一卷,上海:上海古籍出版社,2009 年。

樊波、李舉綱:《西安新出土唐徐浩楷書〈李峴墓誌〉及〈李峴妻獨孤峻墓誌〉》,《書法叢刊》2005 年第 4 期。

郭茂育、趙振華:《唐〈史孝章墓誌〉研究》,《中國邊疆史地研究》2007 年第 4 期。

郭文鎬:《姚合仕履考略》,《浙江學刊》1988 年第 3 期。

胡可先、魏娜:《唐代詩人事跡新證》,《浙江大學學報》(人文社會科學版)2010 年第 5 期。

胡可先:《出土文獻與唐代文學史新視野》,《文學遺産》2005 年第 1 期。

胡可先:《杜甫叔父杜并墓誌銘箋證》,《杜甫研究學刊》2001 年第2期。

胡可先:《新出墓誌與唐代文學研究的拓展》,《北京大學學報》(哲學社會科學版)2013年第4期。

胡明曌:《内容有涉大明宫的三方唐代墓誌》,《考古與文物》2010年第5期。

黄士斌:《漢魏洛陽城刑徒墳場調查記》,《考古通訊》1958年第6期。

李慧:《唐左羽林軍大將軍臧懷亮墓誌考釋》,《文博》1996年第1期。

李慧:《試議墓誌銘變格破體的文學現象》,《文學遺産》2005年第3期。

李舉綱、王亮亮:《西安新見〈唐第五琦墓誌〉考疏》,《書法叢刊》2010年第5期。

李獻奇:《唐張説墓誌考釋》,《文物》2000年第10期。

羅新:《跋北魏鄭平城妻李暉儀墓誌》,《中國歷史文物》2005年第6期。

孟國棟:《墓誌的起源與墓誌文體的成立》,《浙江大學學報》(人文社會科學版)2013年第5期。

孟國棟:《新出石刻與唐文創作研究》,浙江大學2012年博士學位論文。

穆渭生、耿晨:《〈唐皇甫恂墓誌〉考述》。成建正主編:《陝西歷史博物館館刊》第十三輯,西安:三秦出版社,2006年。

牛來穎:《虚實之間——墓誌與傳奇中的裴珙》。榮新江主編:《唐研究》第十七卷,北京:北京大學出版社,2011年。

任思義:《〈李密墓誌銘〉及其歷史價值》,《中原文物》1986年第1期。

陶鈞:《北魏〈慕容纂墓誌銘〉考釋》,《東方藝術》2006年第8期。

陶敏:《姚合年譜》,《文史》2008 年第 2 輯。

[日]西脇常記:《古代中国の遺言——その形式面よりの的概觀》。西脇常記:《唐代の思想と文化》,東京都:創文社,2000 年。

咸曉婷:《李白贈何昌浩詩繫年》,《文學遺産》2010 年第 5 期。

線仲珊:《唐代墓誌的文體變革》,中國社會科學院 2003 年碩士學位論文。

嚴耀中:《墓誌祭文中的唐代婦女佛教信仰》。鄧小南主編:《唐宋女性與社會》,上海:上海辭書出版社,2003 年。

袁媛:《淺談“傳記文學”概念的緣起》,《大慶師範學院學報》2012 年第 4 期。

張耕:《王建生平考論》,《唐代文學研究》第九輯,桂林:廣西師範大學出版社,2002 年。

張乃翥:《洛陽新輯石刻所見唐代中原之佛教》,《中原文物》2008 年第 5 期。

張應橋:《唐名相姚崇五世孫姚勗自撰墓誌簡釋》,《河南科技大學學報》(社會科學版)2010 年第 5 期。

趙振華、王學春:《唐張正則、張知實父子墓誌研究》。西安碑林博物館編:《碑林集刊》(十一),西安:陝西人民美術出版社,2005 年。

趙振華:《洛陽新出唐代墓誌研究三題》。中國文物研究所編:《出土文獻研究》第八輯,上海:上海古籍出版社,2007 年。

周劍曙、趙振華、王竹林:《偃師新出土唐代墓誌跋五題》。洛陽歷史文物考古研究所編:《河洛文化論叢》第三輯,鄭州:中州古籍出版社,2006 年。

後 記

2012年博士畢業以後，筆者有幸進入復旦大學，在陳尚君師的指導下進行博士後研究，陳師希望我能够突破原有的研究格局，因而建議我從傳記文學的角度研究新出土的唐代墓誌銘，以“傳記文學視閾下的唐代碑誌文研究”爲題撰寫博士後出站報告，并順利通過答辯。筆者在出站報告的後記中寫到：

> 兩年前的今天，陳尚君師蒞臨杭城主持我的博士論文答辯。答辯結束，在送先生趕赴火車站的途中，師母問及如果只能申請到自費的博士後名額，我將如何抉擇。我還未及作答，先生隨口允諾：即便是自費，博士後期間的費用也將由他來承擔。這一看似隨意的回答，無疑使我焦灼不安的心情得到了極大的慰藉。後來雖蒙中文系博士後流動站各位專家不棄，給予了公費指標，但在此我依然要記下對先生的這份感激之情。
>
> 本報告能够順利開展并最終成型，首先要歸功於陳尚君師。去年九月份進站以後，陳師即反復與我討論幾個選題的可行性，并最終確立了現在的題目。只是陳師的本意是希望我能延續朱東潤先生的做法，將歷史人物置於紛繁複雜的政治背景之下考察他們命運的沉浮，再現他們人生的歷程。可惜我天性駑鈍，加上知識結構的偏頗和時間的急促，始終未能參透朱老的研究理路，只能根據自己的體察將報告寫成了現在的狀態，辜負了陳師

的期待。而陳師并不以爲忤,還是像往常一樣,諄諄告誡治學的最高的境界和學問應有的氣象,并以“雖不能至,心嚮往之”相寬勉。

在開題報告和中期檢查的過程中,陳思和、黄霖、朱立元、張德興、楊乃喬、劉曉南、戴耀晶、劉釗、傅傑、陳廣宏、陳正宏、張業松以及我讀博期間的導師胡可先等先生,從各個角度提出過一些中肯可行的建議,對報告的撰寫具有很大的啓發,在此統致謝忱。

我在浙大求學期間的幾位老師汪維輝、廖可斌、周明初、鄒廣勝、姚永銘等也時時關注報告的進展和工作的落實情況。在復旦的一年多時間裏,既有老友陳聖争、王慶衛等作陪,也結識了一些新的朋友,時有奇文共賞、把酒言歡之樂,也是我不能忘懷的。是爲記。

來浙江師範大學工作以後,承乏擔任本科生和碩士生傳記文學方面的課程,又以此爲基礎成功申報了浙江省哲學社會科學規劃課題,因此在授課的同時董理舊稿,芟削蕪雜,呈現在大家面前的這本小書就是在博士後出站報告的基礎上删削而成的。主要是考慮到墓碑與墓誌銘在體性方面的差異較大,不能簡單地統而論之,故而將涉及墓碑的部分盡數删去,留待他日再專門進行探討。雖然與原稿相比,篇幅縮小了近四分之一,但自忖論題更爲集中,加之課題結項在即,也就不揣譾陋,倉促與讀者見面了。

在本書出版的過程中,先後得到人文學院、江南文化研究中心和浙江古籍出版社的大力支持,我的研究生李欣欣和李洛樂協助校對了部分文稿,一并表示感謝!

孟國棟

2020年10月4日

圖書在版編目(CIP)數據

石上人生:傳記文學視域下的唐代墓誌銘研究 / 孟國棟著. —杭州:浙江古籍出版社, 2020.12(2023.2 重印)
(有學)
ISBN 978-7-5540-1819-4

Ⅰ.①石… Ⅱ.①孟… Ⅲ.①墓誌—研究—中國—唐代 Ⅳ.①K877.45

中國版本圖書館 CIP 數據核字(2020)第 196884 號

石上人生
傳記文學視域下的唐代墓誌銘研究
孟國棟 著

出版發行 浙江古籍出版社
(杭州市體育場路 347 號 郵編:310006)
網　　址 http://zjgj.zjcbcm.com
責任編輯 伍姬穎
責任校對 吴穎胤
封面設計 吴思璐
責任印務 樓浩凱
照　　排 浙江時代出版服務有限公司
印　　刷 浙江海虹彩色印務有限公司
開　　本 880mm×1230mm 1/32
印　　張 6.875
字　　數 190 千
版　　次 2020 年 12 月第 1 版
印　　次 2023 年 2 月第 2 次印刷
書　　號 ISBN 978-7-5540-1819-4
定　　價 56.00 圓